LA FEMME SEULE
ET LE PRINCE CHARMANT

Collection Essais & Recherches

Série « Sciences sociales » dirigée par François de Singly

Jean-Claude Kaufmann

La femme seule
et le
Prince charmant

Enquête sur la vie en solo

NATHAN

DU MÊME AUTEUR

La Vie HLM, usages et conflits, Les Éditions Ouvrières, 1983.

La Chaleur du foyer, Méridiens-Klincksieck, 1988.

La Vie ordinaire, Greco, 1989.

La Trame conjugale. Analyse du couple par son linge, Nathan, 1992, Pocket, 1997.

Sociologie du couple, Presses Universitaires de France, 1993.

Corps de femmes, regards d'hommes. Sociologie des seins nus, Nathan, 1995, Pocket, 1998.

Faire ou faire-faire ? Famille et services (éd.), Presses Universitaires de Rennes, 1996.

L'Entretien compréhensif, Nathan, 1996.

Le Cœur à l'ouvrage. Théorie de l'action ménagère, Nathan, 1997.

DANS LA MÊME SÉRIE

Nels ANDERSON, *Le Hobo. Sociologie du sans-abri.*

Louis ASSIER-ANDRIEU, *Le Droit dans les sociétés humaines.*

Claudine ATTIAS-DONFUT (dir.), *Les Solidarités entre générations. Vieillesse, familles, État.*

Didier DEMAZIÈRE, Claude DUBAR, *Analyser les entretiens biographiques. L'exemple des récits d'insertion.*

Anne GOTMAN, *Dilapidation et prodigalité.*

Louis GRUEL, *Pardons et châtiments.*

Bernard LAHIRE, *L'Homme pluriel. Les ressorts de l'action.*

Frédéric LE PLAY, *Les Mélouga. Une famille pyrénéenne au XIXe siècle.*

Karl MANNHEIM, *Le Problème des générations.*

Gérard MAUGER, Claude F. POLIAK, Bernard PUDAL, *Histoires de lecteurs.*

Marie-Thérèse MEULDERS-KLEIN, Irène THÉRY (dir.), *Les Recompositions familiales aujourd'hui.*

Anne MUXEL, *Individu et mémoire familiale.*

Jean-Claude PASSERON, *Le Raisonnement sociologique.*

François de SINGLY, *Le Soi, le couple et la famille.*

Claude THÉLOT, Olivier MARCHAND, *Le Travail en France (1800-2000).*

W.I. THOMAS, F. ZNANIECKI, *Le Paysan polonais en Europe et en Amérique. Récit de vie d'un migrant.*

© Nathan, 1999, 9, rue Méchain, 75014 Paris.
Internet : http//www.nathan-U.Com
ISBN : 2.09.190928-9

Remerciements

La liste est si longue (et en l'élargissant, plus grand le risque d'oubli et d'injustice) que je limiterai mes remerciements aux quelques-uns des plus proches du cœur de ce travail.

À François de Singly, pour sa constance dans le soutien. À Michèle Teirlinck, pour l'à-propos de ses demandes. À Lili Réka, pour la qualité de son enquête. À Claude Dubar, pour ses remarques et suggestions.

Sans oublier bien entendu celles qui ont eu le courage de prendre la plume, pour écrire leur vie avec tant de justesse et de sincérité.

Introduction

Ce livre raconte une histoire, celle du couple étrange formé par la femme seule et le Prince charmant. Sorte de conte moderne. Mais aussi histoire vraie. La femme seule en est le personnage central : elle sera omniprésente tout au long du récit. Et bien vivante : décrite dans ses moindres faits et gestes, épiée dans ses rêves et pensées. Le Prince[1] n'apparaîtra que de temps en temps, figure ambiguë. Cliché suranné exagérément convoqué pour notre époque moderne ? Il faudra attendre la fin de l'histoire pour juger.

Ce livre ne se contente pas de raconter une histoire. Autant l'avouer d'emblée : elle n'est en vérité qu'un prétexte, un fil d'Ariane qui guidera nos pas dans l'analyse de la vie en solo, inextricable labyrinthe où l'on risquerait de se perdre. Le lecteur pourra cependant choisir le prétexte plutôt que l'analyse, et, survolant quelques chapitres, suivre les aventures du Prince et de notre moderne Cendrillon.

Il est toutefois conseillé de préférer l'analyse, qui constitue l'essentiel.

Je travaille sur la question de la vie hors couple et de la solitude depuis huit ans. Pendant longtemps je n'ai débouché que sur la mise en évidence de nouvelles catégories et questions toujours plus particulières et nombreuses : l'isolement masculin dans le monde paysan, le sentiment de solitude chez les femmes mariées au foyer, etc. L'accumulation de spécificités sans ligne directrice finit à un certain point par produire un effet de brouillage. C'est le paradoxe du savoir atomisé : plus on en sait, moins on sait. Et moins on sait, moins on peut dire, clairement, fortement. Or telle est justement l'attente de ceux et de celles qui vivent en solo : entendre enfin un message clair, qui donne les raisons de cette existence bizarre, qui aide à des prises de décision engageant l'avenir.

C'est donc l'optique qui a été prise : grâce au fil d'Ariane, tout faire pour comprendre le processus central, quitte à négliger les catégories particulières et marginales. Rien donc ne sera dit sur les difficultés des agriculteurs pour former

---

1. L'incessant voyage du Prince charmant entre monde imaginaire et réalité brouille l'analyse : de qui parle-t-on ? La femme qui rêve au Prince des contes de fées sait bien qu'il est un personnage (merveilleux mais) fictif. Alors que celle qui cherche prosaïquement l'homme qui convient en l'appelant son prince se contente de jeter une poudre d'étoiles sur un ordinaire regardé crûment. Elle peut croire au prince car il n'en est plus véritablement un. Pour distinguer ces deux figures très différentes, le vrai Prince, celui des rêves, aura le privilège d'arborer une majuscule, alors que celui qui déchoit dans la banalité perdra cet honneur. Il y a Prince et prince.

un couple, sur la solitude des femmes au foyer, et sur mille autres micro-contextes problématiques. Rien non plus sur l'isolement des personnes âgées. Et très peu sur les hommes. Il ne s'agit certes pas d'une catégorie marginale, et cette absence pourra être regrettée. Mais c'est le prix à payer pour creuser tout sujet, surtout quand ses contenus sont complexes : il faut privilégier le centre.

Ici le centre était indiscutablement féminin, et choisir les femmes n'avait rien d'arbitraire. Comme n'avait rien d'arbitraire le groupe d'âge privilégié : entre 20 et 50 ans. Car la mécanique sociale qui sera détaillée dans les pages qui suivent y fonctionne au maximum de sa puissance. Nous verrons de quelle façon la vie en solo amalgame deux composantes contradictoires : la vie à un est une vie en deux. À cause d'un modèle secret de la vie privée, qui attribue une autre place aux femmes de cet âge : dévouées corps et âme à la famille. Entre pulsions d'autonomie et pressions du modèle secret, la femme seule est dans l'œil du cyclone, déchirée, réfléchissant sans cesse au pourquoi et au comment de cette existence déchirée. Écrivant aussi beaucoup sur elle-même : c'est grâce à l'analyse d'un corpus de lettres que nous voyagerons dans l'intimité des pensées. La description des aspects plus factuels (notamment le portrait dessiné dans la deuxième partie) repose également sur des synthèses de travaux et des études quantitatives [1].

Sur de nombreux points la vie en solo des hommes ressemble pourtant à celle des femmes. Ils s'engagent dans cette trajectoire biographique avec la même énergie insouciante, la même soif de construire leur vie à leur idée. Puis vient de même le temps des questions et des doutes. Parfois les morsures d'une solitude dont la froideur n'a rien à envier à son pendant féminin ; l'envie de famille, de bébés (c'est toujours l'absence qui fait le plus rêver), d'une chaleur proche et d'une reconnaissance sociale, d'une tranquillité et d'une normalité domestiques. Les hommes seuls pourront donc lire ce livre et se reconnaître en maints passages : les régressions au creux du chez-soi, les brusques sorties (« Ce soir je vais la trouver »), le plaisir et la douleur de la légèreté existentielle, etc. Ils auront toutefois souvent la surprise de voir les mécanismes qui structurent leur propre quotidien mais en plus net, en plus marqué : le côté féminin permet d'observer à la loupe. Nous verrons par exemple dans la troisième partie comment la « logique de la carapace » pousse les femmes seules à se présenter sous leur apparence positive, et à construire leur identité à partir du regard des autres légitimant cette moitié d'elles-mêmes. Les hommes entrent aussi dans ce processus, mais moins

---

1. Ce livre, que j'ai tenté de rédiger comme on raconte une histoire, repose sur un travail de longue haleine, qui n'a pas toujours été facile. S'il y a fluidité du style (je l'espère), elle contraste avec les phases d'enquête qui ont précédé la rédaction. Les lecteurs curieux de savoir comment ont été produits les résultats pourront consulter l'annexe : « À propos de la méthode ».

fortement, avouant plus facilement leurs déchirements intérieurs. Chez eux, la « logique de la carapace » ne se développe pas jusqu'au « paradoxe de l'allure » qui finit par piéger certaines femmes devenues trop impressionnantes et parfaites pour rester abordables.

La vie en solo ne se décline pas nécessairement en solitude (cette dernière ne s'exprime que lorsque l'autonomie n'est pas assumée), mais il est vrai que la solitude est fréquente. Comprenons-nous bien : la solitude des hommes n'est pas moins forte que celle des femmes. Bien qu'il s'agisse d'une donnée difficilement mesurable, il est même probable qu'elle soit légèrement plus importante. Parce que les hommes ont l'habitude d'être entourés et soutenus affectivement par une présence féminine (la mère, la femme dévouée) ; parce qu'ils sont moins auto-nomes dans leur organisation domestique. Il leur manque soudainement un appui essentiel ; c'est une solitude concrète, à l'état brut. Sous des formes un peu diffé-rentes (plutôt le bras protecteur que le dévouement), ce vide de l'absence se retrouve du côté femmes, parfois intensément dans la mesure où l'attente conju-gale y est traditionnellement plus conséquente. Mais il n'est qu'un des éléments participant au tumulte intérieur. Plus forte est la mécanique sociale : la solitude est insaisissable, produite par une extériorité étrange. Pour le sociologue, il est évi-dent que c'est là qu'il y a le plus à chercher.

La première partie plantera le décor, notamment historique : d'où vient cette augmentation régulière et considérable du nombre des solos ? La deuxième nous entraînera dans divers détails de la vie quotidienne, pour dresser un portrait qui ne pourrait avoir cette cohérence d'ensemble s'il n'était le produit de la méca-nique sociale. La troisième partie enfin livrera la clé d'explication principale : la trajectoire d'autonomie. La femme seule s'y trouve entraînée malgré elle, et condamnée à la renforcer pour mieux vivre son présent. Dès lors se déchaîne en elle une guerre sans merci entre deux perspectives identitaires radicalement dif-férentes : femme dévouée (à une hypothétique famille) ou femme autonome ? La question revient de façon obsédante.

Dans mon dernier livre, *Le Cœur à l'ouvrage,* j'analyse comment la famille se structure en s'arrimant au poids du quotidien, et comment l'identité indivi-duelle à son tour est construite par ce poids des objets et des habitudes familiales. Nous verrons ici l'autre versant possible de la réalisation de soi. Non plus la sta-bilité et le calme procurés par la masse immobilisante du concret. Mais au contraire l'incertitude et la légèreté d'une identité flottant au gré des pensées. Le fait que la révolte ménagère occupe chez les femmes seules une place centrale n'est pas dû au hasard. Car la charge domestique est justement le symbole et la marque de l'autre choix identitaire (la famille), pesant particulièrement sur les femmes, les fixant dans un ordre des choses héritier d'un lointain passé. La trajectoire d'autonomie les propulse à l'opposé dans un univers inconnu et ouvert. Les plaisirs les plus forts viennent de cette liberté du quotidien : ne faire que ce que l'on veut, quand l'on veut, ne pas cuisiner, grignoter sur le pouce. Mais aussi les troubles les plus perturbants : quel est le sens de cette vie sans cadres où rien n'attache à rien ? Les rêves s'entrechoquent dans des directions contraires, et le Prince change de visage selon les attentes du moment. Il se transforme en une sorte de mari-papa tranquille quand l'idée est de s'engager à n'importe quel prix dans la carrière familiale ; il reste superbe de perfection irréaliste quand l'autonomie associée à l'idéal amoureux (qui pousse à ne pas se résigner à la médiocrité) demeurent les valeurs suprêmes.

Il n'existe pas d'équivalent du Prince charmant du côté hommes. Car, qu'il s'agisse de l'engagement familial ou de l'idéal amoureux, les ambitions sont plus limitées. Les hommes rêvent à la famille et à l'amour, de plus en plus, mais encore beaucoup moins que les femmes.

Les solitudes masculines peuvent être très dures à vivre ; elles constituent cependant pour l'essentiel une affaire privée. C'est la grande différence avec les femmes, pour qui la vie en solo est à la fois une affaire privée et une affaire publique, intéressant l'ensemble de la société. En s'aventurant dans la trajectoire d'autonomie en effet, elles prennent une décision qui n'engage pas qu'elles-mêmes : elles remettent en cause une structure de base (la famille, fondée sur le rôle de la femme dévouée), menaçant tout l'édifice social.

Nous n'en sommes sans doute qu'aux premières questions posées par l'irrépressible essor du mouvement des femmes autonomes.

Première partie

EXISTE-T-IL UN MODÈLE
DE VIE PRIVÉE ?

Pourquoi tant de personnes vivant seules ? Pourquoi leur nombre continue-t-il à augmenter, année après année, inexorablement ? La réponse à cette question est rarement donnée. Parce qu'elle est difficile à entendre, qu'elle bouscule trop d'interdits, qu'elle remet en cause un socle essentiel de notre société.

Avec la prudence qui donc s'impose, je vais tenter de fournir quelques éléments. En commençant par un regard sur notre passé : d'où vient ce mouvement, qui pousse aujourd'hui des millions d'hommes et de femmes, souvent malgré eux, à agir ainsi ?

I.
Vivre à un : une longue histoire

L'histoire du célibat reste à écrire (Knibiehler, 1991), «autrement qu'en termes de dérision, d'exceptionnalité voire d'anormalité» (Farge, Klapisch-Zuber, 1984, p. 296), en particulier celle des femmes. Il n'est évidemment pas question, en quelques pages introductives, de réaliser ici cet objectif ambitieux. Aussi faibles et disparates soient les données, un survol est cependant nécessaire, pour tenter de comprendre d'où vient le long mouvement de la vie en solo. Le lecteur, je l'espère, pardonnera la témérité qui me pousse à jongler en trois lignes avec les siècles, à dessiner des schémas d'évolution sans doute trop nets pour l'épaisseur contradictoire dont est fait le social. Mais il importe de tenter d'y voir un peu plus clair.

Ce que fut le mariage

Nous savons aujourd'hui que les premières sociétés humaines furent extraordinairement diverses. Elles utilisèrent pourtant les mêmes instruments pour se constituer. La religion, forme originelle du lien social. Et le mariage. Le mariage n'est pas une petite affaire ni une question uniquement privée ; il est au fondement des civilisations et a traversé l'histoire de l'humanité. Les ethnologues préfèrent parler d'alliance. Ce terme illustre la fonction initiale du mariage : il permit à des petits groupes (en «échangeant les femmes» selon une procédure codifiée) de s'unir dans des communautés plus larges et ainsi d'éviter la guerre.

Dire que le mariage occupa une place centrale dès l'origine n'informe cependant en rien sur les modalités concrètes de la vie conjugale, très différentes de celles de notre époque, et très différentes d'un groupe à l'autre. Dans certaines sociétés par exemple, les conjoints vivaient dans des habitations séparées. L'important était le lien de parenté scellé par le mariage, attachant deux familles, deux groupes sociaux. Mais aussi deux personnes particulières : question d'ordre public et d'intérêt collectif, le mariage passait en effet nécessairement par l'union personnelle de deux individus.

Ce terme d'union doit être pris dans son sens le plus fort : ne faire qu'un. Le couple moderne a ouvert la voie d'une communication inter-subjective toujours plus intime entre partenaires (Luhmann, 1990). Parallèlement pourtant l'autonomie individuelle se renforce, ce qui amène à des ruptures d'un contrat d'alliance qui révèle alors sa précarité. Dans les sociétés premières au contraire, qui ne connaissent pas notre échange intime, l'union matrimoniale est totale. C'est la constitution d'un tout indéfectible, qui transcende les individus.

Le célibat intolérable

C'est pourquoi l'idée même de célibat est contre-nature. Quand le fait se produit malgré tout, il est ressenti comme intolérable, et chacun s'active pour dissimuler ce dangereux non-sens, ou le faire disparaître en mariant de force l'infortuné récalcitrant. Chez les Chagga d'Afrique orientale, quelques cas ont été relevés d'hommes craignant le contact des femmes et refusant le mariage. Problème si grave que le chef s'en mêle et fait enlever une fille jusque-là délaissée. « Il n'y a donc pas de statut plus anormal, plus décrié, plus hostile au corps social que celui de célibataire » (Héritier, 1996, p. 244).

Certains (très rares) irréductibles parviennent toutefois à maintenir leur célibat. Ils sont alors suspectés de maléfices, qualifiés d'esprits mauvais, et l'ordre du monde est rétabli par leur exclusion. Le veuf connaît une situation un peu moins problématique, ayant déjà été marié. La veuve par contre n'est guère mieux considérée que la femme célibataire. Car la vie hors mariage des femmes est encore plus impensable et insensée que celle des hommes (Flahault, 1996). Bien sûr les femmes célibataires sont pires que les veuves. Dans la Chine impériale, les vierges mortes sans hommes sont des « démons froids » (Héritier, 1996, p. 243) si dangereux que même les autres démons s'écartent de leur chemin. Mais l'anormalité est si forte pour la femme que les veuves ne peuvent bénéficier de la tolérance qui entoure les veufs. Chez les Ojibwa, elles vivent un deuil de trois à quatre ans, isolées, non peignées, vêtues d'oripeaux et couvertes de cendres. Dans la tradition indienne, elles n'ont plus droit au lit conjugal et dorment à même le sol, se nourrissant de façon frugale et menant une vie solitaire et effacée. Elles ne peuvent véritablement reprendre rang que par la mort, en se faisant brûler vives sur le bûcher funéraire de leur mari (Weinberger-Thomas, 1996).

Great Buffalo Woman

Pourtant quelques individus ne se conformèrent pas à l'obligation matrimoniale. Souvent malgré eux : des infirmes et autres disgraciés du destin ne pouvant accéder à la normalité du modèle, et discrètement pris en charge par la communauté. Parfois de façon plus volontaire, bravant les interdits : des déviants vite accusés d'entretenir commerce avec les démons. Il s'agissait surtout d'hommes, qui certes se disqualifiaient par leur célibat, mais dont l'attitude, moins dangereuse pour l'ordre social, était davantage tolérée que le célibat féminin. La femme seule, non seulement n'était rien sans la communauté (comme l'homme seul), mais de plus n'était rien sans un homme : le célibat féminin était doublement intolérable.

Les quelques femmes qui s'y aventurèrent durent donc ruser et faire preuve de compétences exceptionnelles, comme Great Buffalo Woman chez les indiens Ojibwa, dont Francoise Héritier (1996) signale l'histoire. Elle dut apprendre à se suffire à elle-même, et pour cela atteindre au statut d'homme en respectant les règles de la chasse. Tout en demeurant femme, elle devint, socialement, un homme véritable.

Inversement les hommes célibataires développèrent rarement leur part féminine et furent plutôt pris en charge par les femmes de leur famille. La seule tâche culinaire à laquelle ils pouvaient se livrer sans déchoir avait rapport au feu, vieux symbole masculin opposé à l'eau. Donc ils grillaient de la viande : certains gestes d'aujourd'hui comme la spécialité masculine du barbecue du dimanche ont une mémoire longue !

Paradoxalement, et malgré l'adversité, les premières femmes célibataires avaient donc réussi à développer une autonomie plus large que celle des hommes. Mais ces cas furent des exceptions. Le modèle restait la subordination de toute femme à un homme. Les célibataires hommes, quoique moins rares, furent aussi des exceptions. Car le mariage était à la base de l'ordre social, dans des sociétés fondées sur la notion d'équilibre. Pourtant, un jour, cet équilibre vint à être rompu.

Le premier célibat légitime

Le rêve eut été de pouvoir raconter en quelques mots simples l'enchaînement de faits qui nous a menés à la vie en solo d'aujourd'hui. Hélas, c'est impossible. Il aurait fallu que je sois historien alors que je ne suis qu'amateur d'histoire. Il aurait fallu que ce travail ait déjà été ébauché par d'autres alors qu'il est encore en friche, réduit aux marges de sujets voisins mieux traités, tels la sexualité ou le mariage (Flandrin, 1981 ; Duby, 1995 ; Bologne, 1998).

Que faire ? Commencer au XIXᵉ siècle ? Mais tant de choses se sont passées avant, dont nous avons quand même des bribes de connaissance. J'ai préféré essayer de les dire, bien que je ne puisse raconter comme je l'aurais rêvé. Que les historiens qui parcourront ces lignes aient la générosité de les lire avec bienveillance.

Les religions les plus purement contemplatives et intégratrices furent celles des débuts : l'histoire des croyances peut être vue comme une lente et progressive mise en mouvement du social. Marcel Gauchet note une première rupture importante avec l'apparition de l'État, vers 3000 avant notre ère. « Là commencent proprement nos cinq mille ans d'histoire-croissance » (1985, p. X). Nouvel événement crucial, quand de la Perse à la Chine et de l'Inde à la Palestine, se forme l'idée d'un dieu unique, grosse de bouleversements à venir, car préparant les conditions d'un rapport personnel avec le divin. Mais c'est le christianisme qui introduit la révolution décisive, en opposant le ciel et la terre, et en enjoignant chacun à agir de telle sorte qu'il puisse lui-même gagner son salut éternel. Le destin n'était plus irrémédiablement et collectivement scellé, le projet individuel était introduit dans la vie des hommes, ouvrant une « fracture dans l'être » (Gauchet, 1985, p. 47). Incitant à la réflexion sur soi.

L'essor de l'individualisation ne se confond pas avec celui du célibat. Le premier touche l'ensemble de la société alors que le second se fixe sur une catégorie de personnes. Pourtant, à l'origine, il est indéniable que le célibat, et même la solitude, jouèrent un rôle essentiel. Il fallait se séparer du monde pour pouvoir le penser. Louis Dumont (1983) analyse ainsi comment les ermites furent des précurseurs de la modernité, en explorant le commerce personnel avec Dieu, par la vertu de l'isolement.

Dans l'optique qui nous intéresse ici, le fait le plus important est que pour la première fois dans l'histoire (à travers de vastes débats qui agitèrent l'Église), une forme de célibat devenait légitime, libérant la créativité individuelle. Les intellectuels les plus novateurs par exemple revêtirent souvent la bure monastique. Érasme, qui révolutionna son temps, parvint à réaliser son œuvre parce qu'il était moine. Seul (c'est la racine étymologique du mot moine), dans un corps à corps permanent avec ses idées, voyageant à travers l'Europe, s'inscrivant dans des groupes de discussion passionnés.

La Pucelle en habits d'homme

La mise en mouvement de la société ne produit pas que des héros et des génies, au sommet lumineux de la société. Une autre modalité de célibat se développe tout en bas, dans les profondeurs sombres rejetées par le monde organisé. Du côté des femmes, se profilent les figures de la prostituée et de la sorcière. Du côté des hommes, dans l'univers de la forêt et des landes, les charbonniers et les brigands semblent côtoyer aussi les forces maléfiques (Castel, 1995). On remarque également d'autres personnages équivoques : de misérables chevaliers errants, des cadets de famille sans terre, disponibles pour toutes sortes d'aventures, des étudiants et des religieux interlopes. Sont-ils en haut ou en bas ? Souvent l'indécision est de mise, car la suite de leur existence peut s'écrire dans l'un et l'autre sens. Illustrant déjà une composante très actuelle des trajectoires de vie en solo : leur caractère profondément contradictoire.

Jeanne d'Arc représente de ce point de vue un véritable cas d'école. Pauvre bergère sans instruction tenant des propos étranges, son destin le plus probable était d'être marginalisée, ou brûlée comme sorcière avant d'avoir le temps d'inscrire son nom dans l'histoire (ce qui faillit lui arriver : plusieurs fois elle fut traitée de folle ou suspectée de satanisme et subit des exorcismes). Au lieu de cela, elle parvint à dérouler un des itinéraires de mobilité sociale les plus étonnants qui soient : passer du statut de simple bergère à la plus haute fonction militaire (conduire les armées du roi) ! Par quels moyens ? Une intime conviction inébranlable et un célibat radical (allant jusqu'à la pureté virginale). Comme Érasme, Jeanne n'aurait pu accomplir ses exploits si elle avait dû jouer un tout autre rôle domestique et se dévouer aux soins d'une famille. Au contraire elle ne vécut (avec une passion extrême) que pour ses idées, investie corps et âme dans le destin qu'elle imaginait, et qui se réalisa. Qu'elle réalisa. Souvent très seule, affrontant l'hostilité environnante, protégée par la force de sa réflexivité, ses voix intérieures.

Une fois, Jeanne (qui pourtant n'avait pas tremblé sous la torture) hésita, le 24 mai 1431. Trois jours plus tard, par fidélité à ses voix, elle se ressaisit. Et pour le manifester avec vigueur, revêtit à nouveau ses habits d'homme (Le Goff, 1985). Il est troublant de constater qu'en ces temps anciens les trajectoires féminines d'autonomie les plus spectaculaires dussent composer avec les attributs masculins. En ce monde dominé par les hommes, il fallait que Jeanne (comme Great Buffalo Woman et plus tard George Sand) soit un peu homme pour être une femme au-dessus du commun. D'où cette figure étrange, cette identité totalement atypique de vierge en armure. Sous l'angle du développement historique des trajectoires de vie en solo, Jeanne perd au contraire son étrangeté. Extrémiste, certes, douée d'une volonté et d'une force inhabituelles. Mais pas bizarre: pionnière.

Ces quelques lignes pourront paraître iconoclastes voire sacrilèges à qui se forme une autre image de Jeanne d'Arc. Qui, plus que tout autre, a fait l'objet de nombreuses tentatives de récupération idéologique (Le Goff, 1985). Je pense que c'est surtout l'absence d'une histoire du célibat qui rend ces propos surprenants: bien des biographies pourraient être revues sous un angle complètement différent avec le célibat comme clé d'analyse. Mais cette histoire (c'est sans doute la raison pour laquelle elle n'existe pas encore) est difficile à écrire. Car le célibat est lié de façon intime à un processus beaucoup plus large et complexe: l'individualisation de la société.

Le face-à-face avec soi

Tout au long de ce livre, je traiterai de deux questions liées entre elles et cependant distinctes. Le célibat, bien sûr, surtout dans sa forme moderne, la vie en solo. Mais aussi le mouvement plus général dans lequel il s'inscrit, et dont il n'est qu'une manifestation, l'individuation du social. Louis Dumont (1983) a dessiné les grands traits du modèle primordial dont il se dégage progressivement, celui de la société holiste, où l'individu est une simple partie de la totalité qui l'englobe: l'avenir est un destin fixé d'avance, la vérité et la morale sont imposées collectivement, l'identité personnelle elle-même est définie par la place occupée dans le groupe.

Notre société ouvre une autre perspective, totalement inverse: un centrage sur l'individu, incité à s'auto-définir, sommé de choisir, choisir, et choisir encore, à chaque instant, dans tous les domaines. Choisir sa vérité, alors que l'offre de réponses possibles, vulgarisées par les médias, ne cesse de devenir plus abondante et contradictoire; y compris à propos des gestes les plus simples de la vie quotidienne autrefois transmis par la tradition. Choisir sa morale, dans un univers très large de valeurs n'excluant qu'un petit groupe d'interdits. Choisir ses liens sociaux, et constituer son capital de relations, ce qui exige désormais un travail et une compétence (qui n'est pas distribuée au hasard sur l'échiquier social). Imaginer son futur, et intervenir selon des scénarios et projets, rendant ainsi caduque l'idée de destin. Enfin définir et construire soi-même sa propre identité, ne laisser à personne d'autre, surtout pas à la société, le soin de dire qui l'on est et qui l'on sera. Cette invention du présent et de l'avenir implique nécessairement un travail intérieur, un face à face avec soi, une réflexivité. Ce qui ne signifie pas isolement. Norbert Elias (1991a) montre au contraire que l'approfondissement de l'intériorité est liée à la multiplication et à la diversification des liens d'interdépendance. L'individuation n'est pas un repli autarcique.

D'autres malentendus doivent être levés. Le caractère irrépressible de la lame de fond individualiste ne signifie pas qu'elle se déroule sans imprévus ni ruptures. À l'inverse, des contre-courants puissants troublent le paysage sur tel ou tel aspect, parfois pour plusieurs siècles. De même la montée de l'individu à l'avant-scène de l'histoire ne doit pas amener à penser que les individus concrets puissent être totalement responsables de leurs actes et rationnels dans leurs comportements : la réalité est très loin de ce modèle (Kaufmann, 1997). Mais ce qui compte est le sens du mouvement à long terme : la responsabilisation toujours plus forte, la volonté de façonner soi-même sa propre vie.

Le lien entre le mouvement général d'individuation et le célibat est complexe. À l'origine, les prémisses de l'individualisation ont été imaginées par des individus célibataires (Dumont, 1983). Mais aujourd'hui, la correspondance entre les personnes les plus actives dans la prise en charge de leur existence (qui peuvent être mariées) et celles qui ne vivent pas en couple (qui peuvent rejeter l'idée de s'auto-définir) est beaucoup plus floue. Il est rare par exemple que la vie en solo soit délibérément recherchée. Pourtant, un nombre grandissant de ceux qui la vivent ne souhaitent plus en sortir (au moins pour une période), ou deviennent exigeants sur les conditions de leur sortie. Dans certains cas la vie en solo devient donc la manifestation la plus claire (elle constitue un indicateur fiable) et la plus radicale du mouvement, diffus et multiforme, de centrage sur l'individu.

Le renversement du monde

Ce mouvement historique traversa une étape cruciale au siècle dit des « Lumières », mais qui eut peu d'impact visible sur le célibat. Pourtant, dans la longue histoire qui va nous mener à la vie en solo d'aujourd'hui, il importe de signaler cette période-charnière essentielle. Jusque-là, certes, des individus (banquiers lombards, navigateurs tels Colomb) s'étaient lancés dans l'aventure de la prise en charge de leur futur, des penseurs (de Socrate à Montaigne) s'étaient engagés dans les voies nouvelles du « souci de soi » (Foucault, 1984). Mais, bien que la vague se fut amplifiée à la Renaissance, ces ferments restaient minoritaires

(Laurent, 1993). À un certain stade, le rapport de forces entre holisme et individualisme se renversa : les ferments minoritaires devinrent la norme et le holisme commença sa retraite vers divers petits groupes privés (notamment la cellule familiale). Marcel Gauchet a tenté de dater ce moment de renversement de l'ordre du monde, « quelque part autour de 1700 », où se joue « la fracture la plus profonde, certainement, jamais survenue dans l'histoire » (1985, p. 233). Il faut bien comprendre ce que signifie cette rupture. Elle n'est pas soudaine : entre 1699 et 1701 presque rien n'a changé ; la révolution individualiste se mesure en siècles voire en millénaires. Mais, « quelque part autour de 1700 », un événement théorique majeur s'est produit : l'individu est devenu le principe dominant du social.

Conséquence : des secteurs d'activités se libèrent et engagent un développement autonome. Le XVIIIe siècle est celui des révolutions intellectuelles et politiques que l'on sait, débouchant sur la mise en place des fondements de la science moderne et la Déclaration des droits de l'homme et du citoyen. Cette effervescence collective autour de l'individu émergent semble pourtant ne guère produire d'effets directs sur la vie privée, le célibat se maintient aux marges : misère des vagabonds, discrétion des veuves, frasques limitées des érudits libertins. Il faudra attendre le siècle suivant, et la révolution industrielle, pour que le mariage subisse de nouveaux assauts.

XIXe siècle : le grand mouvement

Le XIXe siècle n'est qu'en partie celui que l'on croit, rigide et discipliné : derrière cette façade, des forces contraires sont à l'œuvre. Nous verrons que le puritanisme voile pudiquement la découverte de nouveaux émois, une montée de la sensibilité corporelle. De même l'obsédante psalmodie familialiste, les odes incantatoires aux mères et aux vertus du foyer, visent surtout à conjurer un risque : l'idée qu'un autre modèle de vie privée soit possible. Le XIXe siècle est à la fois celui de Bonald et de Fourier (Chaland, 1998).

La contradiction entre deux modèles (l'individu ou la famille comme fondement de la société) se manifeste déjà avec éclat lors de la Révolution, qui, malgré son attachement aux valeurs familiales, vote une loi étonnamment moderne sur le divorce (Bart, 1990 ; Ronsin, 1990). Loi vite abolie par la Restauration. Mais les tenants d'un ordre familial souverain ne pourront contrer l'irrépressible mouvement d'émancipation individuelle, qui s'exprime notamment par le développement du célibat.

Jusque-là le célibat n'était pas chose rare, mais, disséminé dans les campagnes et dissimulé par les familles, il parvenait à se fondre « dans la grisaille des arrière-plans » (Farge, Klapisch-Zuber, 1984). Les cadets sacrifiés au patrimoine, les militaires et prisonniers, les errants sans feux ni lieux, les journaliers miséreux tapis dans un coin de masure ; les servantes attachées à la maisonnée de leurs maîtres, les veuves sombres et effacées, les tantes dévouées au soutien familial, les malades et handicapées rejetées du mariage, les religieuses en communautés, les femmes violées devenues prostituées… la liste est longue des catégories particulières, « qui vivent à la périphérie d'une société dont la famille est le centre » (Perrot, 1987b, p. 302). Avec le bouleversement industriel et sous les lumières de la ville, cette armée de l'ombre, tout en restant reléguée aux marges, prend assez soudainement les traits d'une cohorte plus volontaire et visible : à la fin du siècle, un nouveau célibat est en train de naître, qui commence à prendre les formes que nous lui connaissons aujourd'hui.

L'autonomie résidentielle tout d'abord : être célibataire et vivre dans une famille ou être célibataire et vivre seul dans son logement constituent deux réalités différentes. Il existait des personnes vivant seules avant le XIXe siècle, surtout dans les milieux les plus pauvres, à l'écart plutôt que dans le centre des bourgs (Bourdelais, 1984). Mais leur dispersion et leur discrétion les masquaient et gommaient leur singularité. Quand une famille en avait les moyens, elle les prenait en charge : le célibataire ne vivait seul que par défaut. Avec le nouveau célibat urbain, le logement indépendant loin de la famille se généralise et, bien que misérable, devient au contraire l'instrument éventuel d'une autonomie. Chichement meublée quand elle n'est pas pitoyable, la petite mansarde autorise néanmoins les rêves personnels : même si l'avenir n'est pas facile il est un peu plus à inventer, le destin n'est plus scellé d'avance, par d'autres que soi.

Malgré la différence des contextes il est frappant de constater combien les expériences d'alors ont inauguré les formes de vie hors couple que nous connaissons aujourd'hui : tout se passe comme si nous reprenions, depuis une trentaine d'années, la suite d'un mouvement qui aurait commencé un siècle auparavant. Quatre exemples : la propagation géographique, les moments du cycle de vie, la polarisation sociale, le travail féminin.

La propagation géographique. Le célibat n'était pas spécialement un fait urbain. Il avait même tendance à être plus fort dans les petites communautés rurale éloignées, où les déséquilibres démographiques augmentaient la proportion de personnes ne pouvant trouver un conjoint correspondant à leur âge et à leur position sociale. Au XIXe siècle le phénomène devient différent. Contrairement au célibat récurrent, il se développe suivant un schéma de propagation allant des grandes villes vers les campagnes. Et des pays du nord de l'Europe vers le sud. Comparées aux *spinsters* anglaises qui s'imposent nombreuses dans le commerce, les arts et les sciences, libres et combatives, les *zitelle* italiennes, au début du XXᵉ siècle, ont encore un accès difficile au travail et sont marquées par l'ambiance de suspicion et l'obligation de discrétion qui pèse sur les femmes seules, objets de pitié et de sarcasmes (De Giorgio, 1992). Ce schéma de propagation (villes-campagnes et nord-sud) n'a pas changé depuis.

   Les moments du cycle de vie. Comme aujourd'hui, vivre à un n'est pas un état répandu d'une façon égale selon les âges. Il se fixe aux extrêmes : la vieillesse et la jeunesse. La vieillesse est le mode le plus ancien. Au XIXᵉ siècle, les veuves solitaires deviennent cependant plus nombreuses ; démunies et recluses dans les classes populaires ; mais actives et sûres d'elles dans la bourgeoisie urbaine : « Le veuvage peut être une forme d'émancipation, sinistre revanche du partage des rôles dans le couple » (Perrot, 1984, p. 299). Vivre seul chez soi pendant la jeunesse est un phénomène beaucoup plus nouveau, produit par le déracinement et l'exode rural. Avant 1850, dans les petites villes, les jeunes filles ne peuvent encore se permettre d'habiter un logement indépendant (Dauphin, 1984). Pourtant, avec le travail dans la grande ville la distance séparant de la famille d'origine s'élargit : l'autonomie résidentielle se développe irrésistiblement, y compris dans la jeunesse. Isolement mal vécu, surtout chez les plus pauvres : les femmes seules, blanchisseuses, couturières, ouvrières d'usine, se regroupent en petites chambrées, et recherchent un mari ou à défaut un concubin. Mais dans cette attente les séquences de célibat et de vie en solo s'élargissent à la jeunesse. Certaines professions vont même jusqu'à instituer le célibat juvénile. Les domestiques restent célibataires jusqu'à 30 ans voire 40 ans, et quittent leur service après le mariage (Fraisse, 1979) ; les grands magasins interdisent à leurs vendeuses (qui sont congédiées après 30 ans) de se marier (Parent-Lardeur, 1984). La biographie de nombreuses femmes prend ainsi un cours nouveau, en trois séquences successives : expérience professionnelle et autonomie financière grâce au célibat ; puis mariage ; et enfin veuvage. Au total, le temps de la vie à deux se fait plus court. Les séquences contrastées, ainsi que le rétrécissement du temps conjugal, caractérisent toujours les trajectoires biographiques contemporaines.

   La polarisation sociale. Vivre seul est une donnée plus fréquente aux deux extrêmes de l'échelle sociale. Du côté des pauvres — mendiants et autres vagabonds — le fait est ancien (Castel, 1995). Il prend toutefois une ampleur nouvelle avec l'accroissement de la misère urbaine. Du côté des couches cultivées, des formes inédites de refus du modèle bourgeois de vie privée se font jour : une affirmation du célibat comme contre-culture. Ce sont surtout des hommes — artistes bohèmes et dandys individualistes — qui peuvent se permettre ces audaces (Perrot, 1987b). Les femmes quant à elles se lancent en masse dans la carrière. Cette polarisation sociale caractérise encore la vie en solo d'aujourd'hui. Seule différence : certaines femmes ont si bien réussi qu'elles occupent désormais la place laissée par la bohème et les dandys.

Le travail des femmes. Tout au long du XIXe siècle le salariat féminin s'accroît régulièrement (Marchand, Thélot, 1997). Dans les services (en dehors de la domesticité) cette professionnalisation s'accompagne d'une élévation du niveau de compétence et de diplôme. Une armée de femmes se trouve bientôt prise en tenaille entre le bonheur de l'autonomie conférée par le métier et la douleur du non-mariage. Les plus engagées ressentent comme un appel : elles sont irrésistiblement emportée par le mouvement. C'est l'histoire qui les entraîne. Demoiselles des grands magasins (Parent-Lardeur, 1984), employées des postes (Pezerat, Poublan, 1984), infirmières-visiteuses (Knibiehler, 1984), institutrices, professeurs (Cacouault, 1984) : plus le diplôme est élevé, plus elles embrassent la carrière, plus le couple devient problématique. Le métier a donné de l'assurance, de la distinction, ouverts des horizons. Trop d'assurance, de distinction et d'horizons, pour se satisfaire des candidats-maris incultes et brutaux qui restent disponibles, pour accepter la perspective étouffante d'une vie matrimoniale dans ces conditions. Ce décalage entre hommes et femmes reste de mise aujourd'hui. Avec toujours le diplôme féminin comme facteur ségrégatif principal (Flahault, 1996).

Grisettes et phalanstère

Alors que le mode de vie conjugal des bourgeois s'impose comme référence dans presque tous les milieux sociaux, l'essor du travail féminin empêche qu'il puisse être généralisé : les pionnières de l'autonomie sont implicitement porteuses d'un contre-modèle. Souvent malgré elles, car ce ferment subversif ne facilite pas la vie quotidienne. Leur position particulière attire en effet les regards : elles dérangent, et sont suspectées de déviance, la stigmatisation étant la seule façon de dissiper le trouble des gens installés dans les normes du moment. « Étaient-elles bien des femmes, celles qui sortaient du pré carré de leur sexe ? » (Perrot, 1995, p. 45). Tantôt une supposée disgrâce intime, une présumée sécheresse intérieure, sont utilisées pour (dé)classer l'infortunée dans une catégorie disponible : « vieille fille ». Tantôt la critique est inverse : la femme trop libre ne saurait être qu'une femme légère. D'ailleurs le même terme de «femme isolée» désigne à la fois l'ouvrière vivant seule et la prostituée clandestine (Scott, 1990). Soupçon insupportable en cette époque de rigueur morale. D'autant qu'il faut aussi lutter contre soi : cette vie plus légère, plus sensuelle, est effectivement à portée de la main, en un moment où, sous le puritanisme de surface, les corps découvrent en secret de nouveaux désirs (Corbin, 1987). La célibataire fortement investie dans son métier, telle l'institutrice, compose donc pour se défendre un personnage caractéristique : chignon serré et gorge strictement toilée. Tout en refusant l'autre stéréotype, elle impose son aisance, sa liberté de ton et surtout son élégance (dentelles fines, discrètes et autres renards argentés), qui la distinguent de la vieille fille rabougrie, acariâtre, qui «sent le rance» (Perrot, 1984, p. 300). Entre les deux catégories proposées, qu'elle refuse, elle s'affirme comme quelqu'un d'autre, une figure sociale encore mal identifée, en voie de définition.

La vendeuse de grand magasin, davantage hésitante entre métier et mariage (à la différence de l'institutrice son célibat est généralement provisoire) choisit une option un peu différente. Ce qui lui fait le plus peur étant d'être taxée de vieille fille, son élégance est plus colorée, plus parfumée, plus charmeuse, au risque de tomber dans l'autre stéréotype. Pourtant elle parvient souvent à maintenir l'équilibre, et rejoint la figure de la femme autonome (ni veille fille ni femme légère) qui tend à s'installer dans le paysage social.

Bien sûr il y eut aussi de vraies «vieilles filles» et de vraies femmes galantes. Mais relativement peu nombreuses : ces catégories extrêmes étant abusivement grossies dans les mentalités par effet d'amalgame. Les femmes savantes par exemple furent systématiquement moquées et suspectées de sécheresse de cœur, taxées de «vieilles filles». Alors qu'elles étaient souvent des aventurières à leur manière, engagées corps et âme dans une trajectoire très personnelle (Flahault, 1996). Quant aux femmes légères, un abîme sépare la prostitution de la liberté de mœurs.

Prenez les grisettes, ces jeunes couturières du Quartier latin dont le mode de vie fut violemment rejeté par la morale. Elles vivaient insouciantes, pour la coquetterie la gaieté et l'amour, emportées par les manières nouvelles apprises auprès des bourgeoises, enfiévrées par l'art des étudiants à leur faire la cour sur un mode romanesque (Guillais-Maury, 1984). Comment après cela se résoudre au mariage avec des hommes de leur milieu, à sombrer dans l'univers noir qui était celui du monde ouvrier au XIXe siècle ? Elles préférèrent les sonnets, les mots doux et les caresses, quitte à se perdre d'une autre manière, dans une vieillesse de solitude et de misère (passé le temps de la jeunesse en effet, les Princes charmants abandonnaient leurs amoureuses d'opérette pour se marier). Alors, femmes légères les grisettes ? Certes. Mais aussi d'une certaine façon femmes autonomes, refusant de se résigner à une vie sans éclat et sans élan, imaginant leur histoire selon leurs rêves le temps d'un printemps, inventant des formes conjugales devenues aujourd'hui légitimes.

La grisette cherchait un nouveau code amoureux. Désespérément : le XIXe siècle n'a pas les moyens de ses idées révolutionnaires. L'époque est au contraire au durcissement de la norme matrimoniale. Les utopies qui fleurissent sont à contre-courant, condamnées à rester dans les livres ou à se limiter à quelques expérimentations marginales. Pourtant, quelles audaces dans les pensées ! Le couple marié comme fondement de la société est le premier visé par les plus radicaux. Dans *Le Nouveau Monde amoureux,* Charles Fourier se fait le chantre d'une libération des désirs et d'une sexualité vagabonde, qu'il souhaite voir s'épanouir dans ses phalanstères. Il esquisse une conjugalité par séquences (ne débouchant que tardivement sur un mariage) proche de celle que nous connaissons aujourd'hui. Mais ce modèle ne pouvait se concrétiser alors. Parce que le phalanstère était dessiné avec une rigueur trop mathématique. Et surtout parce que les mentalités étaient massivement tournées vers la famille (d'ailleurs les disciples de Fourier occultèrent cet aspect de son programme).

L'essor de l'individualisme dans la vie privée prendra d'autres voies, plus discrètes, contournant sans l'attaquer l'institution matrimoniale. Le bouleversement ne viendra pas d'une contestation radicale mais du lent mouvement du quotidien. De celui des femmes surtout. Qui en s'engageant dans le salariat découvrent l'autonomie. Et qui n'hésitent plus à évaluer de façon critique ce que peut leur apporter le mariage. Il ne suffit pas de se marier : le futur conjoint doit pouvoir apporter réellement une vie meilleure. En témoigne cette lettre d'une lectrice du *Petit Écho de la mode,* en 1907 : « J'ai donc pris le temps de réfléchir, de comparer, d'observer ; mes méditations n'ont pas été favorables au mariage. J'ai 25 ans, je ne suis plus une enfant, je sais ce que je veux, ce que je fais. Je choisis ma voie dans la plénitude de ma raison. Je n'ai nul regret dans le cœur » (cité par Raffin, 1987).

La cassure

Historiquement l'autonomisation individuelle ne se développe pas de façon linéaire mais en vagues successives, qui créent des styles générationnels particuliers (Terrail, 1995). Dans les moments forts, hommes et femmes se sentent irrésistiblement emportés. Puis vient le reflux, comme si la société avait besoin de retrouver la terre ferme avant de s'engager à nouveau dans l'aventure. Au début du XXe siècle (surtout pour les femmes) la vague est sur le point de prendre la dimension d'une véritable déferlante. Quand un événement la stoppe brutalement : la grande guerre.

Cette analyse surprendra certains, convaincus que les femmes, en remplaçant les hommes mobilisés au front, renforcèrent alors leur présence dans les usines et les bureaux. La réalité est plus complexe. Le remplacement resta en effet limité et souvent réservé à des emplois subalternes ou à connotation féminine : nettoyer, contrôler, enregistrer, soigner les blessés et nourrir les sans-abris. Dans l'imaginaire par contre, l'idée que les hommes puissent perdre leur rôle traditionnel développa une angoisse collective qui avait commencé à pointer avec les poussées émancipatrices du XIXe siècle. Françoise Thébaud (1992) souligne le paradoxe : l'avancée (pourtant timide) dans le monde du travail déclencha une glaciation conservatrice dans les esprits. Le style nouveau des femmes (une assurance entreprenante qui tranchait avec l'effacement d'antan, une allure libre et forte qui faisait peur) fut sans doute pour beaucoup dans ce revirement. « Car là fut la nouveauté essentielle : vivre seule, sortir seule, assumer seule des responsabilités familiales, toutes choses qui paraissaient auparavant impossibles et dangereuses » (Thébaud, 1992, p. 48). Plusieurs décennies de mouvement vers l'autonomie féminine semblaient déboucher sur une accélération : c'en était trop.

Dans l'ombre des femmes rayonnantes de 14-18 se prépare donc une grande remise en ordre. Le poilu valeureux est l'emblème guidant la restauration de l'image du mâle dominant ; les femmes doivent être remises au pas. D'abord redevenir de vraies mères. Une bonne mère peut-elle délaisser son foyer pour son travail, ne pas se donner entièrement à ses enfants ? En Allemagne et en Angleterre, la réponse est clairement négative : leur place est à la maison. En France elles sont désormais trop intégrées dans la production pour les en retirer massivement (Lagrave, 1992). La critique de l'autonomie féminine ne s'en fait que plus virulente, d'autant que la perspective nataliste envahit les esprits : les vraies héroïnes, ce sont les mères de dix enfants, à qui on décerne la médaille de la famille à partir de 1920. En Italie, le livre de Gina Lombroso, *L'anima della donna,* qui rappelle les femmes à leur mission procréatrice, connait un immense succès (De Giorgio, 1992).

Pour les hommes, fragilisés dans leur identité, ce retour aux modèles anciens sonne comme une revanche. Quant aux femmes, fatiguées par tant d'efforts, beaucoup aspirent au repos et à un certain repli sur la famille : tout est réuni pour un grand consensus matrimonial, qui va se développer dans l'entre-deux guerres.

Les années mornes

Elle est bien finie la Belle Époque, où tout semblait bouger, aller plus vite : la société s'enferme dans ses vieux cadres et respire au ralenti. Dans l'immédiat après-guerre, le message n'est pas encore unifié. L'image de *La Garçonne*, popularisée par Victor Marguerite, peut donner l'impression d'un mouvement de fond. Ce n'est pourtant qu'un simple soubresaut dans l'imaginaire : la femme se réinstalle sagement et durablement dans son foyer.

Le discours ambiant propage l'idée d'une nouvelle vie, moderne. Paulette Bernège et le salon des arts ménagers (inauguré en 1923) dessinent la voie d'une révolution technologique du quotidien. Hélas la réalité ménagère est lente à se transformer. Pour la grande majorité la révolution se limite à la lessiveuse, aux conserves et à l'électricité ; le temps passé au ménage s'accroît, dans des conditions à peine améliorées. En 1948, 4 % des foyers britanniques seulement possèdent une machine à laver, 2 % un réfrigérateur. En 1954, 42 % des français n'ont toujours pas l'eau courante (Sohn, 1992). Les femmes ont lâché la proie pour l'ombre. Elle ont abandonné le mouvement vers l'autonomie pour une modernité domestique qui ne semble pas vouloir prendre corps ; la vie est morne et étriquée dans ces années-là.

Mais la dominante d'une époque ne parvient jamais à étouffer les voix de contre-chant : assourdis par la mélodie dolente de la réorganisation ménagère, des sonorités annexes font entendre une partition différente. Certes la femme est redevenue fondamentalement mère (Knibielher, Fouquet, 1977) et fée du logis (Perrot, 1987a), sagement dépendante d'un mari. Pourtant son corps raconte une autre histoire. Année après année il délie ses mouvements. Les corsets, dessous empesés et chapeaux encombrants, sont jetés au diable, la femme montre ses jambes et marche à grands pas, elle affiche un corps sans entraves, une force et une liberté d'allure qui disent combien elle est en train de changer (Montreynaud, 1992). Tout en aspirant au repos et au repli sur la famille, elle accentue son individualité et prend conscience de sa force. Lentement l'équilibre entre homme et femme à l'intérieur du couple évolue dans un sens plus égalitaire ; certaines femmes s'enhardissent même à demander le divorce (Sohn, 1992). En 1919 le baccalauréat féminin permet l'accès à l'université. Des personnalités féminines s'imposent dans les domaines les plus divers : Colette, Simone Lenglen, Marie Curie. Des comportements d'indépendance (rendus inévitables par le déséquilibre des sexes consécutif à la guerre) ne sont pas rares. « Mais ils ne s'inscrivent pas dans une dynamique d'ensemble, étouffés par le discours quasi consensuel sur la femme-mère » (Thébaud, 1992, p. 73).

Le modèle américain

La comparaison avec les États-Unis n'est pas inutile. Des mouvements féministes très actifs s'étaient développés à la fin du XIXᵉ siècle. Les années 1910 avaient vu comme jamais les femmes accéder aux professions libérales et aux emplois de « cols blancs » ; le mariage comme seul horizon était sérieusement remis en cause (Cott, 1992).

La guerre, aux éclats lointains, ne provoqua pas de rupture. Pourtant, à partir des années 1920, un même repli sur la famille s'observa. Mais selon des modalités différentes de ce qui se passait en Europe. Il ne s'agissait pas d'un mouvement réactif et conservateur, provoqué par une fragilisation identitaire : ce furent des facteurs nouveaux, internes à la famille, qui concurrencèrent et freinèrent la dynamique d'autonomisation.

Le premier est la mécanisation des foyers. À la différence de l'Europe (où elle resta longtemps sur le papier), elle se concrétisa rapidement et révolutionna l'action ménagère, entraînant tout un peuple dans un élan de modernisation. Le groupe domestique s'était transformé en une unité efficace, aux activités de plus en plus diversifiées : en 1928 un habitant sur six possédait une automobile et 40 % des foyers une radio (Cott, 1992).

Le second est le bouleversement de la vie conjugale. Préparé par une armée d'experts nourris au lait des sciences humaines, un nouvel idéal du couple s'imposa bientôt. Opposé au modèle ancien (hiérarchisé, rigide et peu communicant), il prônait un approfondissement de l'intimité et des échanges relationnels, fondés sur l'égalité et le respect mutuel entre les deux partenaires, ainsi qu'une libération affective et sexuelle entre époux. La modernité était ici, dans cette réalisation nouvelle de la personne à l'intérieur du couple (le mariage connut dans l'entre-deux guerres un succès sans précédent) : qu'aurait pu chercher d'autre une femme ? Dès lors, celle qui refusait de s'engager dans ce modèle absolu fut présentée « comme un danger social, un être irrationnel, malsain, quelque peu hommasse et frigide » (Cott, 1992, p. 80). Les femmes ayant suivi des études universitaires, qui plus que les autres étaient célibataires, se firent les propagandistes les plus effrénées de ce nouveau mariage et abandonnèrent les idées d'autonomie. Le modèle américain de réalisation de soi dans le couple était né, et allait se propager (en parallèle avec la mécanisation des foyers) en Europe dans les années 1950. Jamais jusqu'alors la définition du mariage conjugal n'avait été si forte, jamais il ne s'était installé d'une façon aussi stable et généralisée. Il semblait que tout autre mode de vie ne pouvait être que déviance, dysfonctionnement, ratage individuel. Jusqu'au jour où, vers le milieu des années 1960, un gigantesque ouragan déchira ce ciel matrimonial trop serein : la parenthèse d'un demi-siècle de restauration conjugale se refermait aussi soudainement qu'elle s'était ouverte, le mouvement d'autonomisation reprenait son essor.

Le modèle scandinave

Cette fois-ci l'influence vint non pas des États-Unis mais du nord de l'Europe. Dès les années 1930 une option différente avait été prise, notamment en Suède : pour conjurer la crise économique, l'État social avait développé ses lignes d'intervention. Les relations entre l'individu, la famille et l'État social sont parfaitement triangulaires : quand l'État se désengage la famille renforce son emprise pour protéger l'individu ; quand il déploie ses initiatives l'individu s'émancipe. L'État joue le rôle de sage-femme de l'individualisme moderne, il assure à chacun la possibilité d'auto-définir sa propre identité (Schultheis, 1991). Pour cela des inégalités entre différentes catégories de la population doivent être corrigées. Franz Schultheis (1991) souligne qu'après une première étape historique de l'intervention étatique fixée sur les pauvres, les femmes sont devenues le nouvel horizon de la démocratie : l'État seul peut leur permettre de ne pas dépendre d'un mari pour accéder à la définition autonome de leur identité.

C'est dans cette voie que la Suède et les autres pays scandinaves s'engagèrent alors même que le modèle américain semblait s'imposer à l'ensemble du monde occidental. L'objectif de qualité relationnelle à l'intérieur de la famille est le même que dans ce dernier, particulièrement en ce qui concerne les enfants (Dencik, 1995). Mais l'inversion des priorités entre couple et individu est complète. Il en résulte un bouleversement des schémas familiaux habituels. La vertu cardinale n'est plus la stabilité mais l'authenticité de l'engagement. Le pivot n'est plus le *pater familias* mais la femme, fortement établie dans le monde du travail, libre de rester seule avec ses enfants ou de former un couple (Arve-Parès, 1996). Les femmes, en se « mariant » au *Welfare State* fondent doublement les conditions de leur autonomie. Spécialement les femmes avec enfants, élément sensible du « modèle scandinave ». Dans les pays libéraux comme aux États-Unis ou en Grande-Bretagne, la monoparentalité est fortement associée à la pauvreté. Ce qui n'est pas le cas en Scandinavie, notamment en Suède (Lefaucheur, 1992).

Les années folles

Le vent de l'autonomie soufflait donc du nord de l'Europe, se propageant réguliè-rement, d'abord dans les pays centraux (Pays-Bas, Allemagne), puis ceux de l'ouest (France, Grande-Bretagne), avant de buter un peu sur quelques résis-tances matrimoniales dans les pays catholiques du sud (Italie, Espagne, Portu-gal). L'évolution était particulièrement rapide dans les pays où des mesures sociales avaient été prises dans le sens du modèle scandinave. Mais ces éléments politiques n'étaient pas seuls à intervenir. Ainsi la progression était beaucoup plus forte dans les grandes villes alors que le système social dans un même pays était identique à celui des campagnes. L'élan venait en fait des profondeurs du mouve-ment de l'histoire : une nouvelle vague emportait irrésistiblement les individus. Comme la première, un siècle plus tôt, elle allait déstabiliser la famille et provo-quer de ce fait un renouvellement de la réflexion théorique à son propos (Cic-chelli-Pugeault, Cicchelli, 1998).

Quelques indicateurs permettent de dater cette évolution avec une relative précision : c'était vers le milieu des années 1960 (Roussel, 1989). Au début, rares étaient ceux qui avaient conscience du retournement de tendance. Les choses devinrent un peu plus claires avec les « événements » de 1968, néanmoins domi-nés par une phraséologie politique qui masquait la révolution culturelle en cours, portant sur les formes d'émancipation de l'individu (Terrail, 1995). Les femmes étaient bien entendu en première ligne, sous l'étendard de l'égalité. Mais l'élé-ment le plus nouveau fut l'irruption de la jeunesse. Dans l'ensemble du monde occidental, les modalités de l'entrée en couple et dans la vie adulte furent boule-versées en quelques années. La jeunesse devenait le grand moment de la créati-vité existentielle, de l'imagination de la vie : il était donc urgent de prendre son temps, de ne pas s'engager trop vite. De ne pas s'engager n'importe comment non plus, avec n'importe qui, pour faire n'importe quoi : il fallait réfléchir à soi, pour inventer un monde privé meilleur. Ne pas hésiter à rompre si le couple ne cor-respondait pas au rêve. Ne pas hésiter à rester seul si ce que semblait offrir la vie à deux n'avait pas suffisamment d'attrait. Ne pas hésiter doublement pour les femmes, car leur entrée en famille continuait à handicaper leur carrière profes-sionnelle, donc leur autonomie (de Singly, 1987).

C'est ainsi que le couple devint une réalité plus mouvante, vécue intensé-ment mais par séquences biographiques ; que le nombre de personnes ne vivant pas en couple (par addition des séquences de vie en solo) recommença à se déve-lopper, rapidement, inexorablement. La parenthèse des années mornes était bien refermée.

Les années floues

En cette fin de XXe siècle la vague est à l'évidence retombée. Où en sommes-nous ? une nouvelle parenthèse se serait-elle ouverte ? La réponse n'est pas simple.

L'heure n'est certes plus à l'inventivité individuelle, l'avenir fait peur, le besoin de protection réactive les valeurs traditionnelles. La crise du financement social pousse l'État à se désengager et à restaurer la famille comme pivot de la socialisation, dans tous les domaines. Les femmes supportent l'essentiel de ce redéploiement familial. Et semblent l'accepter, abandonnant (sans doute provisoirement) l'idée d'une insertion dans le monde du travail égale à celle des hommes (trop coûteuse en efforts et en déchirements identitaires). Affrontés à un futur angoissant, les jeunes cherchent à s'intégrer plus rapidement dans le monde adulte. Les personnes ne vivant pas en couple sont regardées d'un autre œil que dans les années 1970-1980 : les « femmes seules » sur lesquelles on s'apitoie ont remplacé les « *superwomen* », « nouvelles célibataires » (Laufer, 1987) et autre « célibattantes ».

Pourtant, malgré cette atmosphère défavorable, l'indépendance résidentielle (indicateur le plus fiable) ne cesse de se développer. Le vent de l'autonomie continue à souffler du nord vers le sud de l'Europe, touchant des pays qui étaient jusque-là restés à l'écart. La socialisation propre à la jeunesse s'élargit et s'approfondit encore ; le report des engagement s'accentue ; les séquences de vie en solo se multiplient.

Tout se passe comme si l'autonomisation avait atteint un seuil rendant désormais le ressac inopérant ; une véritable parenthèse ne parvient pas à s'établir. Le mouvement, certes ralenti, continue discrètement à se propager.

II.
La vie en deux

Cette longue histoire n'est que faiblement à l'esprit de ceux qui expérimentent la vie en solo d'aujourd'hui. La mémoire de la société est sédimentée beaucoup plus souterrainement, dans les profondeurs de l'implicite. La vie en solo commence souvent d'une façon très pragmatique, sans avoir été décidée, sans conscience claire du vaste processus historique dans lequel elle s'inscrit. Ce qui ne facilite pas la compréhension des spécificités de cette trajectoire particulière. À commencer par la plus importante, l'étrange division en deux de l'existence.

Le « doigt accusateur »

Vivre seul conduit irrémédiablement à un dédoublement ; deux parties de soi se mènent une guerre permanente sans que jamais l'une ne parvienne à l'emporter de façon décisive. « Le problème actuellement c'est l'incohérence qu'il y a en moi » (Charlène). Tel est le paradoxe de la situation : la vie à un est une vie en deux.

Incertitude et instabilité sont la rançon de ce déchirement identitaire. Où est le vrai Soi entre la femme qui rit et la femme qui pleure ? qui est-on vraiment, celle qui se sent libre et forte ou celle qui se sent aussi perdue qu'un enfant abandonné ? Toute la complexité est dans la réponse à cette question : les deux à la fois. Car le dédoublement, donnée structurelle liée à la position, est absolument inévitable. Certes il est plus ou moins prononcé, mais il est toujours présent. Il est maximum quand l'existence est parfaitement coupée en deux parties égales. Il est le plus faible quand la vie en solo est fortement positivée. Plus faible encore au pôle opposé, quand elle semble n'être qu'un noir trou sans fond. Alors que la femme qui pleure peut s'approcher du point limite où elle ne discernera plus le moindre rayon de plaisir (la solitude comme pur malheur), la femme qui rit ne parvient pas à n'être que pur bonheur. Car une raison l'en empêche : le « doigt accusateur » de la société, que Lydia sent pointé sur elle. « Je pourrais assez bien me faire à ma solitude si tant de regards, de mots et de situations ne s'unissaient pour former un doigt accusateur, pour bien me faire comprendre que je suis hors norme, donc suspecte ».

Hors norme ? Existerait-il donc une norme, un modèle de vie privée ? Cette proclamation paraît étrange alors que la famille se désinstitutionnalise et que des formes souples de plus en plus diverses sont reconnues comme légitimes. Unions libres, familles recomposées, et même enfants hors mariage : chacun désormais semble avoir le droit de pouvoir déterminer librement le cadre de sa vie intime. D'autant plus étrange que le développement de la vie en solo s'inscrit dans un puissant mouvement historique. Les chiffres le prouvent (cf. Dossier documentaire) : le phénomène autrefois marginal, limité aux veuves et aux exclus, s'est transformé en puissante lame de fond, qui emporte de plus en plus les jeunes et les femmes diplômées, les poussant à vivre leur autonomie. De l'intérieur de cette existence nouvelle, la découverte est souvent agréable pour les plus actives, la légèreté du quotidien, instrument-clé de la maîtrise du destin, exhalant un parfum grisant de liberté. Élisa ne regrette rien. « Je suis fière de ma solitude, de pouvoir me remettre en question avec tant d'aisance, d'être capable d'ouvrir mon esprit aux autres. Tout ceci serait difficilement possible avec un mari et des enfants ». Pourtant le plaisir n'est jamais entier. « Pourquoi ne pas profiter des avantages que m'offre le célibat, pourquoi ces déprimes, pourquoi toutes ces questions ? » Parfois à cause d'un manque de présence proche. Mais le plus souvent à cause du « doigt accusateur », l'omniprésent bien qu'invisible « doigt accusateur ».

Contrairement aux affirmations publiques (« Chacun fait ce qu'il veut »), il existe donc un modèle de vie privée, caché, secret, qui se révèle brusquement et méchamment quand la femme seule sent pointé sur elle le « doigt accusateur ». Le plaisir est gâché ; la liberté prend un goût amer ; mille questions désagréables s'imposent à la pensée.

« Bizarre »

Tout commence par l'opération de tri qui classe « hors du commun, différent des autres » (Maria). Anne-Laure se sent « une île solitaire au milieu de la foule, à côté des autres qui constituent la société ». Hors du commun et hors de la société, tel un étranger plus ou moins indésirable dont la présence est juste tolérée. « C'est notre étoile jaune invisible » (Marie-Andrée).

Pendant que la bouche du langage public proclame officiellement « chacun fait ce qu'il veut », le « doigt accusateur » classe et sanctionne : non respect de la norme ! L'anormalité n'est que suggérée, en silence ou à demi-mots, à l'intérieur du double-langage caractéristique des sociétés démocratiques (Kaufmann, 1995a). Pourtant la femme seule reçoit le message discret en plein cœur. « Tout au fond de soi, on ne peut se défendre contre l'idée qu'on n'est peut-être pas tout à fait normale » (Annick). Pas anormale non plus, puisque la société affiche le droit et que la vie a ses bons côté. Alors quoi ? Peu à peu le mot s'imprime dans les consciences, obsédant, ne clarifiant rien du mystère : « bizarre ». Bizarre cette existence, où le positif et le négatif, où le rire et les larmes s'entremêlent si intimement. Et moi-même, ne suis-je donc pas une personne bizarre ? N'est-ce pas justement parce que je suis personnellement bizarre que ma position domestique est classée comme bizarre ? Ignorant que ce questionnement en abîme n'est dû qu'au « doigt accusateur », Sylvie ne peut s'empêcher d'y revenir sans cesse, et de se faire d'autant plus mal qu'aucune réponse ne lui parvient jamais. « Tous les jours ça me harcèle : mais qu'est ce que c'est que cette putain de vie bizarre ? Ça irait si je pouvais me dire : calme toi, ça baigne, c'est normal. Mais au lieu de cela partout je sens les regards : "bizarre, bizarre, pas catholique tout ça". Mais quoi bizarre ? Dites-le bon dieu à la fin ! Qu'est ce que j'ai donc de bizarre pour m'être mise dans ce pétrin-là ? ».

Le « doigt accusateur » grossit par un effet de perception : plus la femme l'imagine se pointer sur elle, plus les messages qu'il délivre ont tendance à s'aggraver. Mais il grossit aussi réellement, en vertu du processus de stigmatisation décrit par Erving Goffman (1975) : tout défaut supposé entraîne la suggestion d'une série d'autres défauts associés (pour permettre un classement évident dans la mauvaise case). D'imprécises vilainies cachées sont alors évoquées. « Mignonne comme je suis, ils doivent penser que si je vis seule c'est que je dois avoir un problème quelque part » (Charlène). Mais surtout le soupçon majeur : la sécheresse de cœur. L'individualisation de la société secrète, tel un contre-poison, la nécessité d'afficher ses vertus d'humanité (de Singly, 1990). Or pour les femmes ces vertus se fixent, plus que pour les hommes, sur leurs capacités d'amour et de dévouement familial (de Singly, 1991). La femme seule est donc rapidement suspectée d'inhumanité. Olivia est exaspérée par ce message qu'elle croit entendre. D'autant qu'elle a bien intériorisé une autre injonction de la société démocratique (l'authenticité du choix amoureux) : « On ne va tout de même pas se jeter sur le premier venu pour le clamer à la galerie ! ».

Quand elle se promène dans la foule, Adeline « devine les regards » et croit « entendre les murmures : "qu'est-ce qu'elle peut bien avoir qui décourage les hommes ?" ». Telles sont en effet les deux armes de l'accusation : les regards et un langage diffus. Les regards sont partout, sans cesse, légers lorsque le positif l'emporte, durs lorsque la solitude est mal vécue, enserrant l'infortunée jusqu'à provoquer la honte chez Juliette (« Je sens ma solitude qui déborde de partout, cela attire les regards. Je crains les regards et la pitié, j'ai honte d'être seule »), la haine chez Liliane (« Quand je sens comment me regardent les gens — pauvre femme seule — j'ai de la haine pour cela »). Murmure lointain, la parole critique s'assimile au regard ; omniprésente mais insaisissable. Il lui arrive pourtant de surgir, par séquences brèves, qui contrastent soudainement avec les propos lénifiants de surface.

« La semaine dernière, un élève m'a demandé :

— Maîtresse, t'es une maman ?

— Non !

— Ben t'es quoi alors si t'es pas une maman ?

Un bout de chou de sept ans avait ébranlé mon soi-disant équilibre. Muette quelques secondes. Finalement je lui réponds :

— Rien !

Aux yeux de beaucoup nous ne sommes rien » (Justine).

Les lieux du malaise

Le « doigt accusateur » pointe plus fort en certains lieux et en certains moments. Là où, d'une manière ou d'une autre, le modèle secret de la vie privée se donne en spectacle et s'impose à tous.

Spectacle intime terriblement familialiste des diverses réunions de famille (du simple dimanche aux intolérables baptêmes et mariages). Spectacle plus large mais non moins contraignant de la vie sociale dans les petites villes de province : « Pas question d'aller boire un verre vers 18 heures seule dans un café ou tout simplement de se balader vers 20 heures un soir de juin quand il fait trop chaud pour rester devant sa télé. Alors pour toutes ces libertés, merci Paris ! », s'écrie Géraldine, qui vient d'arriver dans la capitale depuis quelques mois. Avant d'ajouter aussitôt : « mais même ici tout n'est pas possible ». Car le spectacle apparemment plus libre de l'espace public dans la grande ville a aussi ses règles, parfois aussi cruelles bien qu'elles soient subtiles et implicites. Il suffit que les lieux soient peuplés d'individus exprimant leur familialité triomphante (couples manifestement amoureux et autres enfants rieurs) pour que se renforce le regard critique sur soi. Même si les amoureux n'ont aucune mauvaise intention, s'ils ne voient que leur amour, même si les enfants rient sans la moindre arrière-pensée : leur simple présence accuse. Sylvie ne va plus dans les jardins publics. « Surtout au printemps, avec tous ces couples qui se bécotent, c'est insupportable ». Car l'image des amoureux réactive le modèle, rappelle l'anormalité, et fait basculer dans l'autre partie de soi. « C'est comme un coup de poignard » (Nelly).

Le « doigt accusateur » se forme dans un jeu complexe entre la scène publique et la femme seule. Du côté de la scène, plusieurs cas de figure se présentent. Il peut y avoir ou non des regards soupçonneux et des murmures réprobateurs ; il peut y avoir ou non des manifestations démonstratives de familialité. Mais l'interprétation de la femme regardée (ou qui se pense telle) est décisive, car les repères sont trop subtils et imprécis pour canaliser solidement la subjectivité. Dans une autre recherche, portant sur les normes secrètes régissant les comportements à la plage (Kaufmann, 1995a), j'avais mis en évidence des indicateurs objectifs : plus les femmes enlevant leur haut de maillot s'écartent des positions considérées comme normales par rapport à une série de critères, plus les regards se portent (réellement) sur elles. Ce qui leur permet de comprendre les règles secrètes et de s'ajuster à ce qui leur est autorisé. Ici au contraire les indicateurs sont pour le moins flous. Car l'anormalité est rarement flagrante à la seule vue des comportements observés : la femme qui se promène seule peut très bien être une femme mariée, allant chercher ses enfants, etc. Le système des regards indiquant le normal ne peut donc pas s'établir avec autant de précision. Et la femme seule est condamnée à épier le moindre indice pour se forger une opinion, avec un risque chronique d'exagération : plus elle se sent exclue du modèle, plus elle imagine le « doigt accusateur », plus elle en voit les signes autour d'elle même quand ils ne sont pas évidents. Le processus est caractéristique dans un exemple que nous allons voir plus en détail : la file d'attente devant le cinéma.

Le cinéma fait partie des mille petits bonheurs de la vie en solo : les femmes seules y vont trois fois plus souvent que les femmes mariées (de Singly, 1991). Dans la salle, lumières éteintes, l'on se sent partie prenante de la communion culturelle, entourée, une parmi d'autres, sans différence. Mais pour y parvenir, il aura fallu vaincre l'épreuve de la file d'attente. « Il y a des jours où c'est très dur de rester dans cette file d'attente où les couples s'embrassent en riant, où les parents jouent avec leurs enfants. Alors je me concentre dans mon magazine, indispensable à ce mauvais moment ». Géraldine, qui respire pourtant à plein poumons sa récente liberté parisienne, imagine un doigt monstrueux pointé sur elle. Or qu'en est-il vraiment ? Peut-être y a-t-il eu un vague regard un peu étonné quoique sans *a priori*, sans doute pas le moindre murmure. Par contre, effectivement, de bruyantes et démonstratives manifestations familiales. Trop bruyantes et démonstratives justement pour être totalement honnêtes. Pourquoi Géraldine les reçoit-elle ainsi de plein fouet, pourquoi ne perçoit-elle pas qu'elles sont forcées, qu'elles résultent d'efforts parfois considérables des familles, qui se mettent en scène, pour présenter une belle apparence ? Parce. que cette belle apparence est conforme au modèle idéal qui l'obsède : à peine se montre-t-il qu'elle plonge dans la face sombre de son existence. Et le doigt se fait alors encore plus menaçant.

Bien d'autres espaces sont problématiques, notamment ceux des sorties et loisirs (excepté la pratique sportive, davantage centrée sur l'individu) : le restaurant, le café, le théâtre. Mais aussi les commerces de proximité, haut lieu traditionnel de surveillance de chacun par chacun, où les portions individuelles attirent vite l'attention et déclenchent des remarques à l'humour insupportable. Fatiguée des petites phrases, et malgré la qualité de la viande, Marie-Pierre a fini par rompre avec son boucher. « Au moins à l'hypermarché je suis tranquille ». Plus tranquille sans l'être totalement en vérité, mais la caissière est un moindre mal comparée au boucher.

Il y a donc les lieux du malaise. Et il y a les moments. Tout ce qui est diurne et non férié a tendance à desserrer la pression du modèle : le jour et le travail laissent plus libre l'individu autonome. Les autres temps favorisent pour diverses raisons la formation du « doigt accusateur ». Le soir parce que la nuit tombe, et que la solitude féminine en ces circonstances, longtemps étroitement contrôlée (De Giorgio, 1992), accroche encore plus le regard (ce n'est pas le cas pour les hommes). « Le soir c'est encore pire, on ne peut pas sortir. Si notre état de solitude passe inaperçu dans la journée, le soir on a l'impression d'être devenue fluorescente » (Élodie). Les vacances et les dimanches parce qu'ils sont des temps dévolus aux familles. « Impossible de se promener en solitaire le dimanche dans des rues envahies de couples et des familles » (Annick). Quant à Noël et à la Saint-Valentin, inutile de développer. Edwige résume les éléments maudits en une phrase : « Les week-ends, les réveillons, les couchers de soleil et les impôts seront toujours les ennemis des solitaires ».

Dits et non-dits de la famille

Le modèle secret de la vie privée résulte d'une production normative foisonnante et diversifiée : de même qu'il existe des « lieux du malaise » (où le modèle est plus influent), une infinité de cercles sociaux secrètent des normes spécifiques. La femme seule s'inscrit dans plusieurs de ces cercles (famille, amis, collègues de travail) ayant chacun leur référence particulière (Marquet, Huynen, Ferrand,

1997). À l'intérieur de ce réseau d'influences contradictoires, deux cercles occupent des positions extrêmes : la famille et les copines.

Nous voici arrivés dans le monde des proches, où le mécanisme de la production normative change de nature par rapport aux espaces publics : regards et murmures font place ici à une véritable conversation. Conversation compréhensive et de soutien pour les copines, desserrant l'étreinte du modèle. Conversation problématique pour la famille, qui, malgré sa bonne volonté, ne parvient pas à jouer ce rôle. « Ce qui est dur c'est la famille proche » (Marie-Anne) ; « La famille c'est l'horreur, ils ne comprennent rien » (Leila). Car elle est partagée entre l'envie d'aider et une obligation plus forte, qui la dépasse : plus que d'autres elle est garante de l'application du modèle.

Les parents hésitent entre deux pensées, deux discours. Hésitation qui n'est d'ailleurs pas nouvelle pour eux, l'éducation se structurant désormais autour d'une contradiction (de Singly, 1996). Dans ce qu'ils doivent transmettre en effet, la valeur la plus précieuse est l'autonomie de l'enfant, qui dans son principe invalide la notion de transmission : on ne peut à la fois imposer des consignes de comportement et demander à l'enfant d'inventer sa vie. L'hésitation et l'incohérence prennent une nouvelle ampleur quand vient le temps des amours. Premier langage : tu as le droit (et même le devoir) de laisser parler ton cœur. Second langage, *sotto vocce* : évidemment, il y a quand même des limites, quelques règles élémentaires à respecter. Par exemple quand le petit ami présenté par la jeune fille a une allure qui surprend. Premier langage : bien sûr c'est ton affaire. Mais plus l'écart avec les attentes familiales est grand (et plus l'histoire conjugale devient sérieuse), plus les parents se sentent poussés à intervenir, jusqu'à hausser le ton (Cosson, 1990).

Ils hésitent aussi sur l'attitude à adopter quand leur fille ne présente aucun petit ami. Au début cela ne paraît pas poser problème, au contraire : les jeunes prennent désormais leur temps pour s'établir dans la vie adulte, les filles en particulier doivent d'abord penser à leurs études. À mesure que le temps passe toutefois une inquiétude se fait jour : jusqu'où ira ce report de l'engagement conjugal ? et si elle restait seule toute sa vie ? Bien sûr elle a le droit, c'est sa vie, mais est-ce que ce serait normal ? Le mot est lâché : normal. Dès lors tout va se précipiter. L'interrogation sur les normes de la vie privée révèle en effet une pression de l'entourage (amis, voisins, cousins) qui n'avait été que faiblement perçue jusque-là. « La fille de sa voisine se marie dans deux mois : vous imaginez le tableau » : la mère d'Olivia a reçu un véritable choc avec cette nouvelle. Brusquement le monde est devenu différent, agressif, elle sent le « doigt accusateur » pointé sur elle, personnellement : en tant que mère ne trouvez-vous pas que votre fille est bizarre ? Le premier réflexe, classique, est de tenter de se décharger du stigmate (Goffman, 1975). «Depuis elle me harcèle, elle ne comprend pas que je n'ai pas encore trouvé quelqu'un». Trouver quelqu'un : la terminologie est révélatrice. Le temps n'est plus à l'évaluation des critères du choix, à faire la fine bouche sur les prétendants, le problème est plus grave et urgent : il faut à tout prix trouver «quelqu'un», quel que soit ce quelqu'un. Pour faire disparaître le «doigt accusateur». Olivia a reçu le message : «La mauvaise conscience elle vient surtout par rapport à mes parents». Flora aussi, agacée et désemparée face à cette pression accusatrice venant de ceux qui devraient au contraire la comprendre et la soutenir. «C'est comme si mes parents faisaient une dépression à ma place faute d'avoir une fille "normale"». Pourquoi cet acharnement parental ?

Les parents se sentent eux-mêmes disqualifiés par la conduite de leur fille, et sont donc incités à intervenir. Mais s'il n'y avait que cela, leur amour parental leur permettrait de résister à la pression sociale. Or il y a plus, un plus indéfinissable et profond, s'enracinant dans les secrets de l'âme. L'individu, désormais seul face à son destin, est dramatiquement obsédé par la légèreté de son être et l'étroitesse de ses limites. L'enfouissement dans la ligne des générations est une des seules tentatives permettant de conjurer la hantise de la mort (Déchaux, 1997) et de «faire pièce au temps» (Théry, 1996, p. 22). Du côté des ancêtres, en réactivant le souvenir des disparus au cœur de la construction de l'identité personnelle ; du côté des enfants en surinvestissant dans leur éducation jusqu'à l'oubli du souci de soi. Le lien de filiation devient ainsi «l'idéal même du lien inconditionnel et indissoluble» (Théry, 1996, p. 22) dans lequel l'individu s'immerge jusqu'à perdre le sens de ses limites. D'où «les angoisses de rupture de chaîne» (Déchaux, 1997, p. 297). Pour les parents de la fille restant seule, l'essentiel de l'angoisse est ici : la chaîne risque justement d'être rompue, le surinvestissement dans l'enfant débouchant sur un inexplicable vide existentiel. C'est pourquoi la critique sociale portée par le «doigt accusateur» résonne si intimement et avec une telle force : il n'y a pas que les lois de la société à être bafouées mais aussi celles de la vie tout court. À ce point de la réflexion surgissent les arguments les plus proches du naturel et du biologique : de toute éternité une femme n'est-elle pas faite pour avoir des enfants ? Le face-à-face mère-fille prend alors une tournure particulièrement insupportable. «À chaque fois elle ne me rate pas et j'ai droit aux mêmes commentaires et à la même question : "Quand est-ce que je serai grand-mère ?". Et moi dont l'envie me dévore parfois d'être maman !» (Bérangère).

La pression familiale suit un mouvement *crescendo* jusqu'à ce que la fille atteigne l'âge permettant d'avoir un enfant dans de bonnes conditions ; avant de retomber ensuite. Dans la phase montante de la critique, les modalités de la communication parents-fille peuvent être distinguées en trois séquences caractéristiques. Au début, pas le moindre reproche. Mieux : les parents s'amusent à taquiner l'adolescente, le thème amoureux étant récurrent dans les plaisanteries. Lorsqu'ils redeviennent sérieux, c'est pour lui conseiller de ne pas s'emballer, étant vaguement conscients qu'une entrée en couple trop précoce serait préjudiciable à son avenir. Puis, imperceptiblement, le ton change. « Jusqu'à 25-26 ans on plaisantait, on me taquinait sur mes aventures. Maintenant on s'inquiète, c'est le silence, on n'ose plus me demander : "Et tes amours ?" » (Justine). Le silence, oppressant, lourd de sous-entendus, installe le malaise. Le silence, qui parle par ses brusques trous thématiques dans la conversation, désignant discrètement et pour la première fois le « doigt accusateur ». « Ils n'osent plus, je le sens bien, plus aucune question sur ma vie privée, ils ne m'interrogent plus que sur mon travail » (Sabine). Enfin, troisième séquence, arrive le temps des petites phrases. Ou plus exactement du double langage, mélangeant silence compatissant et soudaines petites phrases assassines. « Ça c'est la phrase qui fait mal : "Une belle fille comme toi !" » (Loriane). Les parents (particulièrement la mère) ne peuvent plus s'empêcher d'intervenir. « Ils aimeraient bien jouer les docteurs miracle ; ils ont des remèdes plein leurs valises » (Loriane). Avec une brusquerie qui les surprend eux-mêmes, ils rappellent les exigences de la normalité, se sentant emportés, par un souffle qui les pousse à dire, par d'obscurs motifs d'ordre supérieur les enjoignant à critiquer. Car à travers leur bouche c'est en fait la société qui parle. Dans le secret de leur cœur ils seraient davantage enclins à comprendre et pardonner. Hélas ils observent impuissants leur pensée se diviser en deux parties adverses. De même que leur fille est divisée en deux. Et comme elle ils n'en finissent plus de questionner cette bizarrerie de l'existence : pourquoi, mais pourquoi donc ? Aucune réponse ne vient. Une ultime énigme les taraude : elle, au moins, doit savoir. « On sent que ça les démange de poser des questions : "mais qu'est-ce qu'elle a donc de bizarre dans sa vie, qu'est-ce qui cloche ?" » (Loriane). Autant que faire se peut ils répriment critiques et questions. Jusqu'au moment où la phrase sort de façon incontrôlable ; c'est plus fort que soi.

Face à ces deux aspects du langage parental, la fille adopte elle-même une position double. « Je sais très bien que pour eux je ne suis pas normale, que tout ça cache forcément quelque chose. J'ai l'impression d'avoir à me justifier ». Et parfois, sous la pression, Lydia (une partie de Lydia, la plus publique et soumise au modèle) ne peut faire autrement, entrant soudainement dans des explications, trop longues, artificielles, « comme si c'était une autre qui parlait ». La seconde partie d'elle-même (plus intime et autonome) s'observe parler et est écœurée par ce flot de paroles un peu fausses, n'exprimant que la moitié de ses pensées : elle rétablit le silence. « Le mieux pour vivre bien c'est de suivre sa ligne et d'ignorer les remarques. Il faut rester imperturbable ». Pour la fille comme pour les parents, le silence, bien qu'il soit source de malaise, est un moindre mal. Permettant de préserver l'amour mutuel, le caractère strictement interpersonnel des relations. Alors que la conversation réactive immanquablement le modèle social de vie privée, posant des questions qui restent généralement sans réponses, empoisonnant le climat.

Les divers amis, amies, collègues de travail et copains, adoptent des positions intermédiaires entre les deux cercles opposés : la famille et les copines. Ils suivent la première sur les formes de la communication, évoluant comme elle en trois phases : plaisanteries-silence-remarques. « Il y a les copains qui me taquinaient mais qui aujourd'hui n'osent plus me demander comment je fais pour vivre seule » (Annie). Avec cependant une variante dans la dernière séquence : les petites phrases sont moins directes et agressives, jouant davantage sur les sous-entendus et l'ironie. Ils suivent par contre les secondes sur le mode de définition des contenus : alors que la famille se réfère toujours (plus ou moins fortement) au modèle central, les amis, comme les copines, s'ajustent à la norme spécifique du groupe, qui est évolutive. Dans la dernière séquence il y a certes concordance des contenus autour du modèle central, mais la méthode pour y parvenir est différente. Alors que la famille perçoit de plus en plus la pression extérieure, sentant le doigt pointer sur elle, l'évolution de la conversation dans les groupes d'amis procède de l'intérieur, en se calant sur l'évolution des pratiques. Olivia a récemment « senti le vent tourner » : plusieurs de ses amis vont se marier et le système de valeur du groupe a changé en même temps que les thèmes de conversation. Brusquement désemparée, elle s'est sentie obligée d'inventer « un voyage avec un amant mystérieux. Alors que je partais dans ma famille à m'entendre dire : "Quand est-ce que tu nous le présente ?" Qu'est-ce que je me suis trouvée bête après ! Il y a quelque chose de cassé, ce n'est plus comme avant ».

Le rire des copines

L'être humain n'est pas et ne peut jamais être un pur solitaire bricolant son identité dans sa tour d'ivoire personnelle : il n'est rien sans les autres, continuellement fabriqué par les mille interactions qui lui signifient qui il est (Mead, 1965 ; Dubar, 1991). Chacun joue son rôle dans cette identification en miroirs, depuis la confirmation implicite par des anonymes dans les contacts passagers de la vie quotidienne, jusqu'au soutien identitaire engagé et émotionnellement chargé des « autres significatifs » (Berger, Luckmann, 1986). Lorsque l'individu s'inscrit dans une réalité familiale forte, les membres de sa famille deviennent des révélateurs essentiels du Soi (de Singly, 1996). Mais quand l'inscription familiale est plus légère, un groupe de pairs du même sexe (Héran, 1990) se substitue généralement à la famille, devenant le « groupe de référence » pour la formation de l'identité (de Queiroz, Ziolkovski, 1994, p. 51). C'est le cas pour la femme seule avec ses « copines ».

Les cercles sociaux féminins ne sont pas historiquement nouveaux. Edward Shorter montre au contraire comment ils étaient institutionnalisés dans l'ancienne société, la solidarité féminine étant fondée sur une « culture de consolation » (1984, p. 276). À partir du début du XIXᵉ siècle cette culture se désagrège à mesure que les femmes entrent de plain-pied dans le monde auparavant réservé aux hommes. Les groupes d'amies d'aujourd'hui sont en partie un héritage de cette époque. En partie seulement, car ils entrent également dans une action très moderne de soutien identitaire. À l'origine, le groupe se constitue au hasard des circonstances, à partir d'un vécu collectif, à une étape particulière du cycle de vie (Bidart, 1997). Puis, le travail de l'amitié va consister à réduire les différences, en se séparant d'une fraction du groupe initial, et à accroître et préciser le partage, « à reconnaître des points communs de plus en plus intimes » (*idem*, p. 326). « Avec les copines c'est presque la fusion, on se retrouve dans l'autre » (Carmen). Le groupe atteint alors le maximum de sa puissance socialisatrice, devenant la référence identitaire essentielle, reléguant les parents dans les seconds rôles voire à n'être plus que des figurants.

L'extrême proximité intersubjective (la « fusion ») ne nécessite pas la proximité géographique : à la différence d'un mari, les copines ne vivent généralement pas auprès de soi. À y regarder de plus près cependant, il se révèle que le mode de socialisation ne se limite pas aux seuls moments de rencontre. Plusieurs formes s'emboîtent, répondant chacune à une fonction spécifique : le soutien à distance, l'action en commun, le temps fort.

Le soutien à distance. Même éloignées les copines restent proches, continuellement. À la moindre difficulté, à la moindre envie de parler, il existe un remède. « Heureusement il y a les amies, il y a toujours quelqu'un que l'on peut appeler » (Amélie). Grâce à cet instrument merveilleux, le téléphone. Qui sonne souvent, pour de longues (parfois très longues, parfois très tardives) conversations : confidences, bienveillance, présence. « Les amies c'est le lien sacré dans les moments de solitude » (Jenna).

L'action en commun. Elle se décide souvent au téléphone et réunit rarement l'ensemble du groupe (souvent une seule copine). L'objectif consiste à sortir sans être seule : magasins, cinéma, soirées diverses (y compris celles où l'on recherche l'âme sœur). Nous verrons quel rôle important jouent ces deux critères : agir et sortir de chez soi. Il n'y a pas de véritable hiérarchie entre les sorties. Toutes, même les «petites courses», ont leur importance. «Un coup de fil, et hop on se fait un plan lèche-vitrines. Les petites courses c'est important, c'est à la fois pas grand chose et beaucoup, ça nous regonfle à bloc. D'ailleurs à ce moment-là on se sent normale, on pète la santé» (Tania). Surtout quand les courses *stricto sensu* s'enchaînent avec des moments plus intimes et joyeux (qui, tout en restant doux et contrôlés, annoncent les temps forts). «Les sorties avec les amies, les magasins, les petits salons de thé si intimes où l'on rit de toutes les bêtises que l'on a pu faire, sont de réelles source d'énergie» (Jenna).

Les vrais temps forts. Alors tout le groupe ou presque doit être réuni. La tendresse et l'atmosphère soyeuse font place aux cris et aux rires, à une exubérance vocale voire une rudesse de langage qui se mélangent curieusement à une extériorisation des pensées secrètes. Tout devient plus facile à dire, surtout concernant les hommes. L'ivresse groupale permet de se libérer. Exorcisme, thérapie collective ; les copines se déchaînent. Dans ce contexte la «fusion» atteint ses plus hauts degrés : le groupe devient un référent central. Et l'énergie qu'il dégage dissipe les questions et les doutes : totalement oublié le «doigt accusateur».

Soutien à distance, actions communes et temps forts sont des formes de la communication. Les contenus quant à eux se regroupent plutôt en deux pôles (nouvelle manifestation de la vie en deux).

Côté ombre se trouve non pas la lamentation et les pleurs, qui sont rares (on les garde pour soi), mais la quête de compréhension et de réconfort : chaleur, soutien, écoute attentive, analyse à deux voix. «Heureusement les copines sont là pour me remonter le moral quand il baisse» (Annie) ; «Cela fait du bien et rassure» (Carmen) ; «Ça fait du bien de penser ensemble, de se remettre les idées en place, surtout quand on doute» (Sylvie).

Côté lumière : le rire, omniprésent, développant toute la gamme de ses tonalités. Du simple élément de l'ambiance intime, «légère et agréable, mélange de tendresse et de rire» (Edwige) aux éclats des temps forts. Chaque rire, dans sa particularité, répond à une fonction précise. Le rire ironique et l'humour moqueur, exactement comme dans la conversation conjugale (Kaufmann, 1992), permettent de dissiper la gêne, de dire ce qui ne peut l'être autrement, de penser à double sens (ce qui est idéal quand justement la pensée est en deux). La «rigolade» remonte le moral et donne de l'énergie. «Je dis toujours à mes copines : ce n'est pas grave, ça s'arrangera, une rigolade par là-dessus et c'est reparti pour un tour !» (Chantal). L'éclat de rire crée la rupture, efface le «doigt accusateur», immerge totalement dans la contre-culture du groupe. «Cela nous arrive de rire vraiment comme des folles, à en hurler, à en faire pipi dans notre culotte» (Tania). Le fou-rire atteint un résultat semblable, bien que moins violent et davantage intimiste : il est aussi communion. «Des fous-rires qui n'en finissent pas, pour des choses bêtes, on ne sait même plus pourquoi. Cela fait du bien, c'est incroyable comme on se sent proche dans ces moments-là» (Tania). On se sent proche et on se comprend, plus profondément que jamais, alors que rien n'est dit. C'est la magie du fou-rire, étonnant langage sans signes, qui délivre enfin des torturantes pensées contradictoires, qui justifie et explique tout sans avoir à penser : le plus fort de ce qui est dit vient du vide de l'échange.

Qu'il facilite le dialogue ou qu'il l'efface, le rire est associé à une recherche de vérité intérieure, sorte d'énergie qui brise les barrières et permet d'aller plus loin avec l'aide des copines. «Beaucoup de rires, de vérité et de sincérité. De la vie pleine, quoi !» (Joanna).

La trahison

Le groupe de copines suit une évolution caractéristique. Dans une première phase le travail de l'amitié soude une unité de plus en plus précise et intense, jusqu'à la fusion. Alors la vie est légère, presque totalement lumière. Puis, insensiblement, les rires diminuent et commence la redescente vers l'ombrageux. Les copines n'offrent plus le même soutien, quelque chose s'est cassé. Au début les signes sont imperceptibles. L'élan semble moins fort, moins spontané, il y a comme un air de redite, on se force pour retrouver les éclats d'autrefois : le maintien des rituels cache mal l'épuisement des contenus (Bidart, 1997). L'écoute des propos se fait alors plus critique, et les dissonances se révèlent. Les copines ont changé.

Pendant un temps, l'amitié semblait pouvoir tout effacer. La copine nouvellement mariée tentait de rester comme naguère, pour que le groupe demeure tel qu'il avait toujours été. Mais le consensus apparent cachait une réalité tout autre : l'ennemi avait été introduit en son sein. Pas seulement quelques discordances. Bel et bien l'ennemi le plus redoutable, les idées les plus combattues, les plus déstabilisantes : «Mari, bébé, maison» (Astrid). Le «doigt accusateur» n'était plus pointé par d'obscurs étrangers ne comprenant rien à votre existence. Il venait de l'intérieur.

Le groupe, qui paraissait si fort, capable de donner tant d'énergie, révèle brusquement sa fragilité : il n'était qu'un espace provisoire de contre-culture, immergé dans un océan contraire. La contamination est souvent fulgurante, les copines se convertissent vite aux idées nouvelles. Quand le changement se produit de concert, le groupe continue comme si de rien n'était, maintenant son rôle de référence identitaire à travers la transformation des contenus, chacune inscrivant sa trajectoire à l'intérieur du cadre commun évolutif. Hélas il est rare que toutes les copines puissent suivre le même chemin en même temps : celle (ou celles) qui demeure fidèle aux anciennes références est de ce fait marginalisée. D'autant plus fortement que l'évolution du reste du groupe est harmonieuse et majoritaire. Danièle a beaucoup de mal à réaliser cette soudaine trahison des copines. Les mot employés sont exactement les mêmes que ceux exprimant la gêne familiale : « On ne me demande plus comment vont mes amours ». Elle est désormais vraiment seule, ne pouvant plus compter que sur elle-même pour construire les arguments donnant sens à sa vie. Dorothée vient de vivre ce qu'elle considère comme une première étape du processus. Très lucide, elle appréhende la suite. « Peu à peu, de mariage en mariage, je me sens de plus en plus marginale. Je crains l'arrivée des bébés ». Il existe bien entendu des parades, notamment celle-ci : continuer le travail de l'amitié sur les poins restés communs en réduisant le groupe, quitte à se séparer d'avec la majorité convertie aux nouvelles idées, jusqu'à ne garder que sa meilleure amie. Mais ce n'est plus pareil, l'énergie groupale a définitivement disparu. Pendant plusieurs années, Marie-Laure et son amie étaient devenues inséparables pour toutes les sorties ; pas une course, un cinéma, un restaurant, qui ne soient sans elle. « Mais maintenant j'évite un peu, parce que ça commence à faire vieux couple ».

Du point de vue des copines mariées, la gêne s'installe pour continuer les relations. Comment parler ? Il est en théorie possible d'essayer de maintenir l'ancien langage, d'en rajouter sur les insatisfactions et horreurs de la vie conjugale, d'utiliser l'amie solo comme confidente idéale. Hélas le ton de naguère était trop juste et sincère pour que la différence n'éclate pas, il y a désormais quelque chose qui sonne faux. Autre mauvaise solution : se bercer de l'illusion que le lien d'amitié existe en dehors du rôle social, que tout peut se dire et s'entendre, que seule compte la sincérité. Le résultat est encore plus terrible. « Ce qui comptait le plus : mes amies. Elles remplissaient ma vie : ciné, resto, théâtre, vacances. Maintenant celles qui me sont le plus proches ont d'autres préoccupations : mari, bébé, maison. Elles me téléphonent pour me raconter qu'un tel marche seul depuis peu, leurs soucis de se séparer de bébé à la reprise du travail. Et à chaque fois je raccroche avec une envie de hurler ! » (Astrid).

En fait, la transformation des contenus commence très tôt dans le groupe, bien avant que les premières copines ne songent à se marier : la norme de référence qui soude le clan en même temps qu'elle construit l'identité personnelle ne cesse en effet d'évoluer aux divers jalons du cycle de vie. Le moins impliquant est paradoxalement le sexe. La pression normative est pourtant intense : les jeunes se sentent obligés de se conformer au groupe à chaque étape de l'initiation (Le Gall, 1997). Mais l'apprentissage sexuel, «norme d'accomplissement» à l'intérieur d'une classe d'âge (Lagrange, 1998, p. 166), tend de plus en plus à être déconnecté de la formation du couple. Beaucoup plus problématiques sont les histoires d'amour. «Tout autour de moi ce ne sont qu'histoires d'amour des unes et des autres. Et moi, jamais rien à raconter : je me sens comme une extra-terrestre» (Pierrine). Surtout les histoires réalisées, les couples qui se montrent. Car elles peuvent précipiter le cours de l'existence. L'épidémie s'est répandue d'un coup : les amies de Marina ont toutes désormais leur petit copain, qu'elles arborent rayonnantes, tel un trophée. «Et moi je ne fréquente même pas comme on dit». Elle est soudainement submergée par le désarroi et l'angoisse, se sentant plonger dans ce qu'elle appelle sa solitude. Elle n'a pourtant que 23 ans.

La trahison des copines opère à des âges variés ; des trajectoires très différentes peuvent être mises en évidence. Dans un premier cas de figure, les passions et les intérêts à l'intérieur du groupe sont multiples : carrière, loisirs, petites folies et grands projets de la jeunesse. L'amour n'est qu'une chose parmi d'autres. La durée de vie du groupe peut alors être longue, les copines se soutenant mutuellement dans leur tentative d'inventer personnellement leur existence, à leur idée. Jusqu'à la cassure, qui peut advenir tard, vers 30-35 ans. Dans un second cas au contraire, le seul point de fixation (obsessionnel) est le couple. Impossible pour les copines de former une véritable contre-culture. Le groupe lui-même précipite la réactivation du modèle : petit ami d'abord, puis très vite «mari, bébé, maison». Ce type de trajectoire courte, débouchant sur une installation rapide de la femme dans un rôle traditionnel, dépendant d'un mari, est davantage répandu dans les milieux sociaux à faible capital culturel, où la carrière et les loisirs ouvrent moins d'intérêts alternatifs ; on rêve à l'amour à défaut d'autres perspectives. La marginalisation (divergence avec les copines, soumission à la norme, sentiment de solitude) commence alors très jeune, dès 20-25 ans (voire moins) tandis qu'elle se produit ailleurs dix ans plus tard. Mathilde, 20 ans : «C'est difficile dans la société où l'on vit d'être une célibataire. Il y a des jours où la solitude est vraiment dure à supporter». Pierrine, 21 ans : «Je me dis que ma jeunesse va passer, et j'ai peur de ne pas trouver». Agathe, 18 ans (!) : « Mon Dieu faites que je ne finisse pas vieille fille. Je me sens honteuse, je ne sais plus où me mettre. Je me dis que je ne trouverai jamais quelqu'un, que ma cause est désespérée. Jamais comme cette année je n'ai ressenti la solitude comme un telle exclusion, j'ai l'air d'être à part. Je suis profondément et désespérément seule ».

Beaucoup de l'avenir se joue dans ce qui est en apparence (en apparence seulement) un bavardage anodin, les thèmes de conversation choisis entre copines.

Un cycle à trois temps

Le rythme de l'entrée dans la vie adulte est scandé par le groupe des pairs, avec des variations sociales. Les trajectoires longues se développent dans les milieux cultivés. Les précaires n'ont pas droit à ce luxe : il leur faut au plus vite trouver un travail et constituer une famille. Un niveau au-dessus, les jeunes ouvriers ayant un emploi stable (à la différence de ceux qui n'ont pas cette chance) peuvent davantage prendre leur temps pour entrer en famille (Galland, 1993). Puis, plus on monte dans l'échelle sociale (avec le niveau de diplôme comme facteur discriminant), plus le processus est marqué. L'allongement des séquences de vie en solo (contrepartie du report des engagements familiaux) constitue donc, quand il est voulu, un élément de stratégies socialement gagnantes. Surtout pour les femmes.

Ceci explique que les débuts de la vie en solo soient plutôt euphoriques (à mesure que l'on s'élève dans la hiérarchie culturelle). La suite cependant est moins gaie. Et se conforme à un modèle caractéristique d'évolution des sentiments. Qui peut être schématisé en trois temps.

En avant toutes ! Le report des engagements familiaux ne pose pas le moindre problème. Avec le soutien actif des amies et l'accord tacite de la société, la jeunesse en solo crée les conditions de l'ouverture et du dynamisme : l'avenir est à inventer, sans limites, la vie est énergie et créativité.

Avis de tempête ! Puis les attentes changent. « Il y a quelques années le célibat rimait avec indépendance et liberté et cela me plaisait. Aujourd'hui je rêve d'un homme avec qui je pourrais communiquer, aimer et partager ma vie » (Maggy). Après les trahisons dans le groupe des copines, le double-langage commence à se manifester et soudainement se forme le « doigt accusateur ». Comme si le ciel tombait sur la terre les valeurs se renversent. La vie en solo devient alors bizarre et quelque peu honteuse. À ce point la réflexivité se fait tumultueuse : qu'ai-je fait de ma vie, que décider pour la suite ? Des alternatives radicales se présentent : continuer le chemin de l'autonomie ou « mari, bébé, maison » ? Tempête sous un crâne.

L'ancrage. La tourmente finit pourtant par se calmer. Pour la raison inverse de celle qui l'avait déclenchée : passé l'âge critique le « doigt accusateur » tend à s'estomper. Moins soumise à la pression sociale, la vie en solo peut dès lors s'aménager avec davantage de sérénité, autour de nouvelles vertus pour l'essentiel fixées sur le quotidien : le poids des choses simples, les plaisirs subtils et discrets. L'apaisement enfin retrouvé se paie donc au prix de l'abandon des cris et des rires du temps où l'on jouait à l'avant-scène, et de l'apprentissage d'un nouveau style fait de réserve et de sobriété.

Pour certaines la tempête est terrible, et elles sont presque surprises de se retrouver sauves dans le calme du port. «J'ai passé une période dans ma vie où j'ai cru que la solitude allait me faire crever sans que j'aie même besoin de me suicider. Maintenant j'ai dépassé cet état» (Nathalie). Sorte de plaisir minimum procuré par ce simple fait: parvenir à vivre, continuer le chemin sans «doigt accusateur» ni excès de questionnement sur soi. Dans les situations les plus dures (notamment quand la tempête a été violente), le calme n'est obtenu que par un rapetissement de l'existence, une limitation des rêves et des aspirations, une extrême discrétion du style. «Je respire petit» dit très poétiquement Donatienne. Le processus est le même que celui décrit par Alexandre Vexliard à propos des sans-abri: après s'être battus contre la société et ses normes, après avoir senti leur personnalité se diviser dans ce combat, ils atteignent une sorte de havre de sérénité grâce à la résignation et à l'enfermement autistique, «minimisant autrui et l'univers "normal"» (cité par Mucchielli, 1998, p. 115). La différence est que les sans-abri sont marginalisés, alors que les solos parviennent à s'aménager un espace légitime (à la condition de rester discrets).

Parfois même vraiment agréable, le port est toujours, au moins, un moment de calme après la tempête. D'ancrage sur des repères élémentaires, à partir desquels il n'est possible de s'aventurer qu'avec une extrême prudence: l'exact contraire de la période *En avant toutes!* Jacqueline par exemple a tenté de forcer le destin jusqu'à 35 ans, attendant un éblouissement qui jamais ne venait, sombrant dans des désespoirs. «Tous ces essais, toutes ces aventures, ne m'apportaient rien, que des regrets». Puis brusquement elle a décidé de ne plus rien attendre, et aussitôt a senti l'apaisement («malgré qu'il faut faire face à tout, et le manque de tendresse»). «Je suis bien dans ma vie, je vais au cinéma, je fais de la marche, de la lecture, je n'ai jamais le temps de tout faire». Madeleine a suivi une trajectoire semblable. «Après trois ans d'aventures amoureuses en passant d'un lit à un autre j'ai cru pouvoir jeter l'ancre». Sa décision est irrévocable: «Je ne cherche plus, je n'espère plus». Ce qui lui a permis de ne plus sentir le «doigt accusateur», et de remplir sa vie d'activités débordantes: vélo, marche à pied, voyages, lectures, association culturelle, et même joyeux groupe de copines reconstitué. «J'ai fait ce choix et je m'y tiens. Parfois une angoisse monte de mon intérieur et les larmes suivent, mais je poursuivrai ma route ainsi. Pour rien au monde je ne voudrais revivre une histoire d'amour».

III.
La vie à deux

Retour sur l'histoire

J'imagine le lecteur ayant quelques difficultés à suivre le fil de mes arguments. C'est que le sujet est complexe. Je récapitule. Nous avons vu dans le premier chapitre que la vie en solo s'inscrivait dans un profond mouvement historique poussant irrésistiblement les individus à l'autonomie. Il devrait en résulter un affaiblissement de la norme conjugale. Mais dans le chapitre suivant, nous avons constaté qu'il n'en était rien. Elle est au contraire si puissante que la moindre petite phrase déstabilise les solos.

Que s'est-il donc passé du côté du couple pour qu'il résiste autant ? Un retour sur l'histoire s'impose, bien qu'elle ne livre pas facilement ses clés. Les évolutionnistes du siècle dernier pensaient que son cours était linéaire. Puis la découverte de ses infinis bégaiements, retours en arrières et incohérences diverses, a donné à penser qu'il était vain de chercher le sens de son mouvement. Erreur aussi regrettable que l'évolutionnisme naïf.

Il n'est pas de phénomènes qui ne soient contradictoires. Tenter de réduire leurs antagonismes conduit à ne rien comprendre : c'est la mise en évidence des jeux d'oppositions qui donne des instruments d'analyse au chercheur. Le couple par exemple est une réalité aux contenus enchevêtrés multiples, très hétérogènes. Son histoire est « beaucoup plus tumultueuse qu'on ne le dit », le mariage a toujours été « une question et une tension » (Théry, 1996, p. 18). Il en va de même pour ses composants. Prenons l'amour. Il est profondément contradictoire et éclaté ; l'unité du phénomène est une (nécessaire) illusion de surface. Niklas Luhmann (1990) souligne qu'il est un cadre d'expression de l'émotionnel historiquement très changeant. À aucune période ce cadre n'est parvenu vraiment à se stabiliser et s'homogénéiser. Pourquoi alors continuons-nous à parler de l'amour (et du couple) au singulier ? Parce que l'unification de surface est nécessaire à la formation de la norme. Parce que nous avons besoin de cette norme. Qui parvient justement à s'imposer (malgré la diversification actuelle des pratiques) par effet d'amalgame et grâce au flou des définitions.

Si nous voulons simplement vivre, sans trop de problèmes, il est préférable de continuer à croire à l'unité de l'amour. Mais si nous voulons comprendre, il n'y a d'autre solution que de rompre radicalement, d'abandonner l'idée du singulier, d'analyser dans le détail les systèmes contradictoires qui structurent le couple et l'amour.

Les expériences prémonitoires

Le mouvement historique suit tout sauf un déroulement linéaire. À cause du caractère contradictoire des phénomènes. À cause aussi des étonnantes poussées de l'innovation. « Le nouveau n'est pas si nouveau. Il a longtemps cheminé » (Castel, 1995, p. 159). Une nouvelle manière de vivre et de penser ne s'installe pas d'un coup, par simple diffusion. À l'intérieur d'un micro-environnement favorable, des idées d'avant-garde peuvent en effet voir le jour des siècles avant que les conditions permettant leur généralisation durable ne soient réunies. Le processus est encore plus remarquable pour les comportements et les formes sentimentales : des parenthèses s'ouvrent en décalage avec le contexte global de leur époque, singulièrement modernes sur certains de leurs aspects. Manifestations apparemment sans lendemain mais qui laissent des traces, expériences préparatoires et prémonitoires. L'amour courtois en est un très bel exemple.

Son origine (liée à l'hérésie cathare ?) reste obscure. Ses règles, étonnantes pour l'époque, « sont l'antithèse de celles du mariage médiéval » (Flandrin, 1981, p. 108). Amour-passion, il ne peut se vivre qu'en dehors de l'institution. L'amant est prêt à se soumettre corps et âme à sa dame. Ce dévouement fusionnel prend néanmoins la forme d'un constant travail sur soi pour surmonter les épreuves (imaginées par la belle) et réaliser des prouesses, exalter l'individualité (Markale, 1987). Nous sommes donc très proches, déjà, de la contradiction contemporaine qui agite désormais la vie conjugale : comment devenir le plus authentiquement soi tout en vivant à deux, le plus intensément à deux ? Nous sommes très proches aussi de l'alchimie actuelle mélangeant subtilement sexualité et sentiment : l'amour doit procéder du corps tout en le sublimant. Sur certains points il semble même que l'amour courtois soit en avance sur notre époque. Jean Markale décrit ainsi la survenue de l'état amoureux, qui résulte d'un patient travail sur soi. Le code courtois explique de quelle façon il est possible de ressentir les émotions désirées. L'exact contraire de la représentation de l'amour tombé du ciel qui va ensuite s'imposer pendant des siècles. Et dont nous ne sommes pas encore vraiment sortis.

Voyons justement comment s'est installée cette idée de l'amour céleste. La parenthèse de l'amour courtois survient dans un Moyen Âge profondément troublé par l'absence d'une définition claire de la place du couple. L'apologie de la solitude chaste avait nécessairement jeté un doute sur le mariage. « La répugnance devint ainsi plus vive à l'égard de la copulation, des humeurs corporelles, à l'égard de la procréation, et par conséquent du mariage » (Duby, 1995, p. 31). Pour saint Jérôme, toutes les noces, simple officialisation de la fornication, sont donc maudites. Grégoire le Grand divise la société en deux : l'élite, célibataires entretenant un rapport direct avec Dieu, et les inférieurs, souillés par le mariage. Saint Augustin, plus diplomate, évite de reléguer l'ensemble du peuple dans le discrédit. Il définit le mariage comme une « forme moins imparfaite de la copulation » : mieux vaut un conjoint qu'un simple fornicateur (Duby, 1995, p. 33). Mais ce mariage reste placé en-dessous dans la hiérarchie des mérites : rien n'est plus haut que le célibat consacré.

Pour parvenir à établir le mariage comme sacrement (et comme norme dominante), un préalable intellectuellement complexe était nécessaire : définir une doctrine le distinguant du péché de chair. Le sexe matrimonial fut ainsi moralisé. Sans pouvoir atteindre la pureté de Marie, mère bien que vierge, l'idéal était de s'en rapprocher, en assurant la reproduction biologique tout en évitant les affres de la volupté. L'ascétisme ou du moins la retenue, valeurs-signes du célibat, furent introduits dans le mariage. Au XIIe siècle, l'élaboration doctrinale se précipita et s'inscrivit dans une cohérence d'ensemble : le mariage est voulu par Dieu, il est un sacrement, œuvre de l'amour de Dieu ; entrer en mariage est partager l'amour divin. L'amour matrimonial est donc plus proche de la *caritas* spirituelle et indéfectible que de l'*amor* corporel et impulsif (Duby, 1995). L'amour permet ce miracle : se détacher du pêché malgré la conjonction des corps.

Certes, tout ne fut pas simple, la sexualité débordante ne se laissa pas facilement dompter et les pénitences furent nombreuses. Mais à la fin du Moyen Âge les définitions semblent se clarifier en même temps que le mariage s'impose peu à peu. Hélas au XVIe siècle le paysage se brouille. Sur le front de la sexualité d'abord. Dans le secret des confessionnaux la répression s'abat contre les amours physiques « exagérés », « trop ardents » et « contre nature ». Le but de l'acte n'est pas le plaisir mais la stricte procréation. Le péché est encore plus grave entre mari et femme qu'en dehors des liens du mariage. Sur un nouveau front ensuite, celui du sentiment. Jusque-là tout semblait assez simple. Il y avait l'amour divin d'un côté, unique, positif, transcendant, qui soude à vie le groupe conjugal ; et de l'autre les plaisirs païens et paillards, qu'il s'agissait de résorber. Apparaît alors discrètement une position intermédiaire, « une sorte d'amour profane » qui « tente de se faire admettre comme « vrai amour », parce qu'il se veut « honneste » et « pudique » (Flandrin, 1981, p. 53). Les théologiens s'insurgent contre ce sacrilège qui conduit à préférer sa femme à l'union avec Dieu. Vainement : la modernité sentimentale avait commencé sa longue marche (Shorter, 1977).

La clarification de la norme conjugale n'avait donc été qu'apparente et provisoire. Le mariage semblait solidement installé comme institution ; mais quel était son contenu exact ? La conception purement divine de l'amour ne parvenait pas à canaliser totalement la sexualité ni à étouffer l'émergence d'un sentiment plus interpersonnel. Et le mariage renforçait par ailleurs sa fonction économique. Pour André Burguière, l'élévation de l'âge au mariage au XVIe siècle est la clé de voûte d'un nouveau modèle d'austérité qui permet aux ménages de constituer un capital suffisant et de développer l'esprit d'entreprise. « La préoccupation du couple n'est plus simplement de fabriquer une famille, mais de savoir la gérer, de préserver et d'améliorer son statut social » (1972, p. 1138). Comment se combinaient ces visées managériales avec la gestion complexe des pulsions et des sentiments ? Bien des points restent à éclaircir : le mariage se fonde sur un amalgame d'éléments très divers.

La personnalisation du sentiment

Les époux, tenus de rester sobres dans leurs ébats sexuels, se devaient bienveillance et respect. Ce pacte n'incluait pas la tendresse. Le XVIIIe siècle la vit apparaître et irrésistiblement se répandre. Elle était une des manifestations de ce nouveau sentiment intermédiaire entre le sexe et l'amour divin : l'amour. Mal cerné, suspecté par les autorités morales, chacun essaya de l'expérimenter en contrôlant strictement ses élans. Il émergea ainsi sous la forme réservée d'une « passion domestiquée », « sentiment tendre et raisonnable » proche de la vertu et même du devoir (Flandrin, 1981, p. 88). Ce début de bouleversement dans les profondeurs fit à peine quelques vagues en surface : le mariage sembla continuer comme avant. Comme s'il se remplissait de l'intérieur d'un élément nouveau facilement assimilable. Or, la personnalisation du sentiment était grosse d'un séisme dont nous n'avons encore subi que les premières secousses. Car nous sommes loin d'avoir rompu totalement avec la conception céleste de l'amour conjugal. Femme, j'attends souvent qu'il me désigne l'élu : « Lui », « l'Homme de ma vie », « le Prince charmant ». « Je suis sûre que chacune, un homme nous attend, notre homme, notre promis, notre moitié » (Élisa). Évidence tombée du ciel. Idéalement sous la forme du coup de foudre, « mise en magie d'une existence » (Schurmans, Dominicé,

1997, p. 148). Le sentiment amoureux tel qu'il est vécu aujourd'hui résulte d'un amalgame de notions disparates. Équilibre instable structuré autour d'un couple antagonique : la personnalisation de plus en plus prononcée du sentiment et son caractère transcendant, héritage de l'histoire. Nous sommes entraînés dans une révolution irrésistible tout en restant intimement marqués par un passé lointain.

Pourtant la montée du sentiment a beaucoup changé le paysage conjugal. Il se manifesta d'abord de façon erratique, non centré sur le couple : le XVIIIe siècle le canalise en le domestiquant sous la forme d'une passion tranquille, calmement cultivée à l'intérieur de l'union installée (Flandrin, 1981). Mais ce qui devait arriver arriva : le choix initial du conjoint, fondateur de l'institution, fut à son tour contaminé. Apparut alors ce que l'époque nomma le « mariage d'inclination » (opposé au mariage arrangé), qui connut la gloire que l'on sait au théâtre et dans les romans. Le combat fut néanmoins très rude, et il fallut près de deux siècles pour que l'idée s'impose dans la morale officielle (aux alentours de la IIIe République), encore plus longtemps dans les faits.

À nouveau la même illusion : celle de la continuité. À nouveau cependant une rupture profonde, un autre élément dissonant dans l'amalgame conjugal-amoureux. La passion incluse dans le mariage d'inclination portait en elle le contraire de la tranquillité. Elle se révélera au contraire brûlante et dévoreuse. S'alimentant au romantisme, elle allait s'aventurer dans « l'épaisseur de la nuit et des rêves, la fluidité des communications intimes » (Perrot, 1987c, p. 416), expérimenter la « prodigieuse découverte de soi par soi, génératrice de nouveaux liens aux autres » (p. 417), inventer le couple paradoxal de la jouissance à distance et de l'engagement émotionnel immédiat (Luhmann, 1990). La révolution du privé semblait entrée dans une phase décisive. À cause du caractère incontrôlable et déstabilisant, hostile à l'institution, de ce nouveau sentiment. À cause aussi et surtout de l'affirmation de soi qu'il recèle. À l'inverse de la tendresse en effet, l'élan passionnel ne dissimule guère ce qu'il est avant tout : un sursaut personnel, un coup de dé pour changer le destin. L'émotion enveloppe une reformulation de soi contrôlée par l'individu. « Nous disons aimer ce que nous sommes en train de créer et qui est en train de nous recréer » (Alberoni, 1995, p. 18). Parfois le halo émotionnel est si fort que le choix du conjoint est à peine perceptible ; parfois il est si ténu que la décision apparaît sous la lumière crue d'un consumérisme conjugal. Mais toujours le sentiment est associé à la réflexivité, à la montée inexorable de l'individualisation, de la maîtrise de sa propre vie. Qui en théorie semble antinomique avec un engagement à long terme dans une vie à deux. D'ailleurs, et ce n'est pas par hasard, le XIXe siècle voit se développer massivement un nouveau type de célibat (cf. chapitre 1). Il est aussi le siècle des utopies, qui proposent des alternatives au couple marié comme norme de la vie privée (Schérer, 1996). Saint-

Just déjà pensait pouvoir ranger l'amour du côté de l'individu contre l'institution ; Claire Démar dénonce le mariage et revendique le droit à l'inconstance ; Charles Fourier rêve d'une cité d'amour où chacun puisse évoluer au gré de ses sentiments du moment.

Les autorités morales et politiques saisissent l'ampleur du danger, un flot de discours édifiant s'abat sur la société. Son thème : la famille. Conjuguée selon des sensibilités et idéologies diverses. Mais avec un même objectif : elle seule est capable de borner les passions, de fixer l'individu dans une cellule de base qui limite ses excès déstabilisateurs (Cicchelli-Pugeault, Cicchelli, 1998). Après la Première Guerre mondiale, la longue pause dans le mouvement d'individualisation (cf. chapitre 1) donne l'occasion à ce cadre conceptuel de s'imprimer profondément dans les faits : la famille conjugale stabilisée dans son confort bourgeois s'installe comme norme hégémonique et inquestionnable jusqu'au début des années soixante. Apparaissant comme établie dans une « forme canonique », elle se pose en conquérante (Segalen, 1993, p. 282). Rien ne semble plus pouvoir la menacer. La famille a une nouvelle fois démenti les faux prophètes annonçant sa mort prochaine.

La surprise n'en est que plus grande quand (vers le milieu des années soixante) tous les indicateurs démographiques se mettent en mouvement : la famille entre brusquement dans une nouvelle phase révolutionnaire. Voici venue « la fin d'un cycle presque millénaire où l'institution matrimoniale qui se défait sous nos yeux était le cœur et le fondement de la reproduction bio-sociale » (Lefaucheur, 1995, p. 9). La « forme canonique », qui paraissait si solide, vole en éclat. Non pas tant sous l'effet des utopies alternatives : les communautés de l'après-68 font long feu (Mauger, Fossé, 1977). Mais plutôt par une soudaine poussée de l'individualisation, qui fait exploser le cadre conjugal établi. Report du mariage, augmentation du nombre des divorces, des familles monoparentales et des personnes vivant seules : tous les signes sont convergents. Y compris à l'intérieur des couples maintenus : la « contestation » de la « clôture conjugale » se développe, le couple se fait « sectoriel, provisoire, instable », « le « je » reprend ses droits » (Kellerhals *et al.,* 1982, p. 266). Attaque cette fois décisive ? Fin de la norme conjugale ?

Non, car l'institution-amalgame fait une nouvelle fois preuve de souplesse en intégrant des éléments émergents à la pointe de la modernité. En pleine crise, déstabilisée, elle parvient à se revivifier en absorbant des ingrédients dont il n'était pas écrit qu'ils devaient lui être consubstantiels. Particulièrement la montée de l'émotionnalité et du sensible sous toutes ses formes. Avec pour premier épisode : la sexualité.

Retour au XIXe siècle. Cependant que les moralisateurs moralisent, dans le secret des alcôves s'éprouvent de nouveaux émois : le corps est en révolution intime (Corbin, 1987). Un renversement s'opère. Alors que jusque-là le sentiment semblait prendre la forme d'une vertu extérieure s'opposant aux pulsions animales, d'un « contrôle de la raison sur les passions » (Luhmann, 1990, p. 148), la seconde moitié du siècle découvre non sans frisson qu'il est possible de se mettre à l'écoute des profondeurs de soi, et de libérer en la contrôlant l'énergie qui en découle. Mécanisme subtil que, dans une autre recherche, développant les travaux de Norbert Elias (1975), j'ai appelé la deuxième phase du processus de civilisation (Kaufmann, 1995a). « Vers 1860 s'ouvre l'histoire moderne de la sexualité » (Corbin, 1987, p. 544), potentiellement déstabilisatrice de l'ordre matrimonial. Aussitôt se met en place selon Michel Foucault (1976) un « dispositif », animé par des médecins, pédagogues, psychiatres, prêtres, et toutes autres sortes d'experts, visant à maîtriser les déviances. D'abord fixé sur les marges sauvages, il se recentre sur le couple, « légitime et procréateur » (p. 10), qui « confisque » (p. 9) la sexualité en la normalisant. Sur cette base consolidée, il sera possible par la suite d'expérimenter de nouvelles avancées, de libérer avec prudence et de façon contrôlée la sexualité conjugale. Jusqu'à notre époque, où la bête fauve semble définitivement domestiquée. Au point que l'étude des techniques et positions de la jouissance soit devenue une sorte de devoir obligé de tout couple honnête et sérieux.

Mais la sexualité *stricto sensu* n'est pas le plus important. L'utilisation du corps comme outil émotionnel a une portée beaucoup plus large et grandissante (Kaufmann, 1997). L'individu, maître de sa destinée, élargit sans cesse davantage l'univers de questionnement instable dans lequel il se meut : les problèmes à résoudre se multiplient en même temps que les réponses et repères deviennent plus incertains. La connaissance sensible, plus rapide et décisionnelle (Damasio, 1995) représente la seule issue. Voilà pourquoi le monde d'aujourd'hui cultive jusqu'à l'ivresse l'émotion et le sensible, et travaille les corps pour qu'ils se fassent encore plus réceptifs et expressifs. Version extrême : la passion amoureuse. En s'alimentant au corps érotisé elle emporte plus fort. Pour dépasser et masquer (au moins en partie) le choix qui, s'il était froidement et totalement représenté, empêcherait la fondation du couple. Version plus modérée : les gestes de la tendresse. Baisers et caresses n'ont pas une si longue histoire. Avant 1900, une majorité de femmes faisaient pour la première fois l'amour sans jamais avoir embrassé leur partenaire auparavant (Lagrange, 1998). Et traditionnellement, les tapes, pincements et bourrades étaient plus fréquents que les caresses (Flandrin, 1981). Ce n'est que dans la seconde moitié du XXe siècle, tout près de nous, que baisers et caresses se sont développés dans la jeunesse, indépendamment du rapport sexuel (Lagrange, 1998). À l'intérieur du couple établi (et vis-à-vis de l'enfant), les gestes tendres ordinaires, petits bisous et simple toucher caressant, connaissent une diffusion encore plus récente, et sont d'ailleurs aujourd'hui en plein mouvement d'épanouissement. Sur fond de repères familiers et d'ambiance sonore (la consommation musicale augmente de façon régulière) et visuelle (la décoration est l'activité familiale qui connaît le plus fort développement), ils constituent l'élément le plus chaud de l'enveloppe sensible dans laquelle se love chaque membre de la famille ; qui le calme, le ferme et le berce.

L'individu moderne, qui peut être vu comme un système ouvert et complexe (de plus en plus ouvert et complexe), cherche à stabiliser et clôturer son identité : il a besoin d'ancrages et de frontières, ou d'engouements qui le fixent en l'entraînant. Les identités fragilisées utilisent toutes sortes d'instruments pour créer désespérément des abcès de fixation. Une étude sur la santé mentale (Joubert *et al.*, 1997) cite (volontairement) pêle-mêle : les médicaments, l'alcool, l'asservissement familialiste, les sectes, les drogues, la télévision. Qui permettent de « donner la sensation d'une cohérence » (p. 362). Et de conjurer les « incertitudes de la responsabilité » (Ehrenberg, 1995, p. 301). Dans des situations moins extrêmes, un résultat semblable peut être atteint de façon douce grâce au sensible et à l'intime, qui attachent aux personnes et aux objets. Nous évoluons vers toujours davantage de « relations personnelles plus intenses » (Luhmann, 1990, p. 24), de soutien identitaire mutuel (de Singly, 1996) et de sensorialité concrète (Kaufmann, 1997). Au dehors de la famille mais surtout au dedans. Car à nouveau l'institution-amalgame parvient à tout concentrer. La passion dévoreuse-fondatrice et la calme tendresse (tranquillement conflictuelle) du couple installé, la sexualité domestiquée et les intérêts économiques (personnels et collectifs) de l'entreprise-ménage, la nécessité de clôture identitaire dans la famille-maison et la culture du sensible dans l'univers intime. Accumulation hétéroclite et mouvante, ramassée pourtant sous une seule enseigne, inchangée depuis deux siècles : ici couple amoureux.

Le modèle de la vie privée

Résumé : les chocs répétés produits par l'individualisation ont bouleversé les composants de l'amour et de la famille. L'institution a cependant fait preuve d'une étonnante souplesse, qui lui a permis d'intégrer et d'amalgamer des éléments nouveaux, parvenant ainsi à se maintenir comme norme de référence. Bien qu'ayant évolué profondément le couple reste le modèle de la vie privée.

Quel couple ? peut-on dessiner avec précision sa forme actuelle ? Oui, mais à la condition de limiter l'exercice au seul noyau dur du modèle. Il faut comprendre en effet qu'il est à la fois unique (en son centre) et multiple (en sa périphérie), et que cette division entre centre et périphérie est historiquement de plus en plus prononcée. Ce qui a trompé de nombreux observateurs, qui ont cru qu'il n'était plus possible de parler de la famille au singulier. « La famille devenait les familles » (Chaland, 1994, p. 130), désormais conjuguées sous des formes variées : monoparentales, recomposées, couples non cohabitants, etc. Tendant toutes à apparaître comme des « options légitimes » (*idem*). Jacques Commaille (1996) a montré que nous assistions en fait a un bouleversement de l'« économie normative » (p. 55), la norme, non plus décrétée par le haut à partir d'une visée universaliste, s'établissant désormais « par le bas » (p. 208), à partir des pratiques innovatrices, de plus en plus diversifiées. De là vient sa forme nouvelle : pluraliste et relative, ce qui la rend difficilement maîtrisable, notamment par l'appareil judiciaire. Mais comprenons-nous bien : je parle ici des aspects les plus visibles et explicites du modèle (qui se situent à sa périphérie), particulièrement quand la justice doit trancher. En son centre au contraire le singulier reste de mise, surtout dans les profondeurs de l'implicite, d'où brusquement surgit le « doigt accusateur ».

Le noyau dur du modèle évolue mais lentement, très lentement. Influencé par sa périphérie, il intègre (à doses homéopathiques) des notions nouvelles, qui font imperceptiblement évoluer l'ensemble. Avec toutefois un fort décalage : il est toujours en retard sur son temps, s'enracinant profondément dans l'histoire pour constituer ses bases. L'essentiel des changements a porté sur l'articulation amour-mariage : nous sommes progressivement passés (en quelques siècles) du mariage au mariage d'amour puis au couple d'amour comme référence centrale (Chaland, 1996). Le couple donc, toujours le couple, au singulier, désarmant de simplicité dans sa définition. Les personnes vivant seules et autres familles monoparentales ne bénéficient que d'une légitimité de surface, remise en cause en de nombreuses occasions.

Au centre une seule idée, extraordinairement simple (ce qui fait sa force) : celle du couple justement. Non pas qu'il soit impossible de ne pas vivre à deux. L'idéal est cependant de pouvoir justifier cette situation : légitime autonomie de la jeunesse, rupture conjugale ayant de bonnes raisons, veuvage, etc. Vivre en couple donc. Mais vivre en couple ne suffit plus, celui-ci doit afficher certaines caractéristiques : il est tenu d'être authentique. L'insuffisance de cette qualité tend désormais à éloigner du centre du modèle tout autant que le fait de ne pas vivre en couple. Au point qu'il soit préférable (du point de vue de l'écart à la norme) de rompre quand le ménage s'enfonce dans les turbulences : mieux vaut vivre seul que mal accompagné. Ne pas rompre n'importe comment toutefois. Nouvelle évolution : un modèle de bon divorce fait dorénavant autorité (Théry,

1993). Où l'on retrouve encore le couple (sous une autre forme), ressuscitant dans la crise : le couple parental doit survivre à la mort de l'union conjugale.

Un couple donc mais un vrai couple, sincère, reposant sur un choix mutuel non exagérément forcé. Et sachant sur cette base constituer une équipe soudée, une efficacité d'organisation, un échange relationnel intime, une ambiance agréable, un respect de l'autonomie de chacun. Sachant aussi construire son apparence, vendre une image gagnante. Une hiérarchie sournoise tend en fait à s'installer : certains couples sont meilleurs que d'autres, plus proches de l'idée du vrai couple, davantage représentatifs de la pureté du noyau dur. Dans ceux-ci, la femme parvient à adopter la position parfaite (dans un exercice d'équilibrisme pourtant ardu) qui ne tient ni du genre « célibataire carriériste » ni du genre « femme au foyer » (de Singly, 1996, p. 29). Le mari (dans son rôle de père) arrivant à développer une affectivité se distinguant subtilement de celle de sa femme, et une délicate « autorité non autoritaire » (p. 193). Au-delà de la diversité des formes apparemment légitimes de la périphérie, le centre dévoile en réalité une image très précise, résultat de luttes de définition certes, mais qui, lorsqu'elle se stabilise développe une puissance de contrainte qui contraste avec son caractère clandestin. Des dizaines de micro-luttes de définition se déroulent actuellement sous nos yeux. Par exemple, les animaux domestiques en famille. Premier temps, un essor de la pratique. Puis son installation comme style de vie médiatisé (publicités pour des maisons mettant en scène gazon, enfants rieurs et petit chien), qui n'est encore qu'un style de vie parmi d'autres. Enfin, la tentative de glissement vers le noyau dur, qui semble se traduire aujourd'hui par un début de stigmatisation des familles sans animaux, se révélant (paradoxalement) comme moins « humaines ».

La clarté du schéma secret structurant le noyau dur contraste d'une part avec les diverses options officiellement légitimes de la périphérie (familles monoparentales, personnes seules, etc.), d'autre part avec le caractère hétéroclite des multiples contenus amalgamés dans le couple et l'amour (entreprise-ménage, soutien identitaire, etc.). C'est le principe même du modèle d'être désormais fondé sur ce contraste. Le jeu entre contraires s'approche néanmoins parfois dangereusement des limites au-delà desquelles la souplesse perd ses vertus et risque de se retourner en facteur de dissolution du modèle. Il en va ainsi du respect grandissant de l'autonomie de chacun : jusqu'où rester soi, cultiver ses goûts et ses rêves personnels, sans détruire la famille ? De même sur la question voisine de la personnalisation du sentiment. À travers l'analyse de lettres d'amour écrites sur plus d'un siècle, Roch Hurtubise (1991) souligne une tendance centrale allant vers la recherche du bonheur personnel et dégagée de l'obligation de fonder un groupe familial. Un sentiment de plus en plus personnalisé et en voie de désacralisation. Pour rester crédible en effet, étant donné l'idéal d'authenticité qui implique d'évaluer le partenaire, il « ne peut plus être décrit avec le lexique de l'amour romantique » (Chalvon-Demersay, 1996, p. 86). Il lui faut donc trouver une nouvelle voie, difficile, entre nécessaire enchantement et prise en compte des situations réelles. Et pour cela ne plus attendre que l'Amour tombe du ciel : l'individu doit apprendre à construire (aussi !) sa propre émotionnalité.

Nouvelle péripétie ou bien cette individualisation multiforme n'annonce-t-elle pas cette fois-ci vraiment l'affaiblissement du modèle ? Anthony Giddens (1992) n'est pas loin de le penser : le processus révolutionnaire de la démocratisation du privé et de la « relation pure » entre intimes serait définitivement enclenché.

Un élément semble toutefois freiner cette révolution annoncée, qui se serait sans doute développée davantage si le jeu conjugal se jouait toujours à deux. Mais un troisième personnage vient brouiller les cartes : l'enfant.

Le groupe mère-enfants

Les critiques adressées à Philippe Ariès (1960) n'ont pas remis en cause sa thèse essentielle : la progressive centration de la famille sur l'enfant, qui cristallise aujourd'hui le plus fort des perspectives familiales. Il entraîne le couple, lui permettant de contourner le face-à-face problématique, et maintient les relations sous forme parentale après la rupture. Il incarne un idéal d'indissolubilité de l'amour alors que le couple lui-même est de plus en plus chahuté par l'amour électif. Il prolonge au-delà de la mort l'individu angoissé par sa finitude (Théry, 1996). Et résume sous les traits les plus doux la fixation émotionnelle et sensible dans l'univers intime. Pour toutes ces raisons et bien d'autres il est indéniablement devenu le pivot central, le petit dieu des foyers qui, dès qu'il apparaît, permet de tisser autour de lui le lien familial.

La famille se situe au croisement instable de deux attentes très différentes : le couple et l'enfant, ce dernier constituant l'élément le plus structurant. Surtout pour les femmes, qui s'engagent si intensément dans la carrière maternelle que le partenaire conjugal passe souvent au second plan : le groupe mère-enfants est la composante clé du modèle, l'amour conjugal n'occupant l'avant-scène qu'un temps. Ce constat se révèle avec clarté quand les deux éléments ne sont plus amalgamés. Si le « doigt accusateur » se pointe sur la femme seule à un âge précis ce n'est pas par hasard. Davantage que le fait de ne pas vivre à deux, ne pas avoir d'enfant est en effet le facteur qui provoque un maximum de soupçons d'anormalité. Dans les constellations familiales postérieures au divorce, la circulation des enfants est prioritairement organisée autour des femmes. Et les familles monoparentales sont dans leur immense majorité constituées de femmes avec enfants. En bref, dès que le couple faiblit, le groupe mère-enfants prend le relais. Processus qui peut être analysé de deux manières. Première version : élément plus stable et durable, le groupe mère-enfants ne doit cependant pas être séparé du couple, qui constitue l'autre point fort du modèle. Seconde version : il n'y a pas complémentarité mais opposition, le groupe mère-enfants porte en germe une alternative radicale au modèle fondé sur le couple. Ce qui d'ailleurs ne serait pas une nouveauté historique : dans l'extrême diversité des formes familiales passées, il représenta la composante la plus fréquente (Fox, 1972), notamment dans les systèmes de parenté matrilinéaires. On objectera que la société démocratique, et le principe d'égalité entre hommes et femmes qui lui est consubstantiel, ouvrent des horizons totalement inédits, que la fixation de l'enfant sur un seul des deux parents est un archaïsme, que les pères protestent quand ils n'obtiennent pas la garde après un divorce, etc. Or je suis tenté de retourner l'argument. Oui, les femmes résistent contre leur enfermement dans un rôle traditionnel (EPHESIA, 1995). Oui, les hommes changent et développent de nouveaux liens affectifs avec l'enfant (de Singly, 1996). Oui le retrait de l'État-providence réactive les solidarités familiales centrées sur les femmes et défavorise celles qui veulent s'en sortir par elles-mêmes, notamment les mères seules (Lefaucheur, Martin, 1995). Justement, toutes ces évolutions contraires ne parviennent pas à empêcher le groupe mère-enfants de se développer, régulièrement, inexorablement. « Il semble que la relation mère-enfant constituera de plus en plus l'axe moteur de la vie familiale » (Schultheis, 1991, p. 36). L'hypothèse est audacieuse mais elle mérite d'être posée. Il se pourrait que, contrairement aux idées simples que nous avons encore massivement dans la tête, nous soyons en train d'assister, à partir de l'évolution des pratiques, à un début de renversement du modèle : une famille non plus fondée principalement sur le couple mais sur le groupe mère-enfants.

L'affaiblissement du modèle

Quelle que soit la réponse, le grignotage extérieur par une périphérie diversifiée et le déplacement du centre de gravité (du couple vers le groupe mère-enfants) affaiblissent indiscutablement le modèle dans sa définition classique (fondée sur le couple). La violence normalisatrice n'infirme pas ce constat. C'est quand ils perdent pied que les régimes tyranniques deviennent les plus sanguinaires ; le modèle se crispe justement parce que ses fondements se révèlent incertains. Il se replie progressivement dans les profondeurs de l'implicite (d'où surgit soudainement le « doigt accusateur »). Au contraire, la « pluralité normative » (Commaille, 1996, p. 214) gagne du terrain dans l'univers explicite de la codification, notamment judiciaire : la famille en tant que telle devient une catégorie moins opératoire. Dans les pays mettant l'accent sur les droits de l'individu comme aux Pays-Bas, on constate ainsi « un effacement relatif de la notion de famille et une volonté croissante de neutralité à l'égard de tout type d'organisation de la vie privée » (*idem*, p. 223). De plus en plus éclaté et introuvable en surface, le modèle s'enfonce dans des profondeurs sociales d'où il ressort brutalement en situation d'incertitude ou de crise.

Nous avons vu au chapitre précédent comment certaines situations (repas de famille, file d'attente devant le cinéma, etc.), étaient sources de gêne chez les solos. Situations marquées par une présence familiale forte, et manifestant brusquement de ce fait l'anormalité des personnes ne vivant pas en couple. Marie-Laure se sent « mal à l'aise » dès qu'elle arrive « seule dans une soirée ». Elle pousse plus loin l'analyse, écoutons-la. Son malaise (plus intense que dans la file d'attente devant le cinéma) viendrait surtout du malaise des autres (« les normaux »), provoqué par sa présence, (« moi, la bizarre »). « C'est plus fort qu'eux, ils sont troublés, pas bien, ils perdent leur naturel ». Parce que les évidences simplistes qui fondaient l'existence chancellent ; parce que le modèle réconfortant de la vie privée révèle alors ses incertitudes et faiblesses. Le malaise des couples face à la femme seule se forme quand il n'existe pas de classement net. Surtout s'ils se sentent eux-mêmes regardés d'un œil critique. Celui de Marie-Laure par exemple. « Je n'ai pas autour de moi l'image d'un seul couple qui marche, je ne connais pas un homme entre 25 et 35 ans qui soit fidèle à sa femme. Je vois plutôt des vies parallèles dans une même maison ».

IV.
Prince ou mari ?

Le couple est devenu difficile à construire, mais espérer n'est nullement interdit (c'est d'ailleurs justement parce que les espoirs sont plus fous que le couple est devenu difficile à construire). Il faut espérer et il faut rêver pour donner forme à l'attente : qui est celui que l'on souhaite rencontrer ? C'est ici qu'intervient la figure imaginaire du Prince charmant, filtre au travers duquel se dessinent les scénarios d'avenir.

Fées et faits

« Tous les matins je me lève en me disant : "Bonjour la vie, c'est aujourd'hui que je vais le rencontrer !" » (Nelly). Dans les pensées secrètes le Prince charmant est omniprésent ; les lettres où il ne se montre pas sont minoritaires. Certes il n'occupe pas l'avant-scène de la première à la dernière ligne ; il apparaît brièvement et de façon inattendue, fulgurance enchanteresse surgissant dans les moments de doute, rêve intime qui rassure et qui fait du bien. Un beau Prince, rien que pour soi.

Il y a cependant Prince et princes. Parfois c'est indiscutablement Lui, le vrai Prince, rayonnant de lumière sur son cheval blanc (le cheval blanc est fréquemment cité). Imaginaire compensateur merveilleux, où les rêves sont faits pour rester rêves. Parfois c'est tout autre chose, des princes à la petite semaine, qui n'ont de Prince que le nom. Non pas qu'en cet autre pays imaginaire les princes soient médiocres. Mais parce que les rêves n'y sont pas faits pour rester rêves, ils constituent des scénarios de concrétisation possible. Les princes sont moins éclatants pour une raison simple : la mise en scène prépare la confrontation avec le réel, en articulant idéaux magnifiques et stratégies d'arrangement avec les faits. Un coup de baguette pour donner du brillant, un réglage plus opportuniste pour déboucher sur un résultat gagnant.

Les différentes figures du Prince charmant ne sont pas distribuées au hasard. Le vrai Prince se rencontre dans deux situations caractéristiques, paradoxalement opposées. Soit quand il y a croyance forte en la conception céleste de l'Amour. La pureté de cette dernière détermine une position d'attente qui dans certains cas peut devenir radicale. La rencontre doit alors être une révélation absolue et immédiate. Car elle est un élément du destin : un prince au rabais n'est pas acceptable. « Ma vie est un désert, il ne se passe rien. Mais j'ai confiance, je sais bien qu'un jour il arrivera, et je le saurai tout de suite, je saurai que c'est Lui. J'en suis sûre, c'est écrit » (Vanessa). Soit au contraire lorsque l'attente est presque nulle, quand la femme, très investie positivement dans sa vie autonome, ne songe guère à des alternatives. Et imagine avec horreur les suites de la rencontre : « Je ne me vois pas avec quelqu'un dans ma vie tous les jours : préparer le repas du soir, se mettre dans le même lit par habitude » (Maris-Laure). Le Prince se cantonne ici dans le domaine de l'imaginaire compensateur. S'il lui arrive d'entrer dans un autre type de rêve, un scénario d'avenir plus réaliste, il le fait en restant un vrai Prince, merveilleux de beauté et de lumière. Ce qui a pour effet de relever les exigences et de rendre impossible sinon la rencontre du moins la vie à deux plus durable. Quant aux princes à la petite semaine ils peuplent les rêves lorsque la volonté de sortir de la vie en solo par ses propres moyens est la plus grande. Le moindre homme ordinaire peut alors se voir (plus ou moins) transmuté par la grâce d'un coup de baguette ; d'innombrables citrouilles se transforment (au moins pour un temps) en carrosses.

Tout n'est pas toujours aussi tranché. La vie à un est une vie en deux et les hésitations sont structurelles et permanentes. Les allers et retours entre vrai Prince et prince à la petite semaine, entre maintien des exigences et compromissions pour trouver l'âme-sœur, entre affirmation de l'autonomie et soumission au « doigt accusateur », sont incessantes. Justine ne cesse de voir partout des Princes potentiels, avant de déchanter aussi vite : « Ah j'en ai connu des hommes ! tous devaient être Lui ». Angéla cherche la lune en disant ne pas le chercher : « Je ne veux pas la lune : juste un homme à ma mesure, pour vivre une histoire magique ». Adeline au contraire la voulait, et pensait que son « destin serait celui d'un seul amour véritable, aux frontières de l'impossible ». Aujourd'hui elle n'y croit plus : les hommes qu'elle a rencontrés sont très loin de cette frontière. « Franchement, il n'y en pas pas beaucoup qui valent le détour ». Évaluation implacable qu'elle ne peut s'empêcher de formuler mais qui l'agace : si elle continue à être aussi exigeante elle risque de rester seule. C'est pourquoi un nouveau rêve a envahi ses nuits et ses jours. Elle est kidnappée par une sorte de prince très banal au visage imprécis, qui l'oblige à se soumettre et à se marier avec lui. Si tout n'est pas rose dans cette histoire, quelque chose l'attire pourtant irrésistiblement : la fin de la charge mentale de la vie en deux. Elle en est enfin délivrée. Par la suppression violente de sa liberté.

Les mille visages du Prince

Il est aussi des rêves merveilleux, avec de vrais Princes, tout droit sortis des contes de l'enfance. Cendrillon est un des plus significatifs. Elle est seule parmi les plus seules (fille d'un premier lit méprisée par la nouvelle épouse), mise à l'écart dans un grenier où elle dort sur une méchante paillasse, habillée si tristement que personne jamais ne la remarque. Jusqu'au jour où, par la magie d'une fée, le regard du Prince se pose sur elle et la révèle à tous dans sa vérité profonde : un cœur d'or, une lumineuse beauté. La première édition du conte date de la fin du XVIIe siècle (Perrault, 1697). Le Prince n'y est brièvement cité que pour mettre en valeur Cendrillon. Le titre princier n'apparaît d'ailleurs que rarement, le Prince est « le fils du roi ». Car il est avant tout cela : un bon parti. Et l'histoire se termine de la meilleure façon qui soit, par un mariage. Pas de description physique du Prince (est-il beau ? on ne sait), pas de sentiments (il admire la beauté de Cendrillon mais l'aime-t-il ? on ne sait). Ni de scène d'amour, ni de mots doux, ni de caresses : uniquement un mariage sec : « Il la trouva plus belle que jamais, et peu de jours après il l'épousa ». Ce qui n'est pas surprenant : le récit est cohérent avec la définition du couple à l'époque.

Quel est le vrai visage du Prince charmant ? À l'origine donc il semble qu'il n'en ait guère, que seul compte son statut de fils du roi, à la fois bon parti et mari potentiel. Les versions suivantes, jusqu'à l'adaptation cinématographique par Disney (où Cendrillon tombe amoureuse sans savoir qu'il est le fils du roi), seront l'occasion d'un glissement progressif. Le Prince prend une place plus importante et apparaît de plus en plus comme charmant : beau, rayonnant de beauté (égalant même en cela Cendrillon), personnifiant l'Amour. Malgré son décorum moyenâgeux et le cheval blanc, l'image stéréotypée du Prince charmant est donc beaucoup plus récente qu'on ne le pense. Lente élaboration historique puisant dans l'imaginaire ancien, elle n'a donné son visage actuel au Prince qu'avec la diffusion des sentiments modernes. Quelle forme prend ce visage dans sa version contemporaine ? Je risque de décevoir : il est difficile à décrire.

Le Prince est beau certes, très beau, c'est évident et unanimement reconnu. Mais selon des définitions multiples, correspondant aux divers goûts des soupirantes. D'une beauté quelque peu magique : c'est justement ce qui le distingue des princes à la petite semaine. Qu'y a-t-il dans cette magie ? De l'éclat, de la lumière, la force de l'évidence. Ainsi que de la résonance intime. Nous y voilà : le Prince n'est pas Prince seulement parce qu'il est beau mais par la grâce des vibrations qu'il sait transmettre. Il arrache au quotidien, à la grisaille de la pauvre Cendrillon seule dans son grenier. Il l'entraîne vers un ailleurs inconnu et merveilleux. Cet envol porte un nom, c'est la passion amoureuse. Robert Castel (1990) analyse une des formes les plus pures qui en aient été données : le mythe de Tristan et Iseut. La force de l'élan amoureux est inversement proportionnelle à l'inscription dans le monde. C'est parce qu'ils rompent totalement avec leurs appartenances antérieures que les deux amants vivent un amour absolu, une « expérience totale enfermée sur elle-même » (p. 159). Au-delà de sa beauté (et portée par cette beauté), la magie du Prince réside en cela : il est celui qui entraîne vers cet ailleurs, la rupture avec le Soi ancien. Plus l'élan est fort (jusqu'à la folie), plus le prince est un vrai Prince. « J'ai envie d'un grand Amour, j'ai envie de vibrer, de partager des choses fortes avec quelqu'un qui me rend dingue » (Charlène). Et sa décision est ferme : à défaut d'un tel Prince, pas de doublure. « Je préfère encore rester seule que de me renfermer dans une histoire bien normale, avec quelqu'un de bien normal ». Décision ferme pour le moment : elle n'a que 23 ans. La vie apprend souvent en effet à contrôler la passion. Car amour absolu rime avec mort sociale (Castel, 1990). La folie doit rester sobre et le Prince être consommé à dose raisonnable.

Ce qui ne facilite pas mon travail pour tenter de dépeindre son visage : il est très changeant. Pour une même personne et dans une même journée, il peut passer du vrai Prince inaccessible aux princes ordinaires du quotidien. Il varie également beaucoup entre désir d'arrachement vers un ailleurs et besoin de réconfort immédiat. Celui qui prend dans ses bras et rassure n'est peut-être pas un vrai Prince mais on fait comme si : il y a tout intérêt à brouiller les cartes. Du reste les cartes sont déjà brouillées, l'amalgame hétéroclite couple-amour a largement préparé le terrain (les différents visages du Prince renvoient à la variété des contenus conjugaux). Prenons la question du sexe. Est-il contre le mariage ou participe-t-il à sa rénovation interne ? comment s'articule-t-il au sentiment ? On ne sait pas trop. L'indécision est identique concernant le Prince : est-il une bête de sexe ou un être de vertu diaphane ? Les versions sont très différentes d'une femme à l'autre. Et changeantes pour une même femme. Par moments l'arrachement au quotidien réclame du frisson et de la volupté : le Prince est très physique. À d'autres moments l'attente est davantage portée sur la conjonction des cœurs et des esprits : il est celui qui sait comprendre. Ou sur le besoin de réconfort : il est le prince tout simple qui sait souffler avec tendresse sur les blessures intimes. En deux phrases, et sans prendre conscience de la contradiction, Julia décrit deux attentes opposées : « Je suis en quête d'un amour fort, absolu, partagé, et j'ai choisi de ne pas vivre de petites histoires sans lendemain. En attendant les bras d'un homme me manquent ».

Certaines régularités peuvent toutefois être notées. Ainsi la figure du Prince évolue-t-elle de façon caractéristique dans le cycle de vie. Pour la jeune fille il sort souvent du conte de fées. Ce qui ne l'empêche pas de croire souvent le voir, le décrivant selon les derniers canons de la beauté. Quelques lettres parlent ainsi de plusieurs Princes (mon premier Prince charmant… mon deuxième Prince charmant, etc., dont certains ayant des traits de ressemblance avec des acteurs ou chanteurs connus) rencontrés en un seul été. Chez la femme mûre (davantage éblouie par sa capacité de compréhension et un peu moins par sa beauté) il prend un aspect plus humain tout en se faisant rare quand il persiste à rester vrai Prince. Pour la femme divorcée enfin, il devient souvent plus prosaïquement « l'homme idéal » ou « l'homme de ma vie », décrit selon une liste de critères assez précis. Les secondes amours en effet sont plus « raisonnables » (Le Gall, 1992). Parce que l'on a appris à mesurer les limites de l'enchantement. Et que l'héritage des expériences précédentes lègue un quotidien complexe à gérer : l'éventuelle mise en couple n'est ni simple ni légère. Le Prince passe après les questions d'intendance.

Vivre une histoire d'amour

L'amour est un « code symbolique » qui « encourage à former des sentiments qui lui soient conformes » (Luhmann, 1990, p. 18), un « mythe réalisé » (Raffin, 1987, p. 67), un parcours s'inscrivant dans une « forme canonique » (Péquignot, 1991, p. 42). Il est en grande partie le fruit de la poésie des troubadours, du théâtre, du roman, et plus récemment du cinéma et de la télévision, qui nous ont raconté et nous racontent, interminablement, des milliers et des milliers d'histoires d'amour. Ce qui ne signifie en aucune sorte qu'il soit une illusion. Les sentiments et émotions sont bien réels, mesurables par la chimie hormonale, pouvant aller jusqu'à la frappe brûlante du coup de foudre (Schurmans, Dominicé, 1997). Les histoires définissent le contexte provoquant le bouleversement intérieur.

      Leur trame n'est pas unique. De même que le couple a des contenus hétéroclites, et le Prince des visages multiples, les histoires d'amour sont racontées selon plusieurs types de scénarios. Le roman-photo maintient un imaginaire proche du conte : Amour céleste, vrai Prince, prédestination ; la rencontre est fusionnelle et transcendante (Henry, 1993). À l'opposé, les films et une catégorie de feuilletons télévisés, creusent de façon de plus en plus réaliste et concrète la réalité (Chalvon-Demersay, 1996). D'où leur ton doux-amer, subtile alchimie d'enchantement désenchanté mêlant « une certaine défiance à l'égard du sentiment amoureux à l'impossibilité de se soustraire à ses lois » (p. 87). Entre les deux, les séries télévisées plus classiques et les romans *Harlequin* tentent d'intégrer la juste dose de perception critique du quotidien pour déboucher sur le nécessaire *happy end* (Péquignot, 1991 ; Houel, 1997).

« De 35 à 40 ans, j'ai vécu une belle histoire d'amour, la plus belle de toute ma vie » (Madeleine). Les films et les romans ne fixent pas seulement le cadre d'expression du sentiment : ils apprennent à l'inscrire dans une véritable histoire. Le mot ne doit pas être pris à la légère. Dans le souhait de vivre une histoire d'amour, l'histoire est parfois aussi importante que l'amour. Il faut qu'il y ait un décor, des personnages, une intrigue surtout, que l'on se trouve emportée par son déroulement, que l'on puisse ensuite raconter (à son journal intime et aux copines) ce qui s'est passé. Que l'on garde en mémoire enfin un souvenir en forme de récit. « J'ai quitté un homme il y a quatre ans avec qui j'ai vécu une superbe histoire » (Karen). Le rêve est toujours construit comme une histoire, une très belle histoire. C'est dans la confrontation avec la réalité que les choses se gâtent. « Je n'ai jamais eu d'histoire d'amour, de copain à part entière me présentant comme sa petite amie. Ils n'ont fait que coucher avec moi, c'est tout ». Juliette est désespérée tout autant par la sécheresse des sentiments que par l'absence d'histoire. Dans son cas c'est patent : elle n'a même pas été présentée comme un personnage, il ne s'est rien passé en dehors du sexe. Souvent il y a quand même un peu plus : l'art consiste alors à construire et gonfler le récit pour vivre le quotidien comme une vraie histoire et se la raconter sans fin. « C'était une histoire qu'on n'imagine pas pouvoir vous arriver, une histoire de roman qui m'arrivait comme si j'étais une autre. D'ailleurs je notais tous les détails à chaque rencontre, j'ai même pensé en faire un livre. J'étais emportée comme dans un feuilleton vivant. Je me disais : qu'est-ce qui va se passer au prochain épisode ? J'en tremble encore » (Véronique).

Il semble que l'amour vise de plus en plus à s'inscrire dans de telles histoires vécues. Justine par exemple tient absolument à parler de roman bien qu'elle reconnaisse que son histoire soit assez vide. « Ma vie ? Un roman. Mais pas un roman à l'eau de rose. Plutôt du genre : histoire sans intérêt ». Cette forme narrative apparaît dans les correspondances vers la fin du XIXe siècle. D'abord institutionnelle, elle devient ensuite plus personnalisée autour du sujet à la fois acteur et narrateur (Hurtubise, 1991). Les protagonistes cherchent à se voir dans des intrigues à rebondissements, avec décors travaillés et Princes aux visages de stars à la mode. À cause de l'océan de récits et d'images dans lequel nous sommes désormais quotidiennement immergés. Mais aussi parce que les histoires représentent une forme idéale par leur ambiguïté : à la fois destin et stratégie. Le pur destin, l'Amour tombé du ciel, devient difficile à imaginer dans un monde où chacun est censé être responsable de ses actes. Quant à la pure stratégie, elle tue l'amour. Il faut donc inventer une modalité intermédiaire, mélangeant enchantement et vision critique, surprise de l'émotion qui entraîne et contrôle de la situation. L'histoire d'amour est tout à la fois : on ne sait si la femme qui la vit l'a soigneusement mise en scène ou bien si elle s'est trouvée jetée dedans sans le vouloir. Peut-être qu'elle-même ne le sait pas vraiment. C'est la magie de l'histoire de pouvoir tout embrasser. Comme l'amour et ses contenus multiples. Comme le Prince et ses mille visages.

Le prince tranquille

Avant toute confrontation avec le réel, le Prince est un rêve et une attente. Ce qui explique ses mille visages, car l'attente est souvent indéterminée et contradictoire. Elle est parfois essentiellement négative : mettre fin à la pression mentale, se libérer de la vie en deux par la grâce de la vie à deux. Le rêve épouse alors la forme de la norme et le Prince y tient un rôle de mari. « Un mariage, des enfants, une maison, c'est la réussite sociale : une vie de couple au-dessus de tout soupçon » (Roseline). Il arrive même, quand la fatigue est trop grande, que le rêve s'accroche aux détails les plus mesquins. Oubliée la vie libre, oublié le vrai Prince : seule semble désormais compter la possibilité de s'inscrire dans un quotidien sans problèmes. « S'ils savaient que très souvent je me mets à envier leur vie qui pourtant me semble si étriquée !!! » (Marie-Christine). La responsabilisation grandissante des individus engendre une aspiration généralisée à la paix et à la tranquillité (Gullestad, 1992). Mais les modalités sont différentes selon les positions de chacun. La femme mariée bien protégée par la norme rêve au contraire souvent d'un grain de surprise (il y a de vrais Princes dans son imaginaire compensateur). Juste un grain pour conserver la paix mais un grain quand même. Alors que la femme seule est à la pointe du rêve pour la sérénité et le repos. Elle qui pourtant est amenée à vivre de vraies histoires pouvant bouleverser sa vie, à rencontrer des hommes qui peut-être se révéleront Princes, rêve plus que d'autres à un calme sans histoires. « J'attends. J'attends quoi ? Toi le bonheur. J'attends la paix intérieure » (Gaétane). À nouveau la vie en deux. La femme seule est partagée entre attirance pour l'élan et recherche des limites, deux façons très différentes d'envelopper une identité trop éparse. L'élan, c'est le vrai Prince, une vie dynamique de renouvellement constant de soi. Les limites, c'est le mari, une vie enfin stabilisée dans une univers protégé.

À la jeunesse bien sûr (l'avenir est ouvert) le vrai Prince joue la star. Puis, petit à petit, ce qui n'était au début qu'un second rôle de mari falot monte en puissance, « l'amour-amitié », « agréable et sans remous » (Caradec, 1997, p. 92) remplace la passion brûlante ; le modeste prince tranquille s'installe sur le devant de la scène. Il faut dire qu'il est fortement aidé dans cette ascension par un autre personnage.

« Mari, bébé, maison » nous avait dit Astrid. Le mari parce qu'il est un élément non indispensable mais très utile pour le bébé ; la maison parce qu'elle est le cadre d'inscription du bonheur familial. Le centre toutefois n'est-ce pas le bébé ? « Car la fin, et le début, de l'histoire est là : une femme est faite pour avoir des enfants et être aimée d'un homme » (Géraldine). Un Prince peut en cacher un autre. Le soi-disant « vrai Prince » des premières rencontres se transforme bien vite en mari pour faire place à ce nouveau personnage rayonnant : le petit Prince. Servi par un gentil et dévoué chambellan, le mari devenu papa. Tout petit qu'il soit il n'y a pas à se tromper : le vrai Prince désormais c'est lui. Pour la femme seule n'ayant jamais eu d'enfant, passés les premiers temps de la jeunesse, la question du bébé devient progressivement obsédante. À la fois attente intime et cœur du malaise provenant de l'entourage. Claire, 30 ans, fait déjà une fixation : « Je compte les années qui me séparent de mon hypothétique premier bébé ». Et Claudia, 38 ans, plonge dans l'angoisse : « C'est terrifiant de se dire que jamais peut-être l'on fera ces bébés dont on rêve secrètement ». Comme beaucoup d'autres, elles ont désormais moins besoin d'un vrai Prince qui les entraîne avec folie sur des sentiers aventureux que d'un tranquille mari-papa pour le petit Prince.

Il est rare cependant que cette hiérarchie soit clairement avouée. L'amalgame très approximatif des contenus hétéroclites permet à nouveau de se bercer de l'illusion que tout continue toujours de façon inchangée sous l'enseigne de l'Amour. Écoutez Élodie. « Une vie sans amour, sans enfants, une vie avec personne pour la partager, n'est pas une vie heureuse. J'attends toujours le Prince charmant. Et je trouve qu'il met du temps à venir ». Quel est le visage de ce Prince ? particulièrement multiple et indéterminé assurément. Il semble toutefois que la terminologie princière cache mal ici l'attente privilégiée d'un mari-papa.

L'amalgame est une illusion. Mais une illusion qui peut faire longtemps illusion : il est assez rare que les contradictions soient clairement pensées et explicitées. Les propos de Martine et de Michèle (toutes deux mariées et mères de famille) n'en sont que plus précieux. Martine tout d'abord. Premier acte : la vie en solo. « Je menais une vie formidable, j'avais des tas d'amis, aussi bien hommes que femmes ». Deuxième acte : l'idée du bébé, impliquant de trouver un mari. « Mais voilà : l'envie d'un enfant se faisait sentir. Alors j'ai dit oui ». Résultat : « Et je n'ai plus existé par moi-même ». Après avoir écrit cela elle ressent le besoin de rajouter une autre fin à l'histoire, moins tragique. Elle s'en sort par un agencement très diplomatique de deux phrases bien différentes : la première pour apaiser sa conscience et éviter des drames, la seconde pour néanmoins exprimer une vérité plus dure et plus profonde. « Conclusion : dix ans après je ne regrette rien car j'adore mon mari et ma fille. Mais je suis sûre d'une chose : si par malheur je me retrouvais seule, jamais je ne revivrais avec un homme ». Michèle ne s'embarrasse pas d'une telle prudence. Sa lettre est d'une violence inouïe : ivre de colère elle veut dénoncer le piège dans lequel elle est tombée. Elle qui soignait son corps l'observe se déformer sous les charges familiales ; elle qui aimait les libertés de l'esprit se voit mourir dans une routine sans lendemain. Elle rêve avec nostalgie à sa vie perdue : chant, écriture, théâtre, amis, militantisme. « Mariée et mère de famille aujourd'hui je suis hélas tombée sur une planète où je n'existe plus. Les vieilles filles ce ne sont pas celles que l'on pense, ce sont les autres, celles qui à cause d'un mec ou d'un môme se dépersonnalisent complètement et abandonnent le droit d'être elles-mêmes ».

Quand le carrosse redevient citrouille

« Récemment je suis tombée dingue amoureuse d'un type hyper-beau. On a passé quelques nuits ensemble. L'Amour, la folie, le rêve quoi ! Et puis plus rien, il a tourné la page » (Charlène). Les lettres sont pleines de telles histoires de Princes brusquement envolés en fumée, de carrosses soudainement redevenus citrouilles. La rapidité de l'évaporation princière est caractéristique : comme s'il devait s'évanouir ainsi, aussi subitement qu'il était apparu, comme si c'était la seule façon de le maintenir dans sa qualité de vrai Prince.

Il y a des raisons qui l'expliquent. Parfois l'homme rencontré, après en avoir rajouté pour ressembler au Prince, se révèle tout autre, médiocre et désagréable, dès le petit matin. Dans ce cas la métamorphose est de son fait et la désillusion amère. Mais généralement la tromperie est moins grande, se limitant à l'abandon des quelques efforts primitifs de séduction. La métamorphose est alors due à l'amoureuse, qui avait absolument voulu voir un Prince là où manifestement il n'y en avait pas : la citrouille redevient très vite la citrouille qu'elle avait toujours été. « Parfois un homme passe dans ma vie. J'imagine toujours qu'il pourrait être le Grand Amour. Puis il s'en va ou il n'est pas libre » (Emma). Le Prince aura tout juste été une excroissance imaginaire d'un fragment de concret qui ne s'y prêtait guère. Imaginaire qui peut cependant démontrer une capacité de résistance à toute épreuve, transformant la même citrouille en carrosse pendant des années. Brigitte, 39 ans, divorcée, dit se conduire « comme une jeune fille de 18 ans : je suis toujours émotive à mes rendez-vous et c'est magique ». Quoiqu'elle reconnaisse qu'il faille aussi savoir se contrôler : « Nous les femmes nous nous donnons trop entièrement ». Visiblement elle n'y parvient pas. Son prince était à l'évidence un faux Prince, égoïste et manipulateur. Mais elle voulait tellement y croire qu'au moindre prétexte elle y croyait à nouveau. « Ce qu'il voulait c'était garder sa liberté et que je sois disponible quand il désirait. J'ai vécu six ans d'attente au téléphone, six ans d'enfer. Pourtant je lâchais tout dès qu'il m'appelait ».

Enfin, dernier type de métamorphose : le Prince se transformant en mari, processus central assurant le passage du statut de la femme seule à celui de femme mariée. Le vrai Prince n'est dans ce cas qu'un instrument transitoire. Laissant juste quelques doux souvenirs. Et des regrets aussi quand le couple a trop vite oublié la folie des débuts. « Pour moi les meilleurs moments ont été les premiers, avant que nous décidions de nous installer ensemble. Et puis l'habitude s'est installée. Mon vrai plaisir serait de retrouver quelques moments de vie célibataire » (Malorie).

La valse des princes

Joëlle a longtemps cru au Prince charmant, elle a souvent imaginé le voir avant qu'il s'évanouisse. Aujourd'hui elle n'y croit plus et ne veut plus y croire, plus du tout. Désabusée, écrasée par la vie, elle cherche un trou où se terrer. « Je ne me sens plus de vivre seule. Alors je suis retournée chez mon mari. Je ne l'aime plus. Parfois c'est très dur. J'ai souvent écrit dans mon journal : que je meure, que je meure ! » N'y a-t-il rien de pire que de ne plus croire en rien ? Bien qu'il puisse entraîner dans des impasses et conduire à des désillusions, le Prince charmant, consommé à dose raisonnable, n'a pas que des aspects négatifs.

Le contraste avec Laura est frappant. La comparaison ne doit certes pas être poussée trop avant, leurs deux biographies étant très différentes. Il est toutefois remarquable que la croyance « sans y croire » de Laura (« J'y crois comme ça, sans y croire ») dynamise et positive son quotidien. Elle commence par une déclaration de principe quelque peu radicale : « Une petite histoire, une aventure de passage, non merci, j'ai déjà donné. Ce que je veux, c'est une vraie histoire d'amour ». Mais elle ajoute aussitôt qu'elle ne l'attend plus et qu'elle assume parfaitement sa vie en solo. La véritable histoire d'amour est un arrière-plan dans

lequel elle plonge de temps en temps pour donner plus de chair à ses rêves, balan-
çant doucement entre croyance « sans y croire » et événements qui pourraient
l'emporter bien qu'elle n'attende plus cet envol. « Même si j'ai encore des rêves,
des réflexes (de regarder quand j'arrive dans une assemblée s'il n'est pas là, Lui,
l'Homme de ma vie), c'est un peu par habitude, pour me faire du bien. Je n'attends
plus vraiment chaque matin ce miracle ».

Le balancement est souvent beaucoup plus chahuté, à la fois plus fort et
hésitant entre mille directions correspondant aux mille visages du Prince. La vie
n'est alors faite que d'une succession d'à-coups, élans aussitôt suivis de retom-
bées, conflits entre vrais Princes et maris-papas, chocs entre imaginaire féerique
et concret problématique. Prenez l'histoire de Julia : en quelques feuillets d'une
seule lettre c'en est déjà trop pour s'y retrouver, il y a tout et son contraire. Nous
avons vu qu'elle était « en quête d'un amour fou, absolu, partagé », et pour cela
préférait « ne pas vivre de petites histoires sans lendemain ». Elle confirme :
« J'aspire à rencontrer un homme qui ressemblerait de près au Prince charmant ». Jusque-là tout est clair et les ambitions haut placées, mais le panorama
s'obscurcit quand elle commence à décrire le sus-dit Prince. « Peut-être est-il écrit
nulle part que Julia réalisera un jour son rêve de gamine d'avoir un petit mari
sympa et des enfants issus de cet amour ». Alors, Prince ou mari ? Nous ne sau-
rons pas, car Julia les renvoie soudainement dos à dos, les récusant tous deux au
nom de l'autonomie de la femme, qui doit apprendre à s'assumer seule, en refusant le modèle de vie privée que la société cherche à lui imposer. « Les femmes
seraient faites pour se marier et enfanter, mais est-ce là la clé du bonheur ? Je suis
convaincue qu'il n'y a pas qu'un seul mode de vie qui rime avec bonheur ».

Deuxième partie

PORTRAIT

Il n'est pas deux vies qui soient identiques. Particulièrement pour les femmes seules, aux trajectoires chahutées par la vie en deux, zigzaguant sans cesse entre extrêmes opposés. Tantôt apparence impeccable, tantôt effondrement débraillé ; tantôt rire aux larmes, tantôt morne mélancolie ; tantôt activisme dehors, tantôt repli fœtal au creux du dedans. Pourtant, à travers les différences, les catégories spécifiques et le mouvement permanent, au-delà des caractères psychologiques propres à chacune, un portrait médian parvient à se dessiner, surprenant de cohérence et de netteté.

V.
Le regard sur soi

Le « mal de l'infini »

Pour Émile Durkheim (1995, p. 304) le mariage apporte à l'homme le calme et la tranquillité morale, consolidant son « assiette mentale » en fermant l'horizon et bornant ses désirs. « La salutaire discipline à laquelle il est soumis lui fait un devoir de trouver son bonheur dans sa condition ». Le célibataire à l'inverse, libre de « s'attacher à ce qui lui plaît […] aspire à tout et rien ne le contente ». « On rêve à l'impossible, on a soif de ce qui n'est pas ». D'où « ce mal de l'infini », succession d'espérances déçues provoquant agitation et fatigue, qui est dû à ce que Durkheim appelle l'« anomie », l'absence de normes portant et tenant l'individu. Il ne faut pas s'arrêter au moralisme de l'auteur, qui est un trait de l'époque où ces phrases furent écrites (la fin du XIXᵉ siècle). L'important est la thèse défendue : l'écart par rapport à la norme (en l'occurrence la norme conjugale) produit un type d'existence spécifique, une manière d'être distinctive traversant les existences particulières.

L'élément le plus caractéristique est la réflexivité permanente, le regard porté sur soi : cette vie n'est-elle pas « bizarre » ? où me mène-t-elle ? quels choix dois-je opérer ? Rançon de la faiblesse du cadre normatif, qui, lorsqu'on s'y coule, offre au contraire le confort d'une identité soutenue. Mais payée au prix cher, celui de l'abandon de la créativité existentielle. Car le cadre qui protège dit à la place du sujet qui il est et qui il sera : « mari, bébé, maison ». Les réformes, minuscules, se limitent alors à son aménagement intérieur. L'agitation indécise et l'inconfort mental du « célibataire » sont à l'opposé la conséquence d'une liberté de s'inventer qui reste fortement (trop fortement ?) agissante : il y a « mal de l'infini » parce que la vie est ouverte et l'avenir non encore enfermé, que des croisées ne cessent de se présenter entre chemins très différents. Il ne convient donc pas d'analyser le « mal de l'infini » comme une pure malédiction : il est le revers sombre d'une médaille à l'autre face brillante. De même qu'il serait erroné d'ignorer la fréquente profondeur de la souffrance. Ombre et lumière sont à prendre en considération, étroitement mêlées. Parce que la vie à un (à cause de l'écart par rapport à la norme conjugale) est structurellement une vie en deux, une division identitaire intime, une lutte incessante entre mille couples de contraires à l'intérieur de soi.

Du rire aux larmes

Prenons la vie émotionnelle. Les émotions ne sont jamais gratuites ; elles jouent un rôle essentiel dans la régulation de l'action. Quand une situation est ouverte et faiblement structurée par une norme, les émotions prennent le relais à la fois pour guider les pas et pour tenter d'imposer un cadre normatif (Kaufmann, 1997). L'exemple le plus fort est la rencontre amoureuse, apogée d'un cycle passionnel retombant avec l'installation conjugale. Or, les solos sont dans la situation para-doxale d'un cycle des émotions qui s'ouvrirait sans cesse sans jamais retomber. « Le célibat ça rend réceptif intense, profond, ça accroche les émotions, qui pren-nent une dimensions plus surprenante » (Adeline).

Plus intenses, les émotions sont aussi plus instables, éclatant à l'impro-viste, sous forme triste ou gaie pour des raisons obscures. Résultat du combat indécis des contraires qui, du fond de l'épaisseur de l'être, cherchent à imposer leur loi. « Souvent je passe du rire aux larmes » (Hélène). Albertine connaît une alternance régulière de moments d'euphorie suivis de « kleenex-party par over-dose de soi ». Ce qu'elle appelle sa « double vie ».

Rires et larmes n'occupent pas des positions équivalentes. Selon les his-toires, bien qu'il y ait presque toujours mélange des deux, leur proportion est très différente : beaucoup de rires pour les unes, beaucoup de pleurs pour les autres. Mais surtout, les deux pôles émotionnels ne s'expriment pas de la même manière. Du côté rires, outre les éclats avec les copines, seule chez soi le plaisir est au contraire très confidentiel, jouissance secrète vaguement ressentie. Du côté larmes l'expression est plus forte. Non pas tant en ce qui concerne les crises, très inégalement réparties (fréquentes pour les unes, inexistantes pour les autres), que pour la morosité ordinaire. Car le quotidien est rempli de questions, de questions sur soi, de continuelles questions sans réponses. Or, l'exercice de la réflexivité s'accorde mal avec un ton guilleret : l'affaire est trop sérieuse. D'où la tendance fréquente à « broyer du noir » (Hélène). Car c'est seulement ainsi que l'on peut réellement porter un regard sur soi, se voir de façon critique : le broyage du noir remplit nécessairement la conscience ordinaire. Le plaisir quant à lui est plus diffus ou irrégulier : sensation larvée, profonde, ou éclatant brièvement à la surface. Parfois n'éclatant jamais à cause des questions. « Je me dis que j'ai tout pour être heureuse, et que celles qui se posent moins de questions sont moins tourmentées » (Hélène).

Une double réflexivité

Les questions taraudent l'esprit. Apparemment toujours les mêmes, toujours sans réponses, revenant en ronde infernale hanter les jours et les nuits. Elles ne se situent pourtant pas à un niveau unique : il est possible de les classer en deux grandes catégories.

« Bien souvent la question incontournable "pourquoi ?" refait surface » (Marie-Christine). Pourquoi cette vie bizarre ? pourquoi moi ? « Pourquoi, à 37 ans je suis seule dans mon studio ? Pourquoi ? » (Évelyne). La source de ce questionnement, sans cesse réalimentée, surgit du décalage impossible à combler entre vie concrète et modèle de la vie privée. Quand l'autonomie est bien assumée, les rires plus forts que les larmes, l'interrogation porte surtout sur la bizarrerie et la méchanceté du « doigt accusateur ». Quand ce dernier crée le malaise, sur la bizarrerie de cette vie tourmentée. Quand enfin les larmes dominent, généralement parce que le modèle est accepté, la question devient : pourquoi en suis-je donc exclue ? pourquoi moi ?

Ce premier groupe de questionnement, provoqué par l'extériorité à la norme, porte directement sur cette dernière. Il est le résultat d'un mécanisme simple. Lorsqu'une personne se situe au cœur d'une norme, elle est socialisée par cette dernière en même temps que sa perception critique à son propos diminue : il est inutile de se poser des questions puisque tout est « normal ». Au contraire, plus il y a éloignement de cette norme, plus il est nécessaire de s'interroger sur le sens du normal, afin de préparer les conditions d'une socialisation renforcée. L'amplitude du questionnement est inversement proportionnelle à la puissance socialisatrice de la norme (Kaufmann, 1995a).

La seconde sphère de questions est très différente. Alors que les précédentes font l'objet d'une fixation de type obsessionnel, toujours les mêmes et sans réponses, celles-ci sont à l'inverse diversifiées et créatives. Il n'y a donc ronde infernale qu'en apparence, le devant des pensées occupé par le pénible « pourquoi ? » tournant sans fin masquant un arrière-plan tout autre.

Ces nouvelles questions ne visent pas à obtenir une réponse (qui ne vient jamais) mais à opérer des choix, quotidiens et concrets. Elles sont liées au caractère ouvert de l'existence et aux conflits intérieurs de la vie en deux, qui imposent de prendre continuellement des options, entre alternatives souvent très divergentes. « Dans ma situation chaque jour est un mystère » (Judith). Même quand il ne se passe rien, il faut se préparer en rêve aux mille possibles, l'avenir reste ouvert. « Cet état bizarre, je le définirai comme une friche partielle de notre personne, en attente ». (Dorothée). Belle formule : l'identité est en travail, encore à inventer, sujette à des bouleversement soudains. Dorothée dit très justement « friche partielle ». L'ensemble de soi ne peut en effet être remis globalement en jeu, seulement quelques points à la fois, « le reste boitillant tant bien que mal pour faire illusion » (Dorothée). Car la tâche est ardue : la révolution identitaire permanente n'est pas une mince affaire, et il n'est pas rare qu'elle soit vécue comme une pénible obligation. « C'est cela qui est difficile dans une vie de solitaire, c'est qu'il faut sans cesse l'inventer » (Joanna). D'autant qu'à la charge mentale liée à la reformulation de soi s'en ajoute une autre : gérer tout, y compris le quotidien, de façon totalement autonome. « Le plus dur c'est de tout porter seule » (Gabrielle). « Il faut reconnaître la dureté d'organiser sa vie, on meurt de tout supporter seule » (Marjorie).

Le journal intime

Seule. Seule avec soi. Avec le Soi divisé de la vie en deux : la réflexivité est un dialogue permanent. Souvent, dans le petit cinéma imaginaire, deux personnages distincts entrent en conversation : le Soi parle au Soi. Il arrive même que le metteur en scène-interprète se laisse aller à déclamer à haute voix. « Des fois je me crie d'un seul coup "Allez secoue-toi ma vieille, l'avenir radieux nous attend !" Et la vieille se secoue. Mais ce n'est pas gagné d'avance, d'autres fois je m'écroule dans mon fauteuil et une autre voix sort de moi et répond : "Avenir radieux, avenir radieux ! (je prends la voix d'Arletty) : tu nous bassines avec ton avenir radieux, moi je suis bien à feignasser !" Des fois les deux voix se répondent, ça fait comme un petit théâtre » (Viviane).

L'instrument privilégié du colloque intérieur est cependant l'écrit. Un mot du livre tout d'abord, car il joue un rôle clé dans la vie des solos. Pratique culturelle la plus individualisée, il occupe à ce titre une place centrale : beaucoup de livres de chevet le soir, lus tard dans la nuit, au creux du lit. Ceci pour le loisir. Quant au livre d'étude, facteur historique de l'émancipation individuelle, il est étroitement associé aux trajectoires d'autonomie : c'est grâce à lui que se construit la réussite scolaire qui pousse en avant dans le métier sans chercher un mari. Le livre est tout à la fois : instrument de la réussite sociale et de la réflexivité, de l'affirmation et de la déconstruction de soi. Il nourrit également l'imaginaire amoureux, surtout pour les femmes ; les jeunes filles se plongent encore aujourd'hui avec délice dans les romans d'amour (de Singly, 1989). Pour le pur plaisir des histoires. Et pour s'identifier aux personnages, dans la recherche des secrets de la vie future.

Rien ne vaut cependant dans cet exercice la pratique personnelle de l'écriture. « C'est le seul luxe de ma vie : écrire » (Marie-Andrée). Raconter soi-même son roman. Le journal intime est une histoire ouverte, à inventer, à écrire, et à lire à la fois. « La tentation féminine de l'écriture comme soutien intime et confession solitaire est un des effets typiques de la culture romantique » (De Giorgio, 1992, p. 378) : paroxysme des sentiments, mise en récit de l'existence, et réflexivité. Ce dernier point est décisif, les deux précédents (aussi importante soit la place qu'ils occupent) ont surtout pour fonction de l'habiller. Car « la mise en récit constitue un mécanisme identitaire » (Demazière, Dubar, 1997, p. 304) : c'est au travers des histoires racontées que prend forme écrite le regard sur soi.

« Mon journal, c'est mon seul allié, qui me permet de m'exprimer sans avoir à être jugée » (Liliane). Tout peut lui être dit, les confidences les plus lourdes, inavouables, les questions de vie et de mort. Il ne juge jamais. Il écoute en silence celle qui tient la plume se parler à elle-même, changer d'idée selon le cours de ses deux vies mêlées, et à travers ces méandres dérouler ce qui ressemble néanmoins à une histoire. Avec un début et une fin (soudaine). Le récit commence souvent à l'adolescence. « Mon journal date de 15 ans. À 13 ans je commençais à y noter mes émotions, mes confidences. Au fil des années ma vie s'y est dévoilée » (Justine). Ce n'est pas par hasard : l'adolescence est un moment fort de reformulation de l'identité, et le journal se développe toujours en parallèle à des crises identitaires. Car il est l'instrument du dialogue avec soi, et en ces périodes le dialogue est plus vif. L'accentuation de la réflexivité ayant pour cause la vie en solo elle-même a souvent lieu plus tard (la crise est d'autant plus tardive que l'autonomie est bien vécue). Tout était si plein et allait si vite pour Lise que pendant quinze ans elle ne s'est pas posé de questions. « J'ai passé ces quinze dernières années à étudier, à voyager, à faire des rencontres, poussée par la curiosité, l'appétit de vivre, et un besoin vital, irrépressible, de liberté. Le temps a passé vite. Aujourd'hui je paie le privilège de cette liberté ». À 37 ans, pour la première fois, elle s'interroge et ausculte sa vie sans concession, couchant sur le papier ses remarques pour tenter de s'y retrouver. Il est rare que ce travail sur soi par l'écrit débute si avant dans le cycle de vie. Il commence je l'ai dit plutôt à l'adolescence, généralement sous la forme rose du journal de jeune fille rempli de rêves et d'histoires d'amour. Puis il se poursuit, avec des hauts et des bas scandant les difficultés de l'existence, jusqu'au point aigu de la crise de la vie en deux, où il redevient un instrument central, sous la forme moins rose du journal de la femme angoissée à la croisée des chemins.

Le plus fort de la crise ne dure qu'un temps : après la tempête la vie trouve son ancrage en des eaux plus calmes. Le journal s'arrête alors brusquement, parfois en plein milieu d'un récit qui restera à jamais sans dénouement. La (relative) sérénité enfin trouvée diminue en effet aussitôt le besoin de réflexivité. Et soudainement le journal, naguère si précieux, qui semblait faire intrinsèquement partie de soi, apparaît comme étranger, inutile. Voire, rétrospectivement, comme symbole d'un temps perdu à se raconter des histoires plutôt qu'agir. Agnès avait tenu son journal jusqu'à 45 ans. Puis, d'un geste, d'un seul, elle a « tout balancé : ce jour-là je me suis dit que toutes ces histoires c'était fini ».

Il y a beaucoup d'émotion sous la plume. Par le sujet traité car elle parle justement beaucoup d'émotions. Mais aussi par l'attachement affectif au journal lui-même : l'aigreur du rejet final est à la hauteur de l'amour qui avait précédé. Il était le complice intime, aux infimes voluptés secrètes ; caresse d'un mot tendre, justesse d'une idée, esthétique sonore de l'écriture solitaire. « J'ai eu dans les grands silences de ma vie ce bruit de plume qui gratte le papier » (Léa). Il était le partenaire solide, capable de donner force et confiance en soi. « Une simple plume et adieu angoisse, adieu solitude : je suis là plus forte que jamais, plus puissante » (Gaétane). Mais il pouvait devenir aussi le faux-frère, l'ennemi de l'intérieur, celui qui pousse à questionner, questionner sans cesse, au-delà du raisonnable, jusqu'à l'éclatement de soi. « Arrache-moi cette plume, qui me détruit de plus en plus, à chaque mot » (Gaétane).

Gaétane vibre, soleil et ombre, par son journal ; l'adorant et le haïssant avec intensité. Car elle s'y investit totalement, tant par les plaisirs qu'il lui donne que par la profondeur de la réflexivité où elle s'y noie. Souvent il est un compagnon plus tranquille, avec qui l'on se raconte davantage dans l'attente de la suite de l'histoire que pour se mettre douloureusement en question : le regard sur soi est porté de-ci de-là, au détour des épisodes. Léa a été très surprise (et déçue) en relisant il y a peu son journal (ce qu'elle n'avait pas fait depuis longtemps). Elle qui croyait s'être livrée à un important travail d'auto-analyse s'est trouvée plongée (surtout pour les périodes anciennes) dans un univers quelque peu aseptisé de contes de fées. « Je me suis accrochée à ces pages, croyant tenir un allié formidable : mon journal. Quinze ans d'écriture pour n'aspirer qu'à un seul but : rencontrer le Prince charmant ».

Le miroir et la voyante

« Et ce miroir qui reflète le temps qui passe ! Miroir, dis-moi que je suis la plus belle. Tu me jettes une image à laquelle je ne m'attendais pas, tu me lances ta haine à la figure ! J'ai beau la masquer, pleine de maquillage, tu ne te laisses pas prendre au jeu, toi. Omniprésent, tu te moques de moi, et tu triomphes ! » (Gaétane). Le miroir est un objet central. Comme pour toutes les autres femmes, il est le support du regard sur soi (au sens strict et figuré) autour de la double question de la beauté et du temps qui passe. Mais chez la femme seule ce regard est plus fort. Car le dialogue de soi à soi est plus animé (il remplace la conversation conjugale) ; le miroir joue le rôle de l'homme qui n'est pas là (elle s'y estime comme dans les yeux d'un mari). Le face-à-face avec cet objet symbolique est incontournable.

Les questions sur la beauté et le temps qui passe sont plus lourdes que pour les autres femmes : il s'agit d'un enjeu décisif pour inventer l'avenir, qui reste très ouvert. En scrutant le visage, à travers la beauté c'est l'ensemble de soi qui est examiné, les profondeurs de l'être, les identités possibles ; le face-à-face avec son reflet est un grand moment du colloque intérieur. C'est pourquoi les gestes sont parfois si lents dans la salle de bains. Le regard sur soi va bien au-delà de l'image.

Le procédé est identique avec la voyante. Il ne faut pas s'arrêter aux épiphénomènes occultes : l'important est qu'elle représente, au même titre que le miroir, un instrument du regard sur soi. « Une fois par an environ, quand vraiment je ne sais plus où j'en suis, je consulte une voyante » (Justine). C'est lorsque le chaos intérieur est extrême que le besoin s'en fait le plus sentir. La consultation est peu fréquente (une fois par an ou tous les deux ou trois ans) mais régulière. Et surtout répandue : de très nombreuses lettres en font état (presque autant que du journal intime). Isabelle, chômeuse sans ressources, économise sur sa pauvre nourriture pour la payer. Savoir, savoir enfin le secret de cette vie bizarre est plus important que manger.

La compétence principale de la voyante est de savoir faire preuve de psychologie commerciale : elle doit deviner les attentes de sa cliente. Son travail consiste ensuite à lire (dans les cartes ou le marc de café) le message qui est attendu. Or ce message n'est absolument pas individualisé. C'est un code social. Toutes les lettres dévoilent la même réponse, articulée autour de trois thèmes : l'Amour, un mariage, des enfants. C'est bien d'ailleurs ce qui pousse Isabelle à faire tant de sacrifices. « Depuis deux ans ma voyante me prédit un mariage et trois enfants ». Marie-Laure consulte tous les deux ans. À chaque fois elle entend qu'elle va rencontrer l'Homme de sa vie, se marier et faire un premier bébé dans l'année qui suit (sur un total de deux attendus).

Les voyantes ne se sont pas consultées entre elles pour mettre au point ce message unique, l'uniformité de la réponse tient à son caractère social : ce n'est rien d'autre que le modèle de la vie privée. Ou plus précisément le modèle tel que les voyantes l'imaginent, valorisant volontiers ses aspects les plus archaïques :

l'Amour est bien sûr céleste, l'homme un vrai Prince. Surtout, dans l'amalgame complexe (puisqu'il faut bien choisir un peu), l'accent est mis sur le mariage et les enfants, l'amour étant plutôt un préalable nécessaire. Le nombre des naissances est lui aussi précis : deux la plupart du temps (avec une tendance à évoluer vers trois depuis les mesures fiscales incitant à ce nouveau modèle).

Le caractère stéréotypé de la réponse provoque parfois des ratés commerciaux. Marie-Laure est très déçue. Sans trop croire à la voyance, elle ressentait le besoin d'une consultation régulière. Mais cette fois-ci c'en est trop. À nouveau le même message : un mariage dans l'année et deux enfants. Or elle se déclare « violemment anti-mariage » et ne ressent pas le moindre désir d'enfant. Généralement il y a toutefois accord et la voyante sent que son message passe : sans avoir à deviner les souhaits particuliers elle répond aux attentes. « Bien souvent j'ai consulté des voyantes, leur message d'espoir m'a fait du bien : il vous attend quelque part » (Fabienne). La voyante est ainsi confortée dans sa conviction que son message est le bon et que tant qu'il vaut ainsi de l'or il est inutile de se fatiguer à le changer.

Pourtant la voyante se trompe : l'attente n'est pas exactement celle qu'elle imagine. Elle est double et confuse. Seule la moitié de soi est satisfaite et soulagée par ce qu'elle entend. Mais c'est justement la moitié qui guette ce soulagement : enfin le havre de paix, la baisse de la pression mentale. Ça « fait du bien » comme dit Fabienne. Face à la voyante, l'autre moitié se tait. D'autant que le message occulte semble avoir bien des avantages. Si l'Amour en effet est vraiment céleste, point n'est besoin de se torturer : il suffit d'attendre. Et même, en attendant, de mener sa vie totalement à son idée ; l'autre moitié finalement peut y trouver son intérêt.

C'est bien ce qui va rapidement poser problème : la pause mentale ne dure qu'un temps. Au contraire, l'offensive d'une moitié de soi (Prince-mari-bébé) déclenche souvent un nouveau déchaînement de la guerre intérieure. D'ailleurs, à y regarder de plus près, la guerre ne s'était jamais vraiment arrêtée. Il est rare que la croyance soit totale : la femme consulte un peu par curiosité et pour entendre des choses agréables. Mais souvent il y a une distance, une petite dose de scepticisme, un dédoublement intérieur : seule une moitié de soi va consulter. Pour Danièle, sa première moitié a versé dans le scepticisme radical suite à la répétition inlassable du message inchangé, irrémédiablement démenti par les faits. Toutefois, quand la seconde moitié va mal elle se sent obligée d'aller voir sa voyante. « Elle m'annonce régulièrement la même chose : Amour, mariage, deux enfants. Pourtant à chaque nouveau coup de cafard j'y retourne ». Justine est dans une situation semblable : « Bof ! ça m'avance pas trop. Elle arrive à voir l'Amour, un mariage, des enfants… mais où sont-ils ? ». L'affirmation abusive d'une seule des infinies perspectives possibles finit par brouiller les cartes, désorganisant le patient travail de définition de soi par soi. Et produisant l'effet inverse de celui qui était recherché : réduire enfin la multiplicité identitaire et diminuer la pression mentale.

C'est une des caractéristiques de la vie en deux : même les éléments ne prédisposant pas particulièrement à la réflexivité conduisent ici à un tel développement. Tout est prétexte au regard sur soi.

VI.
Chez soi

État des lieux

Bien que chacun ait ses manières de vivre et ses goûts personnels, les solos ont en moyenne un type de logement et d'aménagement intérieur qui se distingue de celui des autres ménages sur plusieurs points. En partie à cause de questions organisationnelle et financières évidentes. Ainsi ils sont plus souvent locataires et habitent le centre-ville (il n'est pas rare qu'ils n'aient pas d'automobile). Mais aussi sous l'effet de leur position particulière : la vie en deux.

Poussons la porte de ce logement moyen. Première surprise : il est grand. Spacieux et clair, comme s'il s'agissait de conjurer l'idée d'enfermement : il arrive même que les volets ne soient pas fermés le soir (Lavigne, Arbet, 1992). Encombré de bibelots divers tout en restant assez vide, surtout chez les hommes, qui ont un faible taux d'équipement en meubles et appareils électro-ménagers (excepté le micro-ondes). Les femmes en ont davantage, moins cependant que la moyenne des ménages. Non que le logement ne soit pas investi (à la différence des hommes), mais il l'est plus sur la décoration que sur les aspects ménagers. De nombreux tissus notamment, une atmosphère chaude et douce au contact. « Un logement tout rose, lumière tamisée, musique diffuse, encens » (Léa).

Autre surprise : moins d'animaux domestiques que dans les familles. Pour la simple raison que les solos sortent et voyagent, passent beaucoup de temps à leur travail. Losqu'ils ont un animal c'est plus souvent un chat qu'un chien. Moins de télévision aussi. Et quand elle est allumée, utilisée surtout comme présence lointaine, bruit de fond (Lavigne, Arbet, 1992). De la musique par contre, sorte d'enveloppe sonore sécurisante : chaîne hi-fi haut de gamme et forte consommation de disques. La clarté et l'ouverture générale des espaces ne doivent d'ailleurs pas dissimuler qu'à l'intérieur au contraire des enveloppes de types très divers marquent des instants particuliers d'intimité et de protection : l'ambiance musicale, le creux du lit, la salle de bains fermée pendant la toilette, etc.

Incessant jeu d'ouverture et de replis, caractéristique de la vie en deux : les niches secrètes jouxtent des appareils ouvrant sur l'extérieur, particulièrement le téléphone (fréquemment associé à un répondeur). Les solos l'utilisent beaucoup plus que les familles : il est le vecteur privilégié du lien social, le fil qui relie. Parler avec la famille et surtout les copines. Parler longuement. « Mes notes de téléphone, on n'en parle pas : jusqu'à 3 000 francs ! » (Gabrielle).

Le lit

On se trompe souvent sur les objets. Les rapports que nous entretenons avec eux sont intimes et complexes (Kaufmann, 1997 ; Desjeux, Monjaret, Taponier, 1998) : ils déjouent l'analyse trop rapide de l'observateur pressé. Le lit par exemple. Symbole du couple, on pourrait penser qu'il est particulièrement problématique pour la femme seule. Il l'est effectivement en partie (surtout le soir). Mais il est aussi un allié privilégié. Matins chauds et câlins, liberté et régression fœtale. « Des plaisirs inavouables comme dormir toute la journée ou au moins rester au lit » (Frédérique). Meuble souple et complice qui épouse et protège. « Quand je m'enfonce dans mon lit c'est comme s'il me prenait dans ses bras, je me calme, je me laisse aller » (Aurore). Il est le repaire au creux du repaire, le repère au centre des repères. Renouant avec certaines traditions oubliées (Dibie, 1987), il est donc fréquemment utilisé pour des usages multiples : dormir, rêver et lire, mais aussi téléphoner, travailler, manger.

Quand vient le soir c'est vrai l'allié se prépare à la trahison. Au début elle n'est pas manifeste : le premier contact avec le lit est toujours chaleur et souplesse, soulagement et réconfort. La femme seule s'y enfonce avec volupté pour ses activités du soir : plateau-télé, lecture, journal intime, courrier ou rêve. Et bien entendu réflexivité : qu'elle regarde une émission à la télé ou qu'elle lise un roman c'est toujours à elle-même qu'elle songe. Le processus réflexif s'emballe au cours de la soirée : la tête de plus en plus pleine rend l'endormissement difficile. « Et l'on s'enferme dans la lecture, pire on se met à parler toute seule ! aïe, aïe, aïe ! » (Françoise). Résultat : les femmes seules s'endorment nettement plus tard que les femmes mariées (Grimler, 1992). Bien qu'elle se lève tôt, Marie-Pierre lit jusqu'à minuit ; Marie-Line jusqu'à une heure du matin.

C'est alors que le lit devient moins chaud. Sensation qui provient du mental bien entendu : l'absence pèse au creux du lit, des zones de froid déchirent l'enveloppe protectrice. L'attaque vient souvent des pieds. Ceux d'Adeline gèlent. Elle ne peut rien y faire : il lui semble que seul un homme pourrait les réchauffer. Le froid révèle l'absence et l'absence révèle le froid. Le lit de Géraldine est glacial : « Je craque le soir seule dans mes draps. Sans homme ». Elle ne demanderait pourtant pas grand chose. Quelques caresses peut-être. Mais surtout une présence, une simple présence. Le manque est encore plus ciblé pour Albertine. Le soir avant de s'endormir : de ne pas pouvoir dire « à demain ».

Les repas

La table est plus problématique que le lit. Le repas familial est en effet un rituel essentiel de constitution du groupe domestique, du moins dans les mentalités (Sjögren, 1986). Dans la réalité il est plus individualisé, notamment le petit-déjeuner (Brown, Fougeyrollas-Schwebel, Jaspard, 1991). Mais lorsqu'il vient à manquer, il est logique que la symbolique familiale soit valorisée et seule retenue : la table devient une ennemie (pour les femmes seules qui vivent sans enfants). « Quoi de plus frustrant que de mettre un seul couvert et de s'attabler seule face à soi-même » (Frédérique). Celle de la salle à manger surtout, désertée ; la meilleure solution étant de ne pas en avoir. La table de la cuisine se prête plus facilement à un petit repas rapide en solo.

Mais la pratique la plus courante consiste à déconstruire le rituel et à prendre des options radicalement opposées, comme pour mieux se démontrer que le repas que l'on prend n'a rien à voir avec sa symbolique familiale. Pas de longues préparations culinaires, des aliments particuliers, un ordre des choses qui tourne le dos aux codes habituels.

La cuisine est faite « sur le pouce » (Annabelle), pour une « dînette » (Georgina) qui lui rappelle le jeu du temps où elle était petite fille. Les mets compliqués en moins. « Aujourd'hui comme demain ce sera maïs, boîte de thon et demi-baguette » (Sabine). Les aliments sont souvent simples, avec deux dominantes : naturels et diététiques. Beaucoup de fruits et de yaourts. Les salades composées sont de préférence mangées au restaurant : chez soi, elles demandent trop de travail bien qu'elles soient diététiques. Les achats sont rapidement faits. « Petites courses pour petite dînette : fruits, yaourt, jambon, fromage, thé. Et les kleenex par paquet de dix » (Joanna).

La table haute et la position assise conventionnelle sont fuies. Comme si une force attirait vers le sol et le souple. Le plateau-repas est le moyen de ce déménagement. Il est posé sur une table basse ou sur le lit, la femme s'installant (sorte de réinvention de la position romaine) sur un divan ou des coussins. Parfois, même le plateau, dernier vestige d'une organisation ressemblant de loin à un vrai repas, disparaît. C'est le règne du grignotage, de préférence à des heures insolites, selon l'envie : exactement ce qui est interdit aux enfants. Avec une préférence très marquée pour le chocolat, fréquemment cité dans la liste des plaisirs féminins de la vie en solo.

Autre plaisir fréquemment cité : le petit-déjeuner au lit. Surtout le dimanche, où il est possible d'y traîner tard dans la matinée. La moyenne statistique (Grimler, 1992) indique pourtant que les femmes seules ne se lèvent pas plus tard. Les lettres mentiraient-elles ? Je ne le crois pas. D'abord parce que l'important n'est pas de se lever tard tous les dimanches mais de pouvoir le faire : c'est le signe de la liberté. Ensuite et surtout parce que le « lever » (celui qui sans doute est déclaré) n'est souvent qu'un lever provisoire. Par exemple pour préparer le petit-déjeuner avant de retourner s'installer confortablement dans le lit.

Enveloppement et régression

Attirance vers le bas et le souple ; attirance aussi vers les creux offrant où se blottir. L'image est celle d'une « rondeur pleine » qui nous aide à « nous rassembler sur nous-mêmes » et à « affirmer notre être intimement, par le dedans » (Bachelard, 1983, p. 210). Enveloppes contenant le soi (Tisseron, 1996) dont le besoin est grandissant dans notre société marquée par l'éclatement identitaire. Une socialisation familiale dense peut jouer ce rôle. Mais la femme seule (qui n'est pas immergée dans une telle densité relationnelle) doit inventer d'autres enveloppes, d'autant que la réflexivité dont elle fait preuve est source d'un éclatement encore plus fort. « Quand je rentre l'appartement est trop froid, trop vide, il sent la mort. J'aurais besoin juste d'un bruit, d'une odeur, d'une présence ». Élisa perçoit surtout les froids, les vides, les trouées de l'être. Odile au contraire a su mettre au point un véritable art des enveloppes. Sa préférée : le cocon des plaisirs. Tissé bien sûr autour du creux primordial, le lit. « Le dimanche je me réveille à midi et prends un petit-déjeuner en guise de repas, je traîne au lit, en téléphonant, lisant, écrivant. Pour moi le plaisir c'est de m'envelopper dans le cocon de toutes ces choses agréables ».

Remèdes au « mal de l'infini », les enveloppes entourent et ferment le soi. Certaines par l'élan d'imaginaire dans lequel elles entraînent (un roman, un film, un beau rêve). D'autres par la rondeur chaude de leur emmaillotement (un bain, le lit). Ces dernières, « isomorphes […] du giron maternel » (Durand, 1969, p. 278), plongent le Soi dans un calme originel, une vie fœtale noyant le questionnement identitaire ; enfin se laisser aller à ne rien faire et surtout ne plus penser. Se laisser aller : autre plaisir fort. Contre l'obligation de devoir tout administrer seule, et contre la charge mentale qui en découle, vivre selon l'humeur du moment, sans respect pour les bonnes manières et conventions ordinaires. « Il y a des plaisirs simples mais forts : c'est de rester au chaud dans son lit autant qu'on veut, de ne pas répondre au téléphone ou à la sonnette d'entrée si on n'a pas envie » (Ernestine). Se retrancher des lois du monde, loin des regards. Au moins un temps, pour récupérer. Pelotonnée bien au chaud, hors des regards, les pensées s'apaisent et le calme s'établit. Ou devrait s'établir. Car la division intime et la réflexivité associée parviennent à percer les enveloppes les plus chaudes, et s'introduisent à l'improviste ; il est impossible d'échapper au travail sur soi de la vie en deux. L'enveloppement est davantage une quête qu'une réalité, un début d'entourage sans cesse subverti de l'intérieur. Paradoxalement la position immobile (bien au chaud dans le lit ou le bain) a même la vertu de favoriser la réflexion. C'est en particulier le drame du soir quand le lit, que l'on croyait un allié, accomplit sa trahison.

La liberté ménagère

Il n'est donc pas rare que la régression rate dans ses tentatives d'enveloppement. Mais elle a une autre cible, qu'elle parvient celle-là à atteindre : la révolte ménagère.

Révolte d'abord contre le rôle social que l'histoire a légué à la femme, l'assignant aux lourdes charges de la famille et de la maison, limitant ainsi ses tentatives d'envol en tant qu'individu autonome. La vie en solo à l'inverse donne des ailes. « Peu de ménage, peu de courses, uniquement ce que l'on aime, peu de contraintes, pouvoir ne pas rentrer chez soi sans avoir personne à prévenir » (Frédérique). Innovation historique radicale : la femme, traditionnellement dévouée aux autres, peut ne penser qu'à elle-même. « Petit-déjeuner au lit, et une heure à ne m'occuper que de moi chaque matin » (Joanna). Révolte ensuite contre toutes les normes et conventions, plaisir de ne devoir subir aucune contrainte collective, pas même les codes de la vie familiale ni le regard des proches. « Mais aussi il y a la liberté de flâner si l'on a envie, de lire toute la journée du samedi et du dimanche si on le souhaite, en tee-shirt Mickey et en grosses chaussettes, de se nourrir uniquement de gâteaux si on le veut, de passer deux heures au téléphone avec sa meilleure amie. Bref, des petits bonheurs dont il serait difficile de se passer » (Claudia). D'ailleurs, dans la nostalgie de Martine (aujourd'hui mariée) pour le bonheur perdu, il y a surtout ces moments-là. « Je savourais avec béatitude mon dimanche au lit, avec mes livres, mes mots croisés, ma musique et ma chienne. Le bonheur à l'état pur !!! ».

Plaisir immédiat qui se double d'un second niveau : le plaisir d'avoir du plaisir, permettant de reconnaître des aspects positifs dans la vie en solo. D'où la tendance à en rajouter, à élargir la désorganisation volontaire. « Ne pas se lever, manger sur le pouce, ne pas cuisiner » (Frédérique). À cultiver le laisser-aller, à la fois enveloppe régressive et plaisir du Soi libéré. « Abandon à soi-même : caleçon, long pull, cheveux en bataille, pas de sourires de circonstance, un bon bouquin » (Joanna). À ne pas hésiter à multiplier les provocations, sorte de jeu d'inversion carnavalesque. Danièle pousse à l'extrême ce qu'elle appelle ses « débrayages ménagers ». Par exemple en ne vérifiant pas ce qu'il y a dans le réfrigérateur pour le repas du soir, s'amusant à être obligée « d'improviser avec les moyens du bord ». Ou, devant son miroir, à se faire des grimaces de clown et rire bruyamment. Tout est possible : personne n'est là pour la regarder.

Les lettres sont intarissables à propos de cette insubordination régressive et libertaire. Il y est beaucoup question de grasses matinées, grosses chaussettes et grignotage de chocolat. « Quelle chance de pouvoir rester vautrée dans mon lit à bouquiner comme une bête en dévorant ma tablette de chocolat » (Katia) ; « Je me dis que j'ai de la chance de pouvoir traîner en tee-shirt informe, des chaussettes tire-bouchonnées sur mes chevilles en me goinfrant de chocolat le dimanche » (Marie-Christine). C'en est presque trop : la vie intime des femmes seules se résumerait-elle à cette image ? est-il imaginable que désinvolture vestimentaire et chocolat remplissent l'emploi du temps ? À l'évidence non. Si les gestes de la révolte ménagère sont si souvent cités et mis en avant, c'est qu'ils occupent une place symbolique essentielle. Plus que leur fréquence l'important est qu'ils puissent exister. Écoutez bien Marjorie : le cœur du plaisir est dans la liberté de pouvoir faire plus que dans les faits eux-mêmes. « J'adore trop les grasses matinées, pouvoir me prélasser dans mes draps, choisir de manger ou pas, ne dépendre de rien, seulement de soi, savoir que demain on peut partir sans en informer personne ». La raison de la mise en avant de ces gestes est qu'ils sont les signes tangibles d'une liberté plus vaste et plus profonde, difficile à exprimer. « J'ai découvert que j'étais libre, que ma vie m'appartenait. Si j'ai envie de faire un truc, je le fais. La liberté c'est merveilleux » (Charlène). Liberté infinie, qui fait peur lorsqu'elle circule sans freins dans les pensées, poussant à s'arrimer et se protéger. Concrétisée dans les gestes du quotidien au contraire, elle prend la forme d'un plaisir simple et évident. Revanche implicite de siècles et de siècles de sacrifice féminin, immensité de la liberté individuelle trouvant à se cristalliser sur quelques supports. Grasses matinées et chocolat expriment beaucoup quand on lit entre les lignes.

La légèreté de l'être

Le plaisir de la révolte ménagère se vit aussi à travers la fluidité de la décision. Rien n'enferme, rien n'oblige ; tout est possible, à chaque instant. La vie se conduit par des changements d'orientation d'une facilité déconcertante : il suffit de le vouloir. Sorte de liberté à l'état pur qui dégage une sensation d'ivresse. Sabine cultive cette dernière par la soudaineté de ses « escapades ». La scène se passe le dimanche. Elle n'a pas prévu à l'avance une organisation particulière, elle se laisse glisser dans la volupté classique du temps souple et des désirs instantanés. « C'est vrai que je savoure ces heures de lecture, de téléphone et de bain : aussi longtemps que j'ai envie ». Sur cette douce base, elle a pris l'habitude d'improviser de subites ruptures : en un instant la langueur du peignoir mou est délaissée pour un maquillage travaillé en prévision d'une sortie. « Mes weekends, balade, ou peignoir, ou cinéma. Mes brusques escapades ». Dedans-dehors, paresse-activisme : les séquences peuvent alterner par saccades et sans logique prévisible. Car c'est là le plus fort du plaisir. De même que les grosses chaussettes et le chocolat doivent être outrageusement régressifs, l'escapade doit être brusque et inattendue, manifestant ainsi la réalité du libre arbitre.

Fluide et imprévisible, cette vie singulière se caractérise également par le sentiment de légèreté qu'elle procure. Dans une recherche précédente (Kaufmann, 1997), j'avais montré comment la famille se construit en s'arrimant lourdement au quotidien ménager, l'identité de chacun étant progressivement définie par le poids des choses. Nous nous trouvons ici dans une situation exactement opposée : la vie paraît légère parce que l'identité se définit moins par la fixité du concret que par l'imagination de soi. Le rêve a la vertu de déplacer des montagnes.

Plaisir confinant à l'ivresse de pouvoir s'inventer sans entraves, jouissance de la fluidité existentielle ; souffrance due à cette insoutenable volatilité de l'être. À nouveau deux sensations contradictoires à propos d'un même phénomène : la légèreté est à la fois grisante et difficile à vivre. La caractéristique fondamentalement liée à la gestion identitaire (la vie semble légère parce qu'il est facile de changer son cours) déteint sur la perception plus concrète du Soi comme substance : la vie semble vide. « L'appartement cocon, pyjama, plateau-télé, je connais, l'amant deux heures tous les trimestres. Cela ne remplit pas une vie » (Flora). C'est surtout dans « la légèreté des heures à ne rien faire » (Sabine) que la sensation de vide fait surface, gâchant le plaisir. « Aujourd'hui je suis restée au lit jusqu'à onze heures : pas de larmes, juste le poids des silences » (Joanna). « Bon Dieu que les soirées sont longues ! Et les dimanches ! » (Manon).

Les enveloppements sont trop minces, les activités d'entourage du Soi trop plaquées pour ne pas apparaître comme du remplissage : les manques se manifestent d'autant, surtout par contraste avec le rêve d'autres enveloppes. « Pas de câlins, week-end télé, toujours se pousser pour tout, jamais d'encouragements, de compliments, toutes ces larmes… » (Dorothée). Dans cet environnement de soutien identitaire faible, Dorothée, actuellement au chômage, est condamnée comme d'autres à « se pousser » sans cesse pour se construire en positif. Maggy y parvient plutôt bien. Excepté pour ce qu'elle appelle ses « trous », quand brusquement elle s'effondre et que personne ne peut retenir ce glissement qui la conduit à ne plus pouvoir bouger, ni même à rêver, à ne plus avoir « le goût à rien ». Les effondrements sont en lien avec la faiblesse des enveloppes. Pour Dorothée par exemple, ces moments de crise ne sont qu'une simple aggravation d'un ordinaire déjà problématique. Mais il arrive aussi, comme pour Maggy, que la vie en deux introduise des « trous » soudains dans un ordinaire plutôt dynamique et optimiste. Voyez l'existence de Violaine, incessant combat entre soleil et ombre. « Il y a des jours je me fais un planning serré : boulots, loisirs, activités, soupers d'amis. Et il y a des jours, le cafard, je me sens moche, inutile. Des fois je reste seule pendant des jours, je n'arrive plus à manger. La vie devient lugubre, sans vie ».

Dans ces moments-là, même le téléphone, l'ami absolu, peut trahir et marquer l'absence. Au lieu de l'oublier tant qu'il ne sonne pas, Frédérique entend douloureusement son silence. Et plus elle attend qu'il se manifeste enfin, plus son silence parle fort. « Des fois je me fixe sur le téléphone, j'attends, j'attends… je suis sûre qu'il va sonner, je le sens. Et il ne sonne pas ». Justine ne pouvait s'empêcher de se précipiter dessus « comme une folle » dès la première sonnerie. Jusqu'au jour où un interlocuteur a remarqué cette précipitation. Depuis, malgré l'envie qui la tenaille, elle se contrôle et s'oblige à laisser sonner deux fois avant de décrocher. En fait, toute attente, quelle qu'elle soit (attente de la sonnerie du téléphone où de la soudaine et merveilleuse survenue d'un Prince), est une mauvaise technique, qui creuse encore plus le manque qu'elle est censée conjurer. Mieux vaut combler les vides par des substituts divers. Olivia organise de telle sorte ses trop longs week-ends qu'elle n'a « même plus le temps d'y penser ». Méthode semblable pour Justine : la planification stricte d'activités serrées. « J'essaie de planifier pour ne pas être seule, pour occuper mon temps ». L'aspect en apparence très rigide de son programme a toutefois surtout pour vertu de se donner à elle-même l'illusion d'une discipline tenant la vie. Le détail de la programmation prévoit en effet de larges plages informelles. « Le plus agréable c'est mon zapping mou de petits plaisirs : je regarde la télé, je grignote, je lis, je lis, je passe des coups de fil interminables ». Sorte de mariage du feu et de l'eau : l'activisme structuré parvient à ne faire qu'un avec les enveloppes régressives.

Activisme ou enveloppes sont généralement des conduites défensives (fuite en avant ou repli protecteur), pour conjurer la peur du vide, la perception funèbre de la légèreté de l'être. Or il n'y a pas vide, il n'y a que sensation de vide. Seuls les contenus sont différents. Le contexte de définition de l'identité a été bouleversé, certains éléments ont été remplacés par d'autres : le poids fixe du quotidien ménager par la réflexivité. Certes le premier élément est lourd et stable, alors que le second est volatile et insaisissable. Ce qui donne à penser que du vent a remplacé du plomb, que le vent n'est rien comparé à du plomb. Non le vent n'est pas rien. Il est une autre manière, qui reste encore pour l'essentiel à inventer, de construire le Soi. La sensation de vide se forme parce qu'il y a manque des constituants les plus habituels de la définition identitaire : un cadre relationnel domestique stable, étroit et dense. Le face-à-face réflexif avec soi donne par contraste l'impression d'un manque de substance : la vie ne semble tenir qu'à ce fil mouvant du Soi pensant, chaque jour il faut repenser ses motivations. « Du côté de la solitude difficile à vivre il y a la difficulté de se motiver pour faire quelque chose, surtout les matins de jours de congé, cette sensation de lutter sans cesse avec une motivation légère ou qui retombe par moments parce que c'est pour soi seul » (Nathalie).

VII.
Dehors

Sortir

Le creux du lit et le rêve ne calment qu'un temps : irrésistiblement la sensation de vide pousse à l'action. Et tout aussi irrésistiblement cette action ne peut être imaginée qu'au dehors ; il faut sortir pour être vivant. Il est des amoureux du dedans et des amoureux du dehors, chacun ses goûts. Mais les adeptes de l'extérieur vivent en général plutôt mieux leur situation. La sortie n'est donc pas uniquement à analyser comme une fuite bien qu'elle soit souvent vécue ainsi. Elle représente également une autre façon de construire le rapport aux autres, inventée un peu malgré soi.

La fréquence des sorties se fait parfois extrême, au point que certains (surtout des hommes) peuvent être considérés comme des résidents non permanents, souvent absents de chez eux, passant ailleurs un grand nombre de week-ends et de nuits (Lavigne, Arbet, 1992). Les femmes, plus présentes la nuit, multiplient par contre les sorties de jour. Petites courses, balades, copines et cinéma ont déjà été signalés. Il faudrait ajouter de nombreuses autres sorties culturelles (plus de femmes seules que de femmes mariées vont aux expositions et dans les musées) et de détente. La plage par exemple, contrairement à une idée reçue, est une pratique très solitaire (Kaufmann, 1995a). Les personnes vivant seules dépensent une part de leur budget nettement plus importante que les autres ménages pour le cinéma, le théâtre, les concerts, les restaurants et cafés.

Sortir pour rencontrer du monde ; des anonymes, les copines, l'hypothétique Prince charmant. Sortir pour voir des choses intéressantes, découvrir d'autres cultures. Sortir pour sortir aussi, simplement agir pour se sentir vivre avec densité, donner du plomb à la vie par le mouvement. Géraldine réagit au moindre vide. « Cela arrive sans prévenir, aïe ! plus rien ! alors je vais courir, ou marcher, ou m'éclater à vélo ». Le sport occupe une place privilégiée, il représente une compensation idéale à la légèreté de l'être, la preuve que l'identité est au contraire ramassée dans un corps palpable et tonique : tout le Soi est concentré dans l'effort. D'où la tendance à amplifier celui-ci dans la quête éperdue d'un Soi plus concret, jusqu'aux limites de l'extrême (Le Breton, 1991). Nelly passe des heures à la salle de musculation, à se « faire une ceinture abdominale digne de Rocky, en pensant à la Future Rencontre ». Car l'attention au corps a cet autre intérêt, subtilement mêlé à la densification identitaire : elle donne substance à l'imaginaire de la rencontre, renouvelant sans cesse les prémices d'une stratégie bien engagée. Qu'importe si la suite est décevante, il reste le plaisir du corps bien entretenu, l'effet-miroir des compliments et des regards accrochés qui confirment le bien-fondé du temps passé à s'occuper de soi. Outre le sport, les femmes seules passent donc logiquement plus de temps que les femmes mariées dans les salons de coiffure et instituts de beauté.

Pour les mêmes raisons, les vacances aussi sont actives. « Des week-ends prolongés rando en montagne avec sac à dos et nuits en refuge, de quoi me vider la tête » (Marlène). Ou, autre version : bien structurées, avec des activités culturelles, notamment des voyages (dont la consommation est nettement plus élevée pour les solos que pour les familles). Les vacances doivent être mûrement réfléchies, car elles peuvent représenter le meilleur et le pire. En théorie elles sont l'antidote parfait au poison de la vie trop légère, une coupure radicale avec l'ordinaire problématique. « Elles me permettent d'oublier mon quotidien, de faire un break dans ma vie » (Laura). Hélas à la moindre erreur d'organisation, le paradis se transforme en enfer. Car elles cristallisent également l'épanouissement de la vie familiale : les familles bruyantes et rieuses, fières de leur rayonnement, sont partout. Le doigt accusateur est encore plus intolérant sous le soleil. Quant à ne rien prévoir (vacances chez soi ou dans la famille), un autre désastre est alors garanti : une légèreté encore plus légère, un vide encore plus vide qu'à l'ordinaire, un temps qui n'en finit pas de s'écouler. En période de vacances, il est en quelque sorte interdit de ne pas être actif et bien organisé.

Sortir pour fuir la fragilité de l'être dans le chez soi. Mais trop s'agiter au dehors finit par créer la même sensation de remplissage, de volatilité identitaire, et de fatigue. « On se sent une énergie et une liberté folle d'aller à droite ou à gauche quand on veut. Il ne faut pourtant pas trop s'éparpiller. Des fois il y en a marre d'être par monts et par vaux, une grosse envie d'être tranquille chez moi me tombe dessus » (Viviane). Escapades intrépides au dehors et enveloppes régressives au dedans se succèdent par saccades parfois violentes, scandant la vie en deux. Tout excès dans un sens renvoyant à un besoin de compensation immédiate dans le sens opposé.

D'autres liens

Sortir pour sortir, sortir pour agir, mais aussi sortir pour voir du monde : la vie en solo développe un autre mode d'inscription relationnelle. « Quand on n'est pas tourné vers l'Autre, on est plus tourné vers les autres et vers soi » (Julia). Curiosité, goût du contact et intensité des liens fugaces produisent un ballet de têtes nouvelles : la faiblesse en liens proches et constants est compensée par la multiplicité et la variété des contacts épisodiques.

Au centre de ce réseau mouvant, se structurent néanmoins un ou deux groupes de liens plus stables et étroits : la famille, parfois un amant, surtout les copines. « Mes copines me sont indispensables autant que mes écrits. Sans elles, sans eux, je ne suis rien ». Joanna associe copines et journal intime au cœur de sa vie, voyageant de l'une à l'autre de ces deux inclinations comme entre deux pôles également aimés mais très différents. « Je prends mon thé devant ma machine électrique, et quand je n'en peux plus de m'envoyer dans la vie par procuration, je m'envole en direct vers mes copines qui me disent : "tu es lumineuse" ». Alors que le journal est travail sur soi, les copines sont un bain de soutien immédiat et inconditionnel, jouant sur ce point le rôle du conjoint, et le jouant à la perfection. Mieux qu'un conjoint les meilleures amies sont par ailleurs des confidentes. Les femmes vivant seules ont plus de confidents (qui presque toujours sont des confidentes) sur les questions sentimentales et sexuelles que les femmes vivant en couple : huit sur dix ont un confident, une sur deux au moins deux (Ferrand, Mounier, 1993). Plus rarement, le confident est une homme : aveux moins complets ou moins sincères, mais enveloppés dans le charme d'une douce ambiguïté. « J'ai un bon copain, confident, qui a passé par les mêmes drames, qui va d'aventure en aventure, et on se raconte, on se comprend. C'est un plaisir spécial » (Marcelline). Plaisir spécial aussi avec l'« ex » quand ont été conservés des liens d'amitié. « Je lui souris, je l'écoute, juste une tendre affection, pas de nostalgie : ce passé-là est révolu » (Joanna). « Avec certains « ex » c'est un peu comme les copines : on devient leur confidente privilégiée. Bon… ça peut finir par un baiser furtif, élan de romantisme nous replongeant dans nos années d'insouciance. Mais on se résigne immédiatement : ça ne marchera pas car ça n'a pas marché avant » (Jenna).

Il existe manifestement un plaisir des liens ponctuels, qui mettent en contact épisodique sans obligation ni globalisation de l'engagement. Ce que Mark Granovetter, dans un article devenu classique (1973), a appelé les « liens faibles », montrant que ces derniers avaient paradoxalement une force et une efficacité (pour traiter différents problèmes) supérieure aux liens plus étroits et durables.

Les femmes seules assumant leur autonomie, déjà très investies dans leur travail, ajoutent ce second facteur de réussite sociale. Leur réseau de relations est conforme au modèle le plus efficient : souple, ouvert, diversifié et large. Il est par contre moins valable du point de vue du soutien identitaire rapproché : il manque un centre plus dense et stable. Les copines jouent souvent ce rôle dans une première phase, mais le groupe tend ensuite à se dissoudre ou à changer de contenu (voir première partie, chapitre 2). La tentation est alors grande de se replier sur la famille.

La famille

Il est assez difficile de faire le point sur la question de la solidarité familiale, et plus largement des contacts avec la parenté. Sont-ils encore importants (voire plus importants) dans la société contemporaine ? Quantitativement, rien n'indique une baisse substantielle : la parenté joue toujours un rôle de premier plan, le désir d'attachement est fort (Donati, 1998). Mais les liens prennent une forme élective et occasionnelle, chaque unité du réseau familial tient avant tout à son autonomie et « va son chemin » (Coenen-Huther, Kellerhals, von Allmen, 1994, p. 328). Le principe des « intimités à distance » formulé par Leopold Rosenmayr et Eva Kockeis (1965) reste toujours d'actualité.

L'ambivalence des rapports avec la famille est encore plus marquée pour les solos. En principe, leur besoin de « protection rapprochée » (Martin, 1997, p. 287) est plus pressant, ce qui devrait les inciter à intensifier les liens. C'est effectivement le cas dans des circonstances précises : éloignement résidentiel, période de crise, difficultés matérielles, aide aux enfants lorsque la femme vit avec ces derniers. Mais en dehors de ces contextes particuliers, les femmes seules n'ont pas plus de contacts avec leur famille que les femmes mariées. Surtout si les parents vivent à proximité, les femmes seules ont alors moins de contacts que les femmes mariées (Bonvalet et *al.*, 1997). Et quand, malgré tout, contact et aides se développent de façon lourde, ils génèrent de l'insatisfaction : plus ils sont importants, plus ils sont vécus comme un mal nécessaire (Coletta, 1979).

Pourquoi les relations rapprochées avec la famille sont-elles si problématiques ? Il suffit de comparer avec les copines pour avoir la réponse. Parce que, quelle que soit la bonne volonté des parents (et quel que soit le désir de la femme de les voir) ils incarnent le modèle familial de la vie privée et sont source permanente de malaise. À l'inverse des copines ils vivent sur une autre planète, la planète des normaux, celle qui pointe le « doigt accusateur ». Et certaines petites phrases se voulant gentilles sont parmi les plus cruelles à entendre. La critique d'un anonyme n'a pas le même poids.

Quand les relations se tissent de façon serrée, un autre danger guette : que les parents deviennent un substitut complet du couple, engageant irrémédiablement dans ce type de socialisation très particulier. C'est ce qui fait si peur dans les dimanches et vacances en famille : de sentir le parfum de cette autre vie dans laquelle il serait si facile de se laisser glisser. « Les vacances avec ma mère, j'ai vraiment l'impression d'être une vieille fille qui sort sa vieille maman. À moins que ce ne soit l'inverse… Mon Dieu ! » (Flora). Avec l'avancée en âge des parents, le risque s'alourdit encore : entre frères et sœurs c'est généralement la femme seule (vue comme plus disponible) qui est implicitement désignée pour s'occuper d'eux. Au nom d'une sorte d'évidence naturelle dont la vertu est de la placer enfin du côté du « normal » (elle sent les regards de soutien qui l'entourent). Mais dont le vice est de l'enfoncer dans une voie sans retour : telle sera désormais sa vie, sans l'autonomie légère, et avec une probabilité fortement diminuée d'entrer en couple un jour.

C'est pourquoi, au-delà des élans du cœur, la femme seule (plus que la femme mariée) est condamnée à maintenir la bonne distance avec la famille.

Le travail

Le travail, comme les copines, ne pose pas ces difficultés ; il est moins problématique que la famille. Hiérarchie troublante et inavouable, contraire à l'ordre des valeurs de l'époque, où la famille est au plus haut et le travail au plus bas : dans les sondages d'opinion chacun se sent poussé (par un cadre moral invisible) à se déclarer sinon contre le travail en lui-même du moins contre le fait de lui accorder un intérêt trop grand et trop exclusif.

Déchirement pour la femme seule quand son travail lui plaît. Elle est divisée entre l'envie de s'y investir et la crainte d'une nouvelle critique s'abattant sur elle (et s'ajoutant aux autres pointages du doigt accusateur), lui signifiant qu'il est condamnable d'aller trop loin en ce sens. L'investissement professionnel commence souvent par une fuite en avant, qui compense les vides du chez-soi. Plus les vides sont importants, plus le travail est susceptible d'offrir une compensation efficace. « Ça fait un an que je suis seule, sans amis ni amies, ni même une aventure d'un soir. Enfin je me change les idées grâce à mon travail très prenant ».

Chloé parvient à se changer les idées bien que son emploi de caissière ne soit pas spécialement captivant. Il lui offre quand même beaucoup : une discipline de vie, un cadre de socialisation, un univers vivant et fermé qui l'enveloppe et la tient. Et en prime, quelques liens de type amical avec certains collègues. Edwige ne parvient pas à se changer totalement les idées : elle rêve trop au Prince charmant. « Ne reste plus qu'à foncer dans le travail quand la seule envie est d'être entre les bras de l'Aimé ». Mais le résultat est le même : en attendant un hypothétique changement du cours de sa vie, l'énergie qu'elle dépense dans son travail représente (comme le sport) un nécessaire défoulement. Bérangère aussi rêve au Prince, et en attendant sa venue, contient son impatience en se soûlant de travail. Pourtant chez elle la compensation ne prend pas la forme d'une opposition entre deux mondes séparés. Elle voit son visage à travers l'effort. « C'est pour Lui que je me donne ». Et, dans les moments les plus intenses, la violence de la fatigue dégage une secrète volupté. « Quand la tête me tourne de m'être tellement donnée, il y a comme une jouissance de cet épuisement. Alors je le vois en rêve, qui m'admire et me soutient. Il me trouve éblouissante, il est avec moi ».

Le désir de fuite est parfois si fort que tout travail quel qu'il soit peut faire l'affaire, au moins pour se changer les idées comme dit Chloé. Marie-Pierre, modeste « dame-pipi », multiplie tellement les heures supplémentaires qu'elle ne prend aucun jour de congé : ni vacances ni dimanches. « Au moins à mon travail je vois du monde, je lis, je tricote ». Mais la plupart du temps l'attractivité du travail est un critère décisif. Car, à défaut d'autres pôles d'identification, l'essentiel se concentre sur lui. « Heureusement que je l'aime ce travail ! » s'exclame Géraldine, qui tremble à l'idée de le perdre. Il peut en résulter une situation de dépendance exclusive, où les humeurs sont modelées par le moindre événement, sans correctif possible dans le cadre privé. « Au travail, ça va, j'assure. Mais quand ça va moins bien, que je tombe sur quelqu'un de méchant, alors je me sens très seule » (Ida).

La place centrale du travail dans les univers qui socialisent la femme seule la pousse à se battre pour créer les conditions d'un environnement favorable (alors qu'une femme mariée peut davantage être tentée par la fuite et le repli sur la famille à la moindre difficulté). Effort qui d'ailleurs ne lui coûte guère, car l'énergie et l'action sont en eux-mêmes compensation, conjuration des vides, sublimation des questionnements. Il suffit que le travail soit suffisamment attractif pour que tout concoure à créer l'élan et à renforcer la motivation. Plus l'élan et la motivation sont puissants, plus l'environnement s'améliore et crée les conditions d'un élan et d'une motivation encore renforcés : une véritable spirale d'efficacité et de concentration sur le travail s'enclenche. « Je suis performante dans mon travail, je dois compenser » (Claire). D'autant plus facilement que la situation de la femme seule produit une disponibilité idéale. Elle a du temps, beaucoup de temps, parfois même trop de temps : elle n'est pas avare de ses heures de travail. Elle n'a sur les épaules ni le poids ni la rigidité qu'imposent de lourdes charges familiales, elle est souplesse et mobilité. Disponibilité matérielle et disponibilité mentale : sa tête peut n'être encombrée de rien d'autre, elle est puissance de réflexion et créativité.

Quand une femme s'engage dans le vie familiale, elle grève ses chances de réussite professionnelle (à cause du maintien de la division sexuelle des rôles) : « Le mariage est une mauvaise affaire pour les affaires professionnelles de la femme » (de Singly, 1987, p. 76). À l'inverse, la femme seule réunit les conditions les plus favorables. Une remarquable percée des femmes dans les emplois les plus qualifiés a été remarquée ces dernières années (Terrail, 1997). Elle est directement liée au développement des séquences de vie en solo, notamment dans la tranche d'âge 25-35 ans. Le processus s'enclenche dès la phase des études : la réussite scolaire incite à s'engager dans la trajectoire d'autonomie. Le plaisir de l'efficacité fait passer au deuxième plan la recherche de formation d'un couple, remise à plus tard : quelque chose de plus fort pousse pour le moment à l'action. En apparence le succès dans les études puis dans le travail ; plus profondément la découverte de l'autonomie, de la définition de soi par soi, et de la compétence personnelle dans cette œuvre d'auto-construction. Entre vie familiale et travail, les femmes sont condamnées à arbitrer de façon permanente et à mettre au point des stratégies délicates (Commaille, 1992). Souvent en deux temps : d'abord assurer l'assise professionnelle en ne rentrant pas trop tôt en couple ; puis s'engager dans la vie familiale avant qu'il ne soit trop tard pour trouver un bon partenaire. Changement de cap périlleux et complexe. Parfois il rate : trop tôt, trop tard, conditions défavorables quand le moment devient opportun. Parfois la trajectoire d'autonomie propulse tellement en avant que la femme ne parvient pas à se résoudre au changement de vie : les relations avec les hommes en restent à des expériences éphémères.

Être soi hors de chez soi ?

Entre vie privée et travail, il arrive qu'il devienne difficile de dire où est le vrai chez-soi. La hiérarchie habituelle des valeurs peut même s'inverser totalement : Émilienne se sent mieux au bureau que dans son logement vide, retourner chez elle lui coûte autant que pour d'autres aller au travail. « Au bureau ça se passe bien : le job lui-même, le boss, l'ambiance sont agréables. Et je retarde de plus en plus le moment du départ le soir. Aujourd'hui, je suis rentrée vers 20 h 30 ». Marlène était dans une situation identique. « Le boulot a une place prépondérante dans ma vie. C'est vrai qu'avec le travail j'oublie tout, je m'éclate ». Hélas elle est depuis un mois en attente d'une nouvelle place : c'est comme si son existence s'était effondrée. Ses deux enfants n'y changent rien, son monde privé ne parvient pas à compenser le vide insoutenable de sa vie professionnelle. « Alors en ce moment c'est l'horreur, plus de séminaires, de réunions ou de cocktails. Un peu déconnectée, quoi. Vivement que ça recommence ! ».

La famille n'est pas tout, il est possible de construire son identité avec le travail comme pivot. Il est même possible de construire une identité très positive avec le travail comme pivot exclusif. Adeline vit de cette façon-là. Le tourbillon professionnel a été au début une fuite, lui permettant de désserrer l'étau de la réflexivité. Puis est venu le plaisir du tourbillon pour le tourbillon, danse au rythme endiablé, elle est toujours entre deux avions à travers l'Europe, au milieu d'hommes aussi tourbillonnants qu'elle. « Je jouis de la vie comme peu de gens ont l'occasion de le faire ». Et pour cette raison elle ne se sent pas prête à « déposer armes et bagages. Est-ce que dans cette foule de beaux-parleurs je vais trouver une raison d'arrêter ma course ? J'ai la faiblesse de croire que je vaux mieux que ça ». L'histoire de Joanna est encore plus troublante par rapport à l'inversion des valeurs conventionnelles. Elle vivait avec un compagnon « tendre et attentionné ». Aucune crise sérieuse dans ce couple paisible. Simplement pour Joanna la perception « d'un manque, d'une inertie intérieure », d'une insuffisance dans l'affirmation de soi. La rencontre avec un nouvel emploi a été décisive. Le travail l'a libérée, révélée à elle-même. Elle en parle comme elle parlerait d'un amant. « Il m'a réappris la séduction, la confiance en moi. Il m'a donné des ailes pour m'extraire de ce cocon devenu asphyxiant et réducteur ».

Mais est-il bien normal de préférer un travail à un compagnon tendre et attentionné ? Il faut une singulière force de caractère pour ne pas subir la pression sociale cherchant à rétablir la hiérarchie des valeurs définie comme légitime. Quand la construction de l'identité se fixe de façon trop exclusive sur le travail, quelles que soient les réussites, il est rare que ne ressurgisse pas à nouveau la question de la normalité. « Presque chaque jour » Annabelle se pose la question lancinante : « Une vie sans amour est-elle une vraie vie ? ». Question qui évidemment n'est pas sans lui gâcher son plaisir. « Si je reconnais le plaisir que je trouve à étudier et à travailler, je ne peux que difficilement admettre l'idée que l'énergie que j'y investis me serve de paravent pour masquer l'indicible et le honteux : la solitude affective ». Pour Bérangère, qui pourtant n'a que 25 ans, la réponse est désormais claire. Elle voulait être une « femme libre » et ne pas « dépendre d'un homme » : elle a donc « tout sacrifié » à ses études et à ses débuts très réussis dans le monde du travail. « Aujourd'hui je me demande si je n'ai pas raté le coche. J'ai le travail qui me plaît mais ça ne me satisfait plus. La vie ne s'arrête pas au travail ».

VIII.
Les hommes

Le bras

La vie en deux précipite les contrastes : rires-larmes, dedans-dehors, repli fœtal-activisme. Les séquences se succèdent avec de brusques ruptures de contenu, passant d'un extrême à l'autre. Il est rare que le manque d'une présence intime soit ressenti de façon continuelle : il est régulièrement gommé par le plaisir de l'autogestion du quotidien. « Depuis dix ans j'habite seule et je crois que j'aurais du mal à supporter quelqu'un à côté de moi » (Ida). La perception du vide et la douleur associée surgissent soudainement, par intermittence. Le rêve prend alors la forme d'une image très concrète : le bras. Il manque un bras réconfortant, des bras forts dans lesquels se pelotonner. « Le soir, ça dépend. Des fois je suis contente d'être seule, de ne pas avoir quelqu'un qui m'agace et m'empêche de faire ce que je veux. D'autres soirs, j'aurais besoin de quelqu'un qui me prend dans ses bras forts » (Ida).

Image précise renvoyant cependant à des attentes multiples : il y a bras et bras.

Le premier remonte en fait à l'épaule. « Le soir parfois, l'épaule d'un homme me manque terriblement » (Georgina). L'épaule rêvée est celle sur laquelle pourrait se reposer la tête. La tête trop pleine, fatiguée par le questionnement de la vie en deux. Dans les moments les plus durs, Anne-Laure souhaiterait la présence d'un homme, uniquement pour cette épaule, qui lui permettrait de s'épancher. L'épaule symbolise plus largement la présence de soutien, qui calme et rassure, « dédramatise certaines situations » (Marjorie), évite de donner des dimensions exagérées au moindre problème. Et la présence tout court, indicible sel de la vie à deux, tapi dans les petits riens du quotidien. « Partager les repas et les angoisses, réparer la serrure ou faire la vidange de la voiture, son regard, ses petits coups de fil, ses petites phrases, "un petit café ?", "on va voir un bon film cette semaine ?" » (Monique).

Le deuxième, plus actif, est le bras qui enveloppe le corps entier, comme le creux du lit, mieux que le creux du lit. Il referme sur soi, étouffant et protecteur, moment bref mais essentiel. Dans cet exercice, l'usage des deux bras masculins est préférable, l'enveloppement est plus complet. Les lettres tendent donc à passer ici au pluriel ; les bras plutôt que le bras. Mais l'emploi du pluriel engage insensiblement vers la troisième attente : être amoureusement prise dans les bras. « Je rêve de câlins et de bras tendres » (Manon).

Les caresses et bras tendres vont au-delà de la simple présence sécurisante de l'épaule. Le dégradé est subtil et progressif, les attentes souvent complexes et ambiguës. Quand Joanna déclare « La seule façon dont j'aime être ralentie c'est d'être abasourdie de caresses sans fin », elle ne fait pas allusion à un épisode d'amour torride. Elle est encore dans l'enveloppement, version tendre et aimante des bras qui entourent, gestes plus prononcés que la passive épaule, dessinant avec douceur toute la frontière du corps. Le manque amoureux semble souvent moins important que le simple besoin de présence. Mais l'omniprésence du modèle de la vie privée donne rapidement une forme conjugale à l'attente. Marie-Christine ressent soudainement le vide à l'écoute d'une belle musique ou au premier soleil du printemps. « Les larmes me montent au yeux, je voudrais partager avec mon homme ». Et l'image s'impose : « Être prise dans ses bras », image cumulant manque de la simple présence et manque d'histoire d'amour, résumé parfait de toutes les attentes regroupées. Mais qui a un défaut : à trop tirer les attentes vers le couple (la force du modèle aidant), la vue de la moindre scène amoureuse réactive tous les manques. « En ce qui concerne les hommes je me mets soudain à pleurer, sans raison, en voyant une simple scène de tendresse à la télé. Il y a des années qu'on ne m'a pas prise tendrement dans les bras » (Gabrielle).

Enfin, point ultime du dégradé, les bras rêvés sont parfois plus puissants et le mouvement très physique. « C'est le désir fou de ses bras forts, d'une poitrine poilue » avoue Ida, avant d'ajouter : « Et plein de petits câlins ». Car il est rare que le besoin de tendresse n'enveloppe pas tout.

Le sexe

Quelle est la vie sexuelle des femmes seules ? Comme pour beaucoup d'autres choses : très contrastée, travaillée par la vie en deux. Le manque le plus constant, lancinant, est celui du bras et des bras, de la présence-soutien-tendresse, de l'attention à soi. Le besoin sexuel est beaucoup plus irrégulier. Parfois il se greffe sur le besoin de présence et de tendresse, ajoutant une dimension plus vive. Parfois il se manifeste brutalement, par bouffées libératrices, à certains moments de la trajectoire biographique. L'histoire d'Adrienne est de ce point de vue exemplaire. Ayant vécue une éducation très stricte empreinte de culture religieuse (elle ne sortit avec son fiancé qu'accompagnée d'un chaperon), son divorce fut l'occasion d'une découverte grisante de la liberté corporelle. Elle multiplia les amants. « C'étaient des nuits d'amour à en perdre la raison. On s'aimait tous les soirs, le midi, n'importe où ». Puis vint le temps du désenchantement. Les histoires finissaient mal, le sexe perdit son attrait libérateur. Aujourd'hui elle n'a « plus du tout envie de tout ça ». « J'ai essayé de sortir deux ou trois fois. Les hommes sont moches. Qu'est-ce que je fais ici à danser ? ». Désormais elle se couche, seule et résignée, à 20 h 30 tous les soirs.

La liberté sexuelle représente pour les femmes une des concrétisations les plus fortes de leur autonomie, en rupture avec des siècles et des siècles, où les seules privautés tolérées étaient masculines. Il leur faut donc en faire d'une manière ou d'une autre l'expérience pour faire vibrer cette liberté, et s'affirmer comme personnes véritablement indépendantes. Exercice d'autant plus aisé qu'elles répondent ainsi à l'attente de nombreux hommes, qui conservent leur tendance ancienne à envisager les rapports sexuels séparément de l'engagement relationnel (Bozon, Léridon, 1993). Mais l'expérience ne dure qu'un temps. Car, à l'inverse de leurs partenaires, les femmes « conçoivent plus difficilement que les hommes d'avoir des rapports sexuels sans amour » (*idem*, p. 1183). Après la griserie de la liberté, vient le temps de la lassitude, de la déception, de la saturation, de l'écœurement parfois. « J'en ai marre de me voir comme la jeune femme attractive, disponible, rapidement séduite. Depuis, c'est quasiment le désert sexuel » (Anne-Laure). Comme dans les histoires d'Adrienne ou d'Anne-Laure, il n'est pas rare d'observer un repli quasi monastique après des épisodes brûlants, un refus presque radical : oui au sexe uniquement s'il s'inscrit dans une véritable histoire d'amour. En règle générale, le comportement est toutefois différent, le refus n'étant pas total : l'acte est consommé à une fréquence assez régulière mais peu élevée. Une fois de temps en temps. « J'aime cette vie, à la condition d'avoir une ou deux aventures par an » (Olivia). Fréquence semblable, définie avec une précision scrupuleuse, pour Angéla : « Quand j'ai envie vraiment de moins de chasteté, ce qui m'arrive tous les six mois, je m'offre une aventure, de trois semaines, qui me conforte dans l'idée que je suis bien mieux seule ». Salomé navigue de même entre envie et déconvenue. « Le sexe ça me manque quand j'en ai pas, mais ça m'apporte rien quand je l'ai ». L'attirance, qui pousse épisodiquement à rompre l'abstinence, a des contenus très divers. Strictement sexuel, comme pour Salomé.

S'intégrant plus largement au désir de rencontre, comme pour Élisa. « Activité sexuelle inexistante, besoin de tendresse extrême ! » Enfin pour alimenter l'histoire à se raconter, donner piment à la vie par le récit, fournir substance au journal intime et à la rêverie consolatrice. Une durée trop longue entre les épisodes peut en effet faire sombrer l'intrigue dans l'ennui. « Un mauvais rêve, toujours le même, avec pour seul acteur, lassant, mon dernier amant » (Katia).

La chasse à l'Homme

Existe-t-il un lien entre le bras, le sexe, et le Prince ? Parmi ces attentes très diverses, ces morceaux éclatés d'homme, faisant voyager (dans les faits ou l'imaginaire) entre besoin de la simple présence et songe merveilleux, aventures décevantes réduites à l'acte brut et volupté tranquille de la tendresse ordinaire ? Oui ce lien existe. Les morceaux épars sont tant bien que mal assemblés dans un rêve global nécessairement flou. Et fluctuant : mise en scène d'un vrai Prince dans les scénarios féeriques, « homme idéal » ou « homme qui convient » plus concret quand les critères des attentes se précisent. Mais, dans l'une ou l'autre version, insertion furtive de tout ce qui manque : la présence, l'attention, le soutien, la tendresse, l'érotisme. « J'aime bien mes grands rêves avec leurs épisodes surprise que je me raconte le soir dans mon lit. Lui, l'Homme, il arrive et m'emmène comme dans un conte de fées. Tout est rose, il est doux et si gentil, je suis sa princesse. Et puis, surprise, il se passe des tas de choses. Certaines que je ne peux pas raconter (c'est des fois très très osé). L'autre jour j'avais eu un problème de fuite dans mon évier qui m'avait pris la tête toute la journée. Ce soir-là il m'a sauvée en super-plombier » (Virginia).

La vie en solo a ceci de particulier que l'avenir reste très ouvert. Le système d'existence et le mode de gestion du quotidien, bien qu'installés, sont hypothétiquement provisoires, une rencontre peut chaque jour faire basculer dans une tout autre histoire. L'attente de cet événement majeur est d'une intensité variable : faible quand la vie en solo est dynamique et assumée, forte quand elle est par défaut et mal vécue. Elle est toutefois rarement nulle : l'idée de la rencontre et d'une autre vie éventuelle suit son chemin en parallèle, s'introduisant plus centralement dans les pensées à chaque moment de fatigue ou de difficulté. Ou selon un rythme donné, dans des circonstances précises. Par exemple avant de sortir (y compris pour de banales courses), le soir sous forme de rêve agréable, le matin au réveil pour donner de l'allant à la journée. « À peine un œil ouvert j'en ai le cœur qui tremble, je me dis : ça y est c'est aujourd'hui, c'est peut-être aujourd'hui. Tous les matins » (Virginia). « Chaque jour j'ai l'espoir de rencontrer l'homme de ma vie » (Marjorie).

Rien n'égale toutefois en intensité la vraie sortie, celle où l'objectif (unique) est clairement fixé : trouver un homme, trouver l'Homme. Maintenant. L'intensité émotionnelle la plus grande se situe au début, entre la prise de décision et la sortie elle-même : un élan emporte vers les scénarios les plus merveilleux. Le rêve, particulièrement débridé, s'inscrit dans une probabilité de croisement avec le réel. Il n'est plus vapeur imaginaire, simple compensation : il prend corps. C'est dans cette transition entre imaginaire et réalité que l'émotion est la plus forte. En jouant sur les flous et ambiguïtés, l'impression se forme en effet que le début d'une autre histoire de vie est véritablement sur le point de s'écrire, que les scénarios merveilleux sortent des limbes pour se confronter enfin avec les faits. Sensation de vivre sur une autre planète, ni la vie rêvée trop irréelle, ni la vie réelle trop éloignée du rêve. Babette prend tout son temps pour savourer le bonheur des gestes préparatoires. « Quand je me dis je sors, c'est ce soir que je vais le rencontrer, mon cœur se met à battre très fort. Plus rien ne compte, je ne mets même pas de musique, je suis bien dans mon corps et mes pensées, mes doigts quand je me maquille sont pleins de sensations ».

Plaisir excessif peut-être. Car à le cultiver exagérément il rend la suite beaucoup moins agréable ; les faits résistent au rêve. De nombreuses lettres décrivent un même comportement : arrivée sur les lieux de l'action, la femme, d'un bref regard circulaire, constate immédiatement que l'homme rêvé n'est pas là. Est-il possible de juger si vite ? Évidemment non. Les premières perceptions d'autrui ne constituent que des indices provisoires dans le long travail de typification réciproque (Berger, Luckmann, 1986) : il n'est pas rare que l'amour doive dépasser une impression initiale décevante pour se développer. Mais ici, tout se passe comme si le moindre clignotant négatif était prétexte à renoncer, à chaque étape de l'essai d'établissement d'une relation. « Lorsque je rencontre quelqu'un qui ne me plaît pas vraiment, j'abdique avant tout prémisse en me disant : à quoi bon, cela ne marchera pas entre nous » (Olivia). Pire, le désenchantement commence parfois avant même que soit constatée l'absence, la conviction se formant *a priori* : il ne sera pas là. L'illusion du mélange possible entre rêve et réalité se dissout à mesure que se rapproche la confrontation avec les faits, les scénarios merveilleux retournent dans leur monde imaginaire. Et l'idée peu à peu s'installe : le cœur battant des débuts a quelque chose d'artificiel, qui se paye à trop utiliser le subterfuge. « Destin d'un soir, chagrin du matin » (Gaétane). Il est évident que la multiplication de l'expérience finit par briser l'illusion du mélange rêve-réalité et user le potentiel d'émotion : la chasse à l'Homme sombre alors dans une triste routine, pourtant nécessaire. « C'est pas que j'en aie envie, je serais mieux chez moi. Mais c'est une question de vie ou de mort. Quand faut y aller, faut y aller » (Brigitte).

Le décalage

« J'essaie de sortir pour essayer de rencontrer la perle rare mais très souvent je rentre dépitée car personne n'a pointé son nez à l'horizon. Et plus le temps passe, plus la chance de rencontrer l'âme sœur s'éloigne » (Marie-Christine). Pourquoi tant de retours bredouilles ? La faute en incombe en partie à l'outrance du rêve préparatoire : à trop imaginer le Prince il devient difficile de rencontrer l'homme. Mais il convient de préciser que cette outrance ne se développe pas de façon arbitraire ; elle empêche en fait la rencontre surtout quand l'envie de cette dernière n'est pas vraiment évidente. L'essentiel se joue dans le conflit intérieur entre les deux parties du Soi divisé. Quand la vie en solo n'est vécue que par défaut, tous les efforts sont sincèrement mis (lorsque cela est possible) pour constituer les conditions de la rencontre (ce qui ne signifie pas qu'elle se réalise aisément). Quand au contraire elle est bien assumée, l'histoire de vie alternative s'inscrit dans des scénarios merveilleux dont il est bien difficile de dire quel crédit leur est accordé. Ils s'épanouissent sous forme de récits imaginaires parallèles officielle-ment susceptibles de croiser la réalité. En vérité, le potentiel de concrétisation est étroitement contrôlé et subordonné à l'évaluation du présent : oui à l'homme éventuel mais pas à n'importe quel prix. Plus le présent est vécu positivement, plus le niveau des exigences s'élève. L'Homme absolument parfait sinon rien.

Ainsi s'explique que la femme seule ait l'impression désespérante de tra-verser des déserts : le gonflement de ses attentes diminue le nombre des candi-dats sérieux, elle ne voit personne parce qu'elle a éliminé une partie de ceux qu'elle pourrait voir. Ainsi s'explique en partie, car dans les faits le paysage est réellement assez désertique : en termes économiques, il y a déséquilibre du « marché » conjugal. « Pourtant je sors, je vais au ciné, au café, même danser. Mais j'ai toujours l'impression d'être décalée, de ne pas correspondre au bon cré-neau d'âge, au bon niveau socio-culturel » (Gabrielle). Le processus est donc le suivant : par l'hypertrophie du rêve et le gonflement de ses attentes la femme seule accentue un décalage hommes-femmes qui existait déjà.

Plusieurs raisons structurelles sont à la base de ce décalage. La première est liée à la différence d'âge entre hommes et femmes formant un couple. Depuis trente ans elle reste stable, autour de deux ans ; les hommes se marient avec des femmes plus jeunes (Bozon, 1990). Et plus ils se marient tard, plus l'écart d'âge tend à augmenter : il leur faut des femmes encore plus jeunes. Quand elles prennent le temps de se consacrer d'abord à leur vie autonome (notamment pour assurer leurs études et un premier travail), les femmes peuvent se découvrir ensuite marginalisées sans comprendre ce qui leur est arrivé. Le nombre des hommes de leur âge s'est brusquement réduit. Plus elles persistent dans la vie autonome et avancent en solo dans le cycle de vie, plus le décalage augmente. Le paysage devient effectivement désertique.

La seconde raison, comme l'explique très bien Gabrielle, est liée au « niveau socio-culturel ». De même que l'écart d'âge, la différence de niveau social dans le couple est une constante : l'homme reste supérieur à la femme (Bozon, Héran, 1987). Mais les trajectoires d'autonomie féminine produisent une véritable révolution : plus les femmes s'investissent dans la vie en solo, plus elles réussissent professionnellement. Résultat : elles atteignent des niveaux si élevés, elles deviennent si impressionnantes, qu'elles ne trouvent plus de candidats à leur mesure. Et encore moins qui leur soient supérieurs. En fait, les trajectoires d'autonomie des hommes et des femmes sont très différentes : les hommes sont plutôt en bas de l'échelle sociale, les femmes plutôt en haut. Manifestement il n'y a pas correspondance et les conditions pour former des couples entre hommes et femmes installés dans la vie en solo sont problématiques. Surtout si l'on croise la différence sociale avec l'écart d'âge : les hommes seuls souhaitent des femmes jeunes qui leur restent socialement inférieures. Or, les femmes réussissent professionnellement de mieux en mieux en prenant le temps d'affirmer leur autonomie.

Dernière raison enfin : les attentes ne sont pas les mêmes. Plutôt la sexualité et la prise en charge des question ménagères du côté hommes, plutôt le soutien et la communication intime du côté femmes (Francescato, 1992). Certes il s'agit d'une opposition traditionnelle, qui trouve généralement à se résoudre par une gestion subtile de l'insatisfaction à l'intérieur du couple (Kaufmann, 1992). Mais elle s'exacerbe et se précise à mesure que l'attente du partenaire éventuel se prolonge : du point de vue féminin les derniers candidats disponibles deviennent décevants. Hortense, 49 ans, a récemment décidé de ne plus rien attendre. « Je ne me laisse plus aller à des aventures, elles sont si décevantes. Les hommes ne sont pas intéressants ». Immanquablement une évaluation se met en place : que pourraient-ils m'apporter, que pourrait m'apporter tel ou tel candidat ? Et généralement ledit candidat fait pâle figure comparé à la femme qui l'évalue. Beaucoup de lettres détaillent le manque de culture et de raffinement des hommes rencontrés, comme s'ils sortaient tout droit d'une autre époque. Non seulement leurs goûts et envies sont différents, mais la force acquise par la femme autonome pousse à relativiser les qualités perçues. « Pourquoi dans ceux qui restent y en a-t-il si peu qui soient à la hauteur ? » (Albertine).

La vie en noir

Arrive un temps où la chasse à l'Homme, si elle n'a pas été victorieuse, et après avoir progressivement baissé d'intensité, finit par être abandonnée, ou rangée au rayon du pur imaginaire. Il y a repli dans le chez-soi et désactivation de la deuxième partie de soi, celle qui engendrait tant d'excitation. Étrangement, cet apparent constat d'échec procure un calme intérieur, grâce à la réunification du Soi : c'est l'ancrage après la tempête (cf. première partie, chapitre 2). La réflexivité et le besoin d'écrire diminuent aussi : les lettres se font rares sur cette nouvelle séquence et il m'est impossible de la décrire avec précision.

Le calme tranquille (et quelque peu morose) de l'ancrage contraste avec l'agressivité instable de la période qui l'avait précédé. Les phrases s'insurgeant contre le désert des rencontres et dénonçant la médiocrité masculine sont particulièrement violentes : elles dessinent un paysage très noir. Certes tout n'est pas rose, et le décalage rend effectivement la rencontre problématique. Certes l'absence de soutien intime, de l'épaule et des bras, voire d'autres parties de l'anatomie, exacerbe l'attente. « Lorsque je rencontre un homme de ma vie potentiel je deviens vite collante : il y a un tel manque affectif et sexuel que j'ai envie que la relation soit forte immédiatement » (Olivia). Mais il est frappant de constater combien la description des frustrations tend à la globalisation et à l'exagération, à peindre en noir ce qui n'est que gris.

Un exemple caractéristique est fourni par la passion amoureuse : là aussi il y aurait désert. Des aventures, des étreintes sans lendemain, mais pas de vraies, belles, et grandes passions. Or le tableau n'est pas aussi sombre. Les passions ne sont médiocres que comparées au rêve. Dans les faits, le cœur se prend à battre à de multiples occasions, ne serait-ce qu'aux phases initiales de la chasse à l'Homme. À la lecture de certains témoignages, des femmes mariées (six au total) ont été choquées par ces plaintes excessives, et se sont révoltées, se sentant poussées à prendre la plume à leur tour : elles, elles seules, savaient ce que veut vraiment dire le désert amoureux, les femmes en solo ne comprennent pas leur bonheur. Demandant à ne pas être citées (ce que bien entendu je respecterai), elles voulaient faire part de leurs peines et envies secrètes. Leur vie de couple était loin des modèles exposés dans les médias : elles connaissent surtout la solitude, la sécheresse des relations, l'ennui de la routine, l'écrasement des charges ménagères. Elles aussi rêvent au Prince, mais leur rêve n'a pas la substance de ceux qui peuvent se réaliser un jour. Car pour elles il est trop tard : engagées avec sincérité dans la voie familiale, leur existence est définitivement bornée par cet horizon. C'est en se remémorant leurs propres séquences de vie en solo qu'elles tentent de revivre les vibrations et élans alors ressentis. L'avenir était encore ouvert, plein d'imprévus et de promesses. Les lettres se terminent toutes de la même façon : elles s'adressent aux femmes en solo pour leur conseiller de prendre conscience de leur chance et de savoir en profiter.

La vie de couple n'est pas toujours perçue aussi négativement. Souvent l'amicale tendresse et l'esprit d'équipe remplissent sans trop de problèmes les vides de la passion. La vérité est diverse et plutôt intermédiaire : ni l'horreur absolue décrite par certaines femmes mariées, ni le rêve merveilleux imaginé par certaines femmes seules. Ces dernières sont poussées à idéaliser le couple sous l'influence du modèle de la vie privée et de ses mises en scènes : les familles exposant leur bonheur. La peinture en noir de leur propre vie relationnelle et amoureuse résulte de cet effet en trompe-l'œil et de l'imposition du modèle : elles soulignent ce qu'elles n'ont pas ou ce qu'elles croient avoir moins. Oubliant parfois (surtout quand la solitude devient pesante) de remarquer ce qu'elles ont plus que d'autres. En réalité, la vie en solo s'inscrit dans un type d'univers relationnel et affectif particulier, différent de la norme, mais qui ne peut être défini comme globalement plus pauvre. Au contraire, sur certains aspects (le caractère ouvert et vivant du réseau de contacts, la marge de liberté et d'auto-écriture de l'histoire de vie, le potentiel de concrétisation des rêves, l'émotion liée aux surprises, etc.) et dans certaines conditions, la femme « seule » n'a rien à envier à sa consœur engagée dans la vie familiale.

L'homme marié

Restent bien sûr des manques et problèmes précis. La faiblesse de l'environnement affectif proche et régulier. Le petit nombre des candidats « à la hauteur ». Petit nombre dans l'optique de la formation d'un couple, pas pour une aventure de passage. Là au contraire les hommes semblent se presser en bataillons serrés (c'est du moins l'impression que donnent les lettres), notamment un type d'homme particulier. Voici venu le temps de parler d'un nouveau personnage, jouant un rôle non négligeable dans la vie des femmes seules : l'homme marié.

Traditionnellement sa vie sexuelle est plus vagabonde que celle de son épouse. La femme seule représente une proie idéale. Non seulement elle est libre mais de plus elle est en demande d'affection et de contact. Pour elle l'homme marié est une sorte d'individu indéfinissable, mi-attirant, mi-repoussant. Il est manifestement homme, avec les vices et les vertus de cet état. Mais le qualificatif introduit aussitôt une limite : homme partiel, engagé par ailleurs, homme avec qui ne peut s'écrire une véritable histoire. Or, tel est l'objectif le plus profond : la vraie rencontre. Que faire donc de cet homme qui n'en est pas vraiment un ? Le besoin de chaleur, l'envie de concrétiser le rêve, poussent à tenter l'expérience. D'autant plus aisément que le rusé soupirant parvient plus ou moins à se déguiser en Prince au premier abord. Établissant un marché de dupes qui laisse à la femme des lendemains amers. « Je vais de rencontre minable en rencontre minable » (Régine).

Parfois cependant une réelle communication s'établit. Parfois le couple clandestin s'installe dans la durée. Tractation étonnante, entre deux partenaires aux statuts très différents. L'homme marié fixe les règles du secret à respecter, et la stricte limite des échanges à ne pas dépasser ; sa vraie vie, ou au moins une part essentielle, reste ailleurs. Il arrive cependant que la femme seule trouve son intérêt dans ce contrat restreint. Certes, l'homme marié est très loin du Prince des rêves : la vie tout entière ne s'envole pas vers une nouvelle histoire. Mais cette apparente fausse réponse au désir secret trouve sa place. Justement parce qu'elle n'est qu'une réponse partielle, qu'elle permet ainsi de constituer un équilibre entre les deux parties du Soi divisé : la femme s'engage dans une vie amoureuse et conjugale tout en restant elle-même, autonome, quotidiennement organisée en solo. « Cela me donne une sorte de sécurité affective et sexuelle. Je sais que c'est provisoire. Mais cela me permet d'attendre qu'un nouveau Prince vienne me sortir de ma solitude ». Pour Odile il ne s'agit que d'un contrat minimum. Le « Prince » provisoire en question est en fait un « monsieur assez âgé » qu'elle rencontre régulièrement deux fois par mois depuis trois ans. Et qui ne s'investit pas davantage dans la relation qu'elle ne le fait elle-même. Pascale retrouve son homme marié encore moins souvent. Le contenu émotionnel de l'échange est toutefois différent. « J'ai un ami que je vois une fois par mois. Il n'est pas libre, mais je vis avec lui des moments très intenses, comme je n'ai jamais connu auparavant ». Émotions de la rencontre très semblables pour Carmen. « Les retrouvailles toujours intenses, pas d'usure, pas de routine, le meilleur sans le pire, le souvenir dans le cœur de ces moments tellement désirés. Cela aide tellement à assumer le reste ». Tout est-il parfait ? non. Pascale aurait « besoin sans cesse d'être rassurée. D'être si loin tous les deux n'est pas l'idéal ». Carmen déplore également la distance et l'absence. « Temps trop court et trop rare avec l'homme que j'aime. Les vacances, sinistres sans lui, l'attente ». À cela s'ajoute l'étrangeté insécurisante de la situation, « la culpabilité quand je ne suis pas à ma place à faire l'amour dans un hôtel avec lui ». Quelle est donc cette autre place plus légitime ? pourquoi cette culpabilité ? À la différence de son partenaire, la femme seule n'a pourtant rien à cacher. Mais, le doigt accusateur déjà pointé sur elle, la clandestinité de l'affaire accroît le sentiment d'être en marge. Le trouble s'abat quand la relation, au lieu de constituer un trait d'union entre les deux parties du Soi divisé, ajoute encore à la confusion en introduisant un troisième schéma de vie distinct : il y a le Soi autonome, le couple rêvé, et les indéfinissables rendez-vous secrets, ni Soi autonome, ni vrai couple.

Il est donc assez rare que la femme seule réussisse à ne prendre strictement que « le meilleur sans le pire » de l'homme marié. Elle y parvient parfois lorsqu'elle s'inscrit fortement dans la vie autonome. Quand au contraire elle est en attente d'un Prince ou d'un mari, l'homme marié ne peut être qu'un substitut provisoire et décevant. Elle doit par ailleurs conduire avec beaucoup de subtilité l'engagement dans la relation. Or, quelques aspects sont très délicats à gérer. Ainsi une des caractéristiques (assez curieuse) de la liaison est de s'installer dans une routine très réglée : rendez-vous à dates fixes avec un contenu d'activités très répétitif. Comme souvent, la femme seule est divisée. Cette régularité répond d'une certaine manière à l'une de ses attentes secrètes : être tenue par un cadre stable. Mais l'histoire s'éloigne encore plus du rêve, perd sa surprise et son émotion, jusqu'à la désagréable impression de tomber dans le pire des vieux couples sans le meilleur de la vie en commun. « J'ai vécu pendant cinq ans une passion avec un homme marié avec qui j'étais libre, aimée, et bien dans ma peau. Mais il y a eu l'habitude et la routine ». Roseline a aussitôt décidé de rompre. Décision souvent inéluctable dans la mesure où l'homme marié tend à oublier ses efforts initiaux pour ressembler à un Prince. L'amant de Manon avait bien vite réduit les rapports au plus physique. Le voyant arriver en baskets et survêtement, elle ne pouvait s'empêcher de l'imaginer effectuant une sorte d'exercice sportif remplaçant celui qu'il était censé faire. « Je n'avais plus envie de rencontres-cachette un soir par semaine. Officiellement les soirs où il allait à l'entraînement de foot ».

La routinisation et la réduction au strictement sexuel n'est pas inéluctable. Il arrive que la relation préserve surprise et sentiments, se maintenant ainsi comme une véritable histoire digne d'être racontée. Ce qui paradoxalement ne facilite pas toujours l'existence. L'ambiguïté des débuts (vrai ou faux couple ?), facteur positif semblant pouvoir recoller le Soi divisé, se transforme ensuite en problème quand elle masque les enjeux et entrave la décision (rompre ou ne pas rompre ?). Le Soi, encore plus divisé, est encore moins à même de trancher, et il se laisse entraîner, brinquebalant. « Les deux petites roulettes arrière de mon vélo pour apprendre à rouler la vie s'appellent Didier. Je ne me résous pas à les enlever. Pourtant que de chutes à cause d'elles, que de blessures au cœur, d'égratignures à l'âme, de pansements à l'amour-propre. Vivre très mal pour ne pas vivre tout à fait seule, cela ne vaut vraiment pas la peine. Pourtant je n'ai pas encore assez de force » (Évelyne).

Reste une astuce, largement employée : l'amour unilatéral. Vivre avec intensité une histoire qui dans les faits ou du point de vue du partenaire, ne prête pas à tant de débordements. Pascale a même institué ce principe en « règle de vie ». « J'ai décidé d'adopter une règle de vie : prendre à bras le corps les bons moments, les savourer comme un bonbon, lentement, et garder profondément le souvenir de ces moments en attendant qu'ils reviennent ». En d'autres termes : utiliser le réel pour donner plus de substance au rêve. Mais là encore le danger guette. Le rêve ayant pris plus de substance risque d'enfermer la vie, la manipulation doit rester maîtrisée. Ce que Nadège n'a pas su faire ; voici son drame. Tout en reconnaissant que son amant (parti depuis quatre ans sans laisser d'adresse) ne s'est jamais engagé, elle ne veut pas ne plus croire au rêve le plus fou. « J'ai touché du bout des doigt l'Absolu et je ne peux me résoudre à moins. Il reste pour moi l'Amour, la Passion ». Elle refuse résolument la réalité, notamment d'écouter une seule seconde les propositions qui lui ont été faites par d'autres hommes. Seules deux choses comptent : ses rêves et l'idée d'une autre vie après la mort, qu'elle envisage sérieusement, à 32 ans. « Je savoure mes nuits où mes rêves me ramènent vers lui. Ce sont mes seuls véritables bonheurs. Sinon je m'enfonce dans le néant avec ce secret. Avec l'espoir d'une autre existence où nous pourrions nous aimer, cette fois au grand jour ».

Le rêve s'emballe facilement. Parce qu'il joue un rôle essentiel dans la vie des femmes seules. Mais aussi parce que les hommes mariés ne sont pas toujours aussi rustres que ceux décrits précédemment. Bien que ne pouvant représenter l'« Absolu », il arrive que par leurs qualités et leurs attentions (dont ils font preuve d'autant plus aisément qu'elles s'inscrivent dans un cadre particulier et une durée limitée) ils rendent encore plus pâle le petit contingent des hommes disponibles. De nombreuses femmes, comme Fabienne, s'accrochent alors à des histoires impossibles. « Depuis huit ans j'ai une vie en marge : un très grand amour avec quelqu'un qui n'est pas libre. Et l'apprentissage d'une autre solitude : celle de l'absence douloureuse, remplie de doutes et de jalousie ».

Troisième partie

LA TRAJECTOIRE D'AUTONOMIE

Le modèle de la vie privée incite à trouver un partenaire pour former un couple. Mais une force mystérieuse pousse au mouvement contraire : vivre en solo ne serait-il pas la meilleure façon de réaliser pleinement le rêve de l'individu souverain, seul maître de son destin ?

À vrai dire, cette force produit des trajectoires de vie bien différentes. Nous avons vu jusqu'ici se dégager un portrait moyen. Nous allons découvrir maintenant deux sous-univers très contrastés. Le côté ombre, terrible de noirceur. Et l'étrange côté soleil où la vie se construit, malgré les brûlures, dans une incertaine fuite en avant vers toujours plus de lumière.

IX.
Être soi

Les concepts ont une histoire, qui mériterait d'être racontée. Utilisés comme des outils pour faire parler les faits, leur définition est à la fois stable et sans cesse remaniée. Stables et collectivement reconnus car c'est seulement par ces qualités qu'ils peuvent prendre corps en tant que concepts clairement identifiés (et classés dans des dictionnaires). Variables et adaptés à des usages particuliers car chaque chercheur (dans le secret du laboratoire) manie l'outil à sa façon, avec ses visées propres du moment.

Le concept de trajectoire

Cette double composante est bien illustrée par le concept de trajectoire, qui donne l'impression de conserver une signification unique alors que ses emplois sont divers. Sa vigueur doit beaucoup à la « métaphore balistique » (Passeron, 1991, p. 205) : il est la force qui entraîne l'individu dans une histoire de vie déroulant sa logique. Mais au moment de caractériser cette force, les analyses divergent. Claude Dubar (1998) distingue deux grandes tendances. Les théories privilégiant la « trajectoire objective », enchaînement de positions sociales dont les règles dépassent et construisent les individus. Et les « trajectoires subjectives », mises en récits individuelles à partir des catégories indigènes. Il en appelle à un regroupement du concept, qui permettrait d'envisager sous leurs deux faces les processus identitaires. Et pour cela dresse une synthèse des acquis (Dubar, 1998).

Je n'aurai pas cette ambition ici, et me contenterai d'utiliser l'outil à ma façon. Il est impossible par exemple de faire en quelques lignes la part critique des apports de Pierre Bourdieu, analysant avec ingéniosité « l'effet propre de la trajectoire » (1979, p. 528), mais, il me semble, dans une intention théorique à fonction thérapeutique interne (pour donner du jeu à des habitus trop figés). Fixé au pôle objectif, il définit les parcours biographiques comme une suite d'intériorisations du probable au trajet si clair que Jean-Claude Passeron (1991, p. 205) le trouve « trop beau pour l'étoffe dont sont faites les choses sociales ». En plongeant dans le foisonnement concret des interactions, les sociologues de l'École de Chicago nous font à l'inverse toucher du doigt cette étoffe, et découvrir une tout autre vision des trajectoires (Strauss, 1992), plus souvent appelées « carrières » (Becker, 1985). L'objectif est de comprendre le mouvement biographique comme croisement des processus intimes et des cadres sociaux de l'expérience. « L'intérêt du concept de carrière réside dans son ambiguïté », autorisant un « va-et-vient du privé au public, du moi à son environnement social » (Goffman, 1968, p. 179).

L'outil conceptuel qu'ils définissent convient cependant mal à la présente recherche : le social est limité aux interactions et surtout il y manque la dimension historique, la genèse sociale des contextes (Terrail, 1995). Or, dans le sujet qui nous préoccupe, l'histoire joue un rôle central. Elle emporte irrésistiblement dans son cours des individus qui ne comprennent pas toujours ce qui leur arrive. Elle place en position d'innovateurs sociaux des personnes qui ne l'ont pas délibérément cherché. Et qui ainsi font l'histoire, accélérant par leurs faits et gestes le processus qui les pousse aux avant-postes. Malgré eux.

Le concept de trajectoire qui sera utilisé ici, tout en restant enraciné dans la tradition sociologique, met au centre cette pulsion historique. Il prend par conséquent une ampleur sans commune mesure avec les simples itinéraires biographiques : la trajectoire d'autonomie a un souffle qui dépasse les existences singulières. Elle s'inscrit à la fois dans le quotidien minuscule des vies particulières et dans la longue durée des mouvements de l'histoire.

L'irrépressible injonction à être soi

Sans cesse revient la même question, obsédante : pourquoi cette vie bizarre ? Le plus intrigant est de se sentir à la fois libre, exceptionnellement libre, et irrésistiblement emportée dans cette énigmatique trajectoire biographique. Quelle est la clé du mystère ? qui tire les ficelles de cette destinée ? Ni le miroir, ni la voyante, ni le journal intime, ni les copines, ne parviennent jamais à donner la réponse.

La clé du mystère est pourtant simple. Mais difficile à expliquer, comme toutes les choses simples. Elle tient pour l'essentiel dans le long mouvement d'individuation du social, qui s'exprime fortement désormais comme moteur du changement : l'individu moderne se veut de plus en plus maître de sa vie, composant sa vérité, choisissant sa morale, responsable de son identité. Certes il est loin d'être aussi autonome qu'il le pense. L'important est néanmoins l'élargissement continuel de ses espaces de choix, dans les domaines les plus divers. La décision de vivre ou non en couple n'est qu'un élément d'un processus plus vaste.

Un élément important toutefois : il n'est guère d'autres choix qui engagent aussi lourdement l'avenir. Quitter la vie en solo signifie en effet un double bouleversement identitaire. D'abord une cession d'une partie (plus ou moins importante) du Soi dans la nouvelle entité conjugale. Le couple ne peut se former que par la fusion d'une fraction des identités individuelles des conjoints : en devenant nous il n'est possible de rester soi que sous contrôle et dans certaines limites. Ensuite, l'intégration familiale entraîne la trajectoire vers un autre cours, bien délimité par une série d'étapes se déroulant selon une suite logique (Kaufmann, 1997) : l'imprévisible torrent de la vie devient un fleuve tranquille. Du point de vue de l'individu cherchant à rester maître de son destin, il y a donc double abandon : une partie de l'identité est collectivisée, pendant que l'autre se voit définir un horizon obligé.

Le plus simple évidemment est de se laisser emporter dans la vie conjugale sans se poser de questions. Et dans la version idéale : Grand Amour, Prince Charmant. Hélas le vrai Prince est souvent long à se manifester et le temps qui passe incite à évaluer et comparer les deux hypothèses de vie, les deux trajectoires. Les pensées se focalisent alors sur ce thème : à défaut d'un prétendant à la hauteur, qu'est-ce qui me pousse à rester seule, quels sont les avantages de cette option ? Les lettres décrivent longuement les tentatives de réponse, sous forme d'une liste d'arguments additionnés les uns après les autres. L'étrange est que dans cet inventaire se mélangent constamment deux types très différents de raisons : des détails concrets du quotidien (petit-déjeuner au lit, légèreté ménagère, etc.) et des principes abstraits, quasi indéfinissables (être soi, se sentir libre, etc.).

Les détails de l'organisation quotidienne représentent des motifs clairement identifiés, dont l'importance peut être évaluée avec précision. Comme s'ils ne provenaient que de soi, du plus profond de soi, sorte d'éléments bien connus d'un monde strictement personnel. « Lire quand je veux, à n'importe quel moment, passer trois heures dans la salle de bains, ne pas sacrifier ma vie dans la galère cuisine-ménage, pour rien au monde je ne voudrais perdre ça » (Alexandra). Les principes abstraits au contraire inscrivent la femme qui les énonce dans un mouvement qui la dépasse et l'emporte. « Je veux du bonheur, je veux m'exprimer, je veux vivre fort. Je me sens riche et légère, c'est un élan, une énergie. Comment pourrait-on s'empêcher de vivre plus fort ? » (Alexandra). La pulsion de l'histoire est alors presque palpable : une irrépressible injonction à être soi pousse vers cet indéfinissable destin. Une multitude de signes ineffables et diffus disent sous cape que l'élan dépasse les frontières du Soi ; la femme qui expérimente son autonomie a une vague conscience de participer à un processus d'ensemble. Les copines qui partagent les mêmes états d'âme en sont d'ailleurs la preuve vivante : la force qui pousse à rester en solo n'est pas uniquement intérieure.

Quelle est cette dynamique dans laquelle on se sent prise et comment l'exprimer ? Les lettres laissent percer une insatisfaction face à la pauvreté des réponses qui sont données, zigzaguant entre broutilles quotidiennes et généralités floues. D'où l'allongement des énumérations. D'où aussi la volonté manifeste de mélanger le plus étroitement possible les deux types de raisons. Comme pour tenter de dégager par ce malaxage, entre le trop terre à terre et le trop général, la vérité de l'élan qui emporte. L'insatisfaction est la même concernant la difficulté à dire si la vie en solo est contrainte ou choisie. De nombreuses lettres affirment une thèse et son contraire en l'espace de quelques lignes. Là aussi il est difficile d'exprimer l'entre-deux ; or la vérité est (pour une majorité) justement dans cet entre-deux. L'autonomie irrésistiblement attire et la femme se sent prise dans un élan qui la dépasse. Pourtant c'est elle et elle seule qui décide, se fondant sur des motifs personnels et concrets. La vie en solo est à la fois subie et voulue. Telle est d'ailleurs le secret de la trajectoire et le mystère de la force qui entraîne : elle se forme à la conjonction des profondeurs intimes et des mouvements les plus larges du social.

L'aspect collectif et dynamique des trajectoires (l'élan qui emporte) n'est rien d'autre que la résultante de micro-décisions personnelles d'une infinité d'individus. Il s'impose toutefois à chacun comme une réalité extérieure. Y compris quand ce chacun n'y est guère préparé : nombre de solos sont entraînés sans que soient réunies les conditions permettant de donner sens à l'autonomie. Le décalage est d'ailleurs flagrant entre la perception intuitive de l'évidence du mouvement et la difficulté à décrire ses contenus en dehors des détails ménagers. Comme si le processus historique se formait à partir du social, poussant les individus à s'y inscrire en aveugle. Babette est très agacée par ce manque de clarté. « Tout ça pour cette indépendance sacrée. Et qu'est-ce que j'en fais ? Qu'est-ce que c'est à la fin que cette indépendance ? ». Quand elle s'interroge, elle ne parvient pas à saisir la signification profonde, seulement quelques manifestations dérisoires. « Est-ce que ça veut dire que je choisis cette vie pour passer mon dimanche sous la couette ? ». Néanmoins, pour toute une série de raisons qu'elle a du mal à exprimer, elle ne se sent pas prête à dévier de sa trajectoire.

Les veuves

L'injonction à être soi est plus forte que soi et, irrésistiblement, peut entraîner dans des trajectoires de vie en solo. Ceci dans des contextes et selon des modalités très différentes.

La majorité des personnes vivant seules sont aujourd'hui des veuves. Héritage d'un récent passé. Car c'est par elles qu'a commencé le nouvel essor du mouvement d'autonomie résidentielle, dans l'ensemble de l'Europe, après la Seconde Guerre mondiale. Évidemment d'une façon non volontaire, la mort brisant le couple. Les nouvelles cohortes de veuves solitaires excitèrent peu la curiosité : personne n'imaginait (dans le silence et la discrétion entourant le deuil) qu'elles pouvaient être la vague annonciatrice d'un bouleversement à venir des modes de vie privée.

La cause du changement résidait dans la décohabitation des générations : au décès de l'un des conjoints l'autre se retrouvait seul dans son logement au lieu d'être pris en charge par la famille. Phénomène amplifié par la différence de mortalité entre les sexes et par l'écart d'âge dans le couple (les deux facteurs additionnant leurs effets) : des millions de femmes âgées devaient désormais apprendre à vivre seules. Rien n'illustre sans doute mieux le caractère supra-individuel de certaines trajectoires. La force imposant la nouvelle réalité domestique était extérieure : après la mort cruelle, la solitude imposait sa froidure. Pourtant ce nouvel état résultait de l'action de personnes concrètement travaillées par le désir d'autonomie. Non pas les veuves elles-mêmes. Mais la génération des enfants, cherchant à instaurer une indépendance plus marquée de leurs ménages. De nombreux observateurs ont souligné que la parenté jouait toujours un rôle essentiel. Cette présence maintenue est toutefois accompagnée d'un changement des formes : les liens, investis d'une valeur symbolique, sont forts surtout à distance, et à la condition que chaque ménage reste quotidiennement maître chez lui. L'affirmation de la souveraineté des petits groupes domestiques participe du mouvement d'ensemble d'individuation du social. « Sorte d'individualisme collectif » qui prépare « les âmes au véritable individualisme » (Toqueville, 1986).

Aujourd'hui cette première vague de la vie en solo a quasiment fait le plein en Europe : le nombre des personnes âgées vivant seules n'augmente plus que lentement (l'augmentation, liée aux meilleures conditions de santé, a lieu aux âges les plus élevés), l'essentiel des bouleversements se produisant ailleurs. Cependant quelques évolutions méritent d'être soulignées. Notamment celle-ci : la proportion des veuves dans l'ensemble des femmes seules âgées tend à diminuer. La vie en solo au grand âge résulte de plus en plus en effet, non pas de la mort du conjoint, mais d'une décision de rupture, suivie de l'impossibilité de former une nouvelle union. Avec un moment désormais très délicat à gérer pour le couple : le passage à la retraite (Caradec, 1996). Même aux âges élevés, le lien entre vie en solo et mouvement d'autonomie se fait plus direct.

La jeunesse

La deuxième vague devait être beaucoup moins discrète. Partie de Scandinavie, elle déferla à partir des années soixante, se propageant ensuite vers les pays du sud de l'Europe, qu'elle commence à toucher actuellement.

Elle était plus visible parce que liée à la tumultueuse affirmation de la jeunesse, imposant son style et sa socialisation particulière, en rupture avec l'âge adulte. Les aspects les plus apparents de ce style sont connus : mode vestimentaire, musique, etc. Plus profondément, la spécificité de la socialisation à la jeunesse s'inscrit sur un axe central : le refus de l'intégration familiale. L'espace de la jeunesse se développe entre deux temps familiaux : celui de la famille d'origine (dans le rôle d'enfant) et celui de la famille qui sera fondée (dans le rôle de conjoint et parent). Dans cet entre-deux, les valeurs s'affichent en opposition à tout ce qui touche au monde ménager : la vraie vie est ailleurs, ouverte, légère, entraînée dans un élan soutenu par le groupe des copains et copines. Un élan vers quoi ? Difficile à exprimer. Par contre, ce vers quoi on ne veut pas aller est très clair : une installation trop précoce dans la vie adulte, perçue comme une fermeture définitive de l'identité. La jeunesse est le temps où le pouvoir d'invention de soi par soi est au maximum : l'avenir reste ouvert. C'est intuitivement pour protéger ce trésor que les engagements sont reportés, principalement l'engagement familial. La quête de Soi impose de prendre son temps.

Définir soi-même son identité nécessite un long apprentissage : les jeunes insuffisamment armés risquent de souffrir plus tard d'une « dépendance au sein des relations privées » (de Singly, 1998, p. 362). Phénomène marqué par toute une série d'étapes. L'enfant est désormais formé très tôt à l'exigence du travail sur soi (de Singly, 1996). Il doit parvenir à construire ses propres repères (en s'appuyant sur son groupe de copains contre la famille) tout en restant un fidèle élément de l'ensemble familial. Le processus s'emballe à l'adolescence alors que la reformulation identitaire devient très active : il faut apprendre à trouver sa place dans le giron domestique en gérant le Soi évolutif et son indépendance grandissante. Cette phase d'autonomie relative tend aujourd'hui à s'élargir, les jeunes entrant de plus en plus tôt en travail sur eux-mêmes et retardant le départ du foyer parental. Le partage des tâches est le suivant : la famille prend en charge les questions d'intendance cependant que le jeune se concentre sur lui-même. Une plongée trop rapide dans la vie ménagère précipiterait en effet la fin de la socialisation particulière à la jeunesse : il faut rester léger pour expérimenter des alternatives identitaires. Progressivement, tout en restant au foyer parental, la part de l'autonomie se renforce avec l'avancée en âge. Après 20-21 ans, les jeunes ont acquis une liberté de mouvement presque totale et la socialisation commune avec les parents s'est réduite à l'extrême (Roussel, Bourguignon, 1979). En un mot, ils ont le gîte et le couvert tout en ayant constitué l'essentiel du cadre de leur autonomie. Pourquoi alors partir ? Des raisons diverses expliquent le départ. Des facteurs de type géographique, indépendants de la volonté (études ou travail dans une autre ville), une fatigue des parents, une sourde envie d'être totalement soi, chez soi. Ce dernier facteur, volontaire, est plus affirmé chez les filles, davantage contrôlées que les garçons par des parents inquiets : l'autonomie résidentielle leur permet de se libérer de cette emprise (Bozon, Villeneuve-Gokalp, 1994). Arrive alors le temps de la vie en solo.

Étrange expérience, rarement pensée comme un véritable projet : un beau jour, dans un petit logement modestement équipé, on se retrouve soudainement seule. Émilienne n'a pas encore réalisé, elle reste comme en dehors d'elle-même, étrangère à sa nouvelle vie. Étudiante elle était restée chez ses parents. Pour son premier travail, commencé il y a une semaine, elle a déménagé. « C'est ma huitième soirée de suite seule face à ma télé. Ça fait drôle, je me demande ce qui m'arrive, je n'étais pas habituée à ça ». Qui peut dire quelle sera la suite de son histoire ? L'entrée dans la vie adulte commence de plus en plus aujourd'hui par une séquence de vie en solo. Dont la durée est imprévisible. Parfois très brève. Parfois très longue, voire définitive. Souvent suivie de toute une série d'autres séquences : tentatives conjugales, retour chez les parents, nouvelles séquences en solo, etc. Le critère principal différenciant séquences courtes et séquences longues est l'hésitation à s'engager irrévocablement dans la vie adulte et à fermer la parenthèse de la jeunesse. Car c'est la formation du couple qui verrouille le plus l'avenir.

L'autonomie résidentielle à la jeunesse se vit sous forme de séquences, parfois très brèves, mais de plus en plus nombreuses. Mesurées en coupe transversale par les recensements (nombre de personnes vivant seules à un moment donné), elles révèlent des chiffres en augmentation spectaculaire. Dans les pays développés, la croissance la plus forte de la vie en solo a lieu depuis quelques années dans le groupe d'âge 25-35 ans.

Femmes en rupture

La troisième vague, alimentée par les ruptures conjugales, est moins inscrite dans un calendrier précis. Étalée, elle monte cependant, progressivement et inexorablement, depuis une trentaine d'années. Ces derniers temps le nombre des divorces (correspondant à des mariages davantage réfléchis) augmente plus lentement. Mais cette évolution moindre est largement compensée par les séparations des couples non mariés. Globalement les unions deviennent plus fragiles, et les ruptures sont moins suivies de la formation d'un nouveau couple (Toulemon, 1996).

Deux fois sur trois c'est la femme qui décide de rompre. Car elle a plus d'intérêt que l'homme dans la famille ; y étant fortement investie sa vie en dépend de plus près. Vivre en solo ou en couple lui pose une alternative entre deux trajectoire identitaires très différentes. L'autonomie, en la libérant des charges familiales, lui donne, avec la légèreté, une incomparable faculté de réussite professionnelle (alors que l'homme vivant seul subit au contraire un léger handicap par rapport à l'homme marié). L'abandon de cette possibilité pour l'intégration familiale exige dès lors une compensation. Sans que cela soit toujours très conscient, l'existence d'une alternative identitaire pousse à une évaluation critique de l'engagement avec le partenaire conjugal. Se marier, pourquoi pas ? mais pas à n'importe quel prix ; divorcer sans hésiter si l'union est décevante. Il n'est plus besoin d'une nouvelle rencontre amoureuse pour briser un couple établi : l'insatisfaction suffit. Le cas de Charlène l'illustre bien. Elle a vécu quatre ans avec un homme. « Au début c'était l'amour fou ». Puis elle a senti que leur histoire s'enfonçait dans la routine. « Notre petit studio, notre petite voiture, et nos petites factures ». Or elle avait envie « d'insouciance, d'intensité, de folie » ; elle n'a donc pas hésité à provoquer la rupture. Simplement parce que son idéal est de « vibrer avec quelqu'un » et qu'elle ne ressentait plus aucune vibration. La séparation n'a posé aucun problème. « J'ai découvert que j'étais libre, que ma vie m'appartenait ». Au contraire sa présente séquence de vie en solo est une véritable respiration de bonheur. Pourtant elle n'envisage absolument pas de rester seule durablement. « J'attends La Rencontre ». La séquence solitaire est un simple instrument de gestion de sa trajectoire identitaire : être seule un moment pour trouver avec qui être mieux accompagnée.

La séparation n'est évidemment pas toujours aussi simple ; ses effets financiers et psychologiques peuvent être dévastateurs, surtout pour les femmes. La règle est la suivante : plus la situation préalable était marquée par une insuffisance d'autonomie et par la dépendance, plus l'après-séparation sera problématique.

Dépendance financière : la femme trop exclusivement investie dans la famille, sans métier ou avec un petit métier, va payer très cher ce choix familial en cas de rupture (de Singly, 1987 ; Cardia-Vonèche, Bastard, 1991). Dépendance relationnelle : la femme trop attachée à un groupe de relations étroit, fermé et à dominante familiale, risque de ne pas pouvoir renouveler son réseau, et de se murer dans la solitude (Kaufmann, 1994b). Dépendance identitaire : la femme qui attendait plus du partenaire que d'elle-même va sombrer dans la dépression (Francescato, 1992). Dépendance sociale : la femme de milieu modeste, cumulant toutes les dépendances, va s'enfoncer dans la pauvreté après la désunion (Martin, 1997).

Pourtant, lorsque la femme est à l'origine de la rupture (c'est évidemment très différent pour celles qui la subissent), il y a toujours un sentiment de libération. « Quand ma vie de femme seule a commencé, malgré les soucis, c'était le Paradis » (Gisèle). Tellement le paradis que souvent le projet d'un nouveau couple n'apparaît pas de suite : on s'installe avec bonheur dans la vie en solo. Manon, toute fraîche emménagée dans cette situation après une récente rupture, proclame même ses nouvelles valeurs comme programme d'existence. « Je ne pourrais plus jamais accorder ma confiance à un mec. Je crois très fort qu'il vaut mieux vivre seule ». Proclamation sans doute provisoire (elle ne rêve que d'amour). D'ailleurs la variation des idées conjugales est très étroitement liée à la trajectoire biographique : plus une femme a été fortement investie dans les activités familiales avant une séparation, plus le délai est long avant qu'elle ne pense à former une nouvelle union (Villeneuve-Gokalp, 1991). Elle a besoin d'une sorte de respiration personnelle. Manon en est justement là.

La vie en solo se développe surtout par séquences. Rares sont les femmes, comme Marie-Laure, qui assument sur le long terme le refus du couple. « Je n'ai donc partagé avec un homme que peu de nuits entières, aucun week-end, aucunes vacances. J'aime bien me retrouver le soir dans mon cocon ; je prends une douche, je me démaquille, et ma soirée est à moi ». Le plus souvent, quelque prince ordinaire vient bouleverser le quotidien pendant une autre séquence. L'alternance des séquences dans le cycle de vie suit toutefois une courbe d'évolution caractéristique : les périodes solitaires sont de plus en plus longues (Festy, 1990). Au début le passage entre vie en solo et vie conjugale s'opère rapidement et avec souplesse. Plus tard, les enfants d'un premier lit exigeant attention, la disponibilité matérielle et sentimentale devient moins grande. Puis, très vite, dès 50-55 ans, vient le temps du rétrécissement du groupe des candidats potentiels : les séquences non seulement s'allongent mais tendent à devenir définitives.

Les facteurs prédisposants

L'injonction à être soi pousse un nombre grandissant d'individus à expérimenter des séquences solitaires : une majorité commence désormais ainsi ses premiers pas dans la vie adulte. Élan irrésistible et indéfinissable, qui dépasse souvent les volontés particulières. Certaines personnes sont toutefois emportées davantage, s'installant durablement en solo (alors que d'autres referment rapidement la parenthèse). Lesquelles ? Pourquoi ?

Cette question permet de souligner à nouveau la complexité du mécanisme des trajectoires d'identité, mélangeant étroitement facteurs internes et externes, subjectifs et objectifs, individuels et sociaux. Le mouvement historique d'ensemble est inexorable : il provoque l'entrée de nouveaux individus dans la dynamique d'autonomie. Mais, parallèlement, il ne construit lui-même sa force que par cette entrée permanente : c'est parce que certains sont emportés que d'autres le sont à leur tour. Chacun est entraîné pour des raisons particulières, dont il serait possible de dresser la liste. L'exercice risquerait toutefois d'induire des erreurs d'interprétation. Car ces raisons apparentes ne sont bien souvent que des prétextes ; la disproportion est flagrante entre le motif originel (souvent minuscule) et les effets biographiques (souvent considérables). Il peut suffire d'un grain de sable pour que la situation devienne propice au développement d'une séquence de vie en solo.

Quelques exemples sont cependant nécessaires pour illustrer la diversité des motifs ; ils seront volontairement livrés pêle-mêle. Ainsi un goût trop prononcé pour les études (l'amour immodéré pour le français ou les mathématiques), ou une trop brillante réussite professionnelle, peuvent détourner les pensées de la recherche d'un partenaire le temps que se réduise le nombre des candidats disponibles, rendant ensuite la mise en couple difficile. Ainsi deux ou trois habitudes ménagères un peu tatillonnes, au départ sans conséquences, peuvent-elles devenir le point de fixation d'un engrenage pervers : plus le temps passe en solo plus elles se renforcent, et plus elles se renforcent plus l'hypothèse conjugale devient improbable. Ce que le sens commun appelle la « manie du célibataire » est souvent davantage produit par un effet de trajectoire que par une prédisposition originelle. Ainsi enfin, une entrée trop précoce dans la vie sexuelle favorise-t-elle l'installation d'un style particulier de rapports, débouchant par la suite sur la multiplication des partenaires (Bozon, 1993), et inéluctablement sur la multiplication des séquences de vie en solo. Ce dernier exemple est toutefois plus souvent masculin. De même que la tendance à hypertrophier le sexuel et à survaloriser les conquêtes, au point que ces objectifs, habituels à l'adolescence, forment toujours l'essentiel de la vie adulte. Avec l'âge la désillusion se fait alors amère, d'autant plus amère que les idées restent rivées à la jeunesse.

Le sens commun a tôt fait de dessiner quelques grandes figures résumant la situation : l'incorrigible séducteur, la vieille fille maniaque, le timide invétéré, l'asocial aigri, l'égoïste calculateur, etc. En bref, de ramener l'analyse à des traits de caractère. Ceux-ci ne sont pas sans jouer un rôle, plus ou moins important. Mais il est nécessaire de comprendre que ces facteurs psychologiques n'interviennent jamais seuls ; ils ne deviennent causes (d'ouvertures de séquences de vie en solo) que dans des contextes favorables. Ils sont prédisposants mais non suffisants (Vexliard, d'après Mucchielli, 1998). Parfois même, le hasard et le contexte seuls interviennent. Voyez la triste histoire de Gabrielle. Elle est débordante de vie et du désir de nouer des relations, elle multiplie les initiatives et les contacts. Hélas elle a été mutée dans un lieu, conformiste et réservé, où son style déplaît : trop originale, trop chaleureuse. Ailleurs elle aurait été une reine ; ici elle n'est rien.

Les traits de personnalité prédisposants ne sont pas cohérents entre eux mais se regroupent au contraire en deux pôles opposés. La timidité, l'angoisse de l'autre et de la vie, le repli, la dépendance, la faible estime de soi (souvent liés à une insuffisance des ressources sociales et culturelles) produisent une difficulté à entrer en relation et à s'imposer ; ce n'est pas la volonté qui manque mais la possibilité. Un caractère affirmé, des projets fougueux, une forte estime de soi (favorisés par un haut niveau de ressources) poussent à hésiter avant de s'engager dans la vie à deux ; ce n'est pas la possibilité qui manque mais la volonté. Bizarrement, le trop peu ou le trop dans la problématique de l'être soi aboutissent, par des voies différentes, au même résultat : vivre en solo.

Angéla est clairement dans la catégorie du trop. C'est elle qui le dit : « J'ai trop de caractère ». Elle n'imagine pas pouvoir sacrifier une part de ce bouillonnement intérieur ; le compromis est impossible. Elle a envie de continuer à avancer ainsi dans la vie, seule, pour être pleinement elle-même. Il n'est pas toujours besoin de tant de conviction. Françoise est plus mesurée, lucide mais interrogative sur ce qui la pousse en avant dans sa volonté de poursuivre en solo. « Peut-être qu'au fond je ne veux pas me donner complètement à quelqu'un ». Il suffit pourtant d'un peu d'énergie intérieure incitant à l'autonomie pour que les effets soient majeurs. Car, même faible, l'injonction personnelle à être soi entre en consonance avec le profond mouvement de la société.

L'élan

L'élan qui entraîne à persévérer dans la vie en solo vient simultanément du plus profond de soi et d'une indéfinissable injonction sociale ; et c'est comme s'il arrivait de nulle part. « Cette quête de l'impossible qui nous tient en haleine, nous donne parfois des ailes et empêche le ronronnement sinistre de l'immobilisme » (Carmen). Élan qui propulse en avant par saccades, rythmées par la vie en deux. « Attendre, espérer, croire, s'approcher au plus près du rêve qui nous échappe, s'arrêter un peu, et reprendre la quête. Un mouvement de balancier jamais interrompu qui nous fait avancer » (Carmen).

Certains aspects sont mieux identifiés. Notamment lorsque la trajectoire d'autonomie commence par un refus : celui du modèle de la vie privée. « Tous ces petits couples gelés dans leurs habitudes, c'est à vous donner la nausée » (Virginia) ; « Vivre ce n'est pas s'enfermer dans un cadre. C'est faire ce que je veux, avec qui je veux, quand je veux » (Hélène). Dynamique de fuite évidemment encore plus nette après une rupture. « Je vis enfin la vie qui me convient. Je me sens libre, je n'ai pas d'obligations, pas de tâches ménagères harassantes » (Jeanine). Y compris quand le départ n'a pas été spécialement lié à une horreur quelconque de la vie conjugale. « Après 25 ans de couple, j'ai osé quitter le cocon douillet. Pour aucun motif sérieux aux yeux du monde. Simplement pour être moi, pleinement et authentiquement moi » (Hortense).

Autre aspect assez bien identifié du côté femmes : la question de l'égalité. Car la plus grande injustice (davantage que le partage des tâches ménagères ou l'accès aux responsabilités publiques) réside sans doute dans la maîtrise de sa propre identité. Dès que la femme s'engage en famille, elle hypothèque une part (beaucoup plus importante que celle de l'homme) de la réalisation de soi par soi : sa construction identitaire personnelle est largement médiatisée par le collectif familial. Carmen a parfaitement conscience de vivre cette possibilité historiquement nouvelle. « La liberté, si étourdissante dans ce qu'elle offre, dans ce qu'elle ouvre. Des portes que nous femmes (encombrées de maris et enfants à plein temps) n'osons jamais pousser ». Ceci constitue d'ailleurs un point de divergence notable entre les trajectoires d'autonomie masculines et féminines. Les femmes ont beaucoup plus souvent comme motif profond la volonté d'être soi, qui commence par l'autonomie financière. Sans renoncer pour autant à l'amour. « Voilà le rêve absolu : être aimée sans sombrer dans la dépendance » (Carmen).

Opposée aux obligations familiales, la vie en solo n'est toutefois pas pure liberté ; elle s'inscrit dans une position bien définie (qui a été illustrée dans la deuxième partie). La distance au modèle de la vie privée développe une propension à la réflexivité. La distance à l'institution familiale affaiblit la discipline et le poids du quotidien, imposant (pour le meilleur et pour le pire) un style de vie plus ouvert et léger. L'aspect compartimenté et individuellement contrôlé du réseau de relations diminue la contrainte sociale (Burt, 1992). Tous ces éléments sont favorables à une qualité particulière : la créativité. On ne sera donc pas surpris de constater que de très nombreux artistes et écrivains, parmi les plus grands, furent des solitaires. Anthony Storr (1991) analyse comment la solitude volontaire constitue un facteur essentiel d'approfondissement du monde intérieur, nécessaire à la création. Norbert Elias (1991b) donne l'exemple de Mozart. Dans son enfance, privé de la compagnie d'amis de son âge, il fut amené par cet isolement à développer sa force d'imagination, trait qui ne le quittera plus sa vie durant. « La structure de sa personnalité était celle d'un homme qui veut suivre le cours de ses rêves » (pp. 49-50). Refusant la normalisation qui lui était proposée (composer aux ordres d'un protecteur), il persista dans son idée de la musique et de sa place sociale : celle d'auteur directement rémunéré par le public amateur de ses œuvres. Il précipita ainsi son malheur privé et son échec social mais libéra sa puissance créatrice sur le plan musical et réforma le rôle de l'artiste dans la société.

Hélas n'est pas Mozart qui veut ; la solitude ne produit pas toujours des résultats aussi grandioses. Tel est justement le problème : elle construit pour des millions de personnes les conditions idéales de la créativité sans y ajouter les possibilités concrètes d'y mettre substantiellement du contenu. Très souvent au contraire les solos expriment le décalage entre le potentiel qu'ils ressentent confusément en eux et la pauvreté des réalisations, le vide de leur existence. Comme si la machine à créer tournait à vide, ne produisant que fatigue mentale supplémentaire. D'où le caractère indéfinissable de l'élan, « quête de l'impossible » (Carmen) n'atteignant jamais son but. Or, il semble bien que cette question de la création soit au cœur de la trajectoire d'autonomie. C'est elle qui lui donne, pleinement et clairement, tout son sens, comme le montrent certaines histoires de vie analysées par Erika Flahault (1996). À la condition bien entendu de définir très largement la créativité et la notion d'œuvre : il y a mille manières (sans qu'il soit besoin pour cela de succès médiatique) d'être inventif et de laisser une trace originale, dans la pierre ou les étoffes, dans des textes ou des dessins, dans les esprits et les cœurs. Une belle histoire d'amour ne pourrait-elle être considérée comme une œuvre ? Il apparaît paradoxal de ne catégoriser comme telles que les versions mortes, romancées ou filmées.

Le problème est dans le décalage. Il n'est pas impossible de penser que la créativité individuelle soit historiquement grandissante, suivant en cela l'auto-définition des identités qui lui est intimement liée ; mais la dynamique de la vie en solo s'accélère parallèlement dans des proportions sans commune mesure. De même qu'une grande partie des solitaires est entraînée dans une vie de malheur et par défaut, une autre, tout en vivant plus positivement l'autonomie, ne parvient pas à exprimer véritablement ses potentialités. C'est un caractère important de la trajectoire d'autonomie : elle emporte un grand nombre d'individus, malgré eux, bien au-delà du petit groupe volontaire sachant pleinement profiter de ce qu'elle offre.

Entre deux maux choisir le moindre

La force qui entraîne reste pour l'essentiel indéfinissable ; les arguments se réduisant à quelques détails plaisants du quotidien. Pourquoi continuer à vivre ainsi ? Les solos ont du mal à donner des raisons. Par comparaison avec la vie de couple, les idées deviennent néanmoins plus claires. Ceci explique que l'activité d'observation et d'évaluation de la vie familiale soit permanente : les failles de l'autre hypothèse rassurent et donnent (par la négative) les arguments que la vie en solo ne parvient pas à fournir par elle-même. Comme sur bien des aspects, la pensée est cependant contradictoire. Dans les rêveries secrètes il est fréquent que la vie familiale apparaisse de façon idéalisée. Pour les besoins de l'argumentation confortant le choix identitaire, ce sont les défauts qui sont épiés, et amplifiés.

« La vie de couple rangé, rien que l'idée je la fuis » (Joanna). Défaut le plus évident, qui a déjà été signalé : le cadre de socialisation étroit, qui marque la fin de l'inventivité de soi et de la jeunesse. Ce n'est pas tant la famille en tant que telle qui est rejetée, mais une manière d'être, de « vivre petit » (Joanna), de disparaître dans une normalité étouffante. « En regardant mes copines mères au foyer, franchement je ne les envie pas. Les couples autour de moi, c'est un schéma à donner des frissons : sortie pépère, soirée télé, engueulades. C'est étriqué, petit. Franchement, si c'est pour ça… » (Olivia). Si c'est pour ça, mieux vaut encore les petites misères de la vie en solo.

Reste à espérer découvrir l'oiseau rare, qui saura ne pas mettre en cage : un vrai Prince, pour vivre un couple différent, libre, ouvert. Hélas, nouveau défaut de l'hypothèse familiale : « il faut le dire carrément, le problème est que les hommes ne sont pas à la hauteur » (Babette). Angéla est exaspérée. Face aux « frimeurs », aux « machos », aux « artistes torturés » et autres « hommes infantiles », « quoi de plus naturel que de ne plus vouloir de cette médiocrité, de préférer être seule ». Laurence est plus mesurée, ou plus exactement, est devenue plus mesurée. Car à 35 ans, elle se sent prête (beaucoup plus qu'hier) à composer pour trouver « l'homme qui convient ». Elle multiplie les rencontres, et tente à chaque fois de se projeter très concrètement dans le futur d'une vie à deux avec le nouveau candidat. La sanction est immédiate, toujours la même. « Je ne suis pas contre le couple, mais c'est jamais l'homme qui convient, je ne me vois pas complètement avec lui ». Pourquoi une telle médiocrité masculine (réelle ou supposée) ? Certaines raisons ont déjà été données : la différence sociale (hommes et femmes seuls n'occupent pas des positions correspondantes), et la différence des attentes (les hommes n'ont pas la même idée du couple). Ce qui fait dire à Hortense : « les hommes ne sont pas intéressants ». À cela il faut toutefois ajouter un point lié aux sources d'information des femmes seules : elles ont tendance, par la position qu'elles occupent, à recueillir davantage de versions critiques. Certes elles rencontrent des hommes qui aux premiers abords ressemblent à de vrais Princes ; mais elles voient très vite les carrosses redevenir citrouilles. Et elles rencontrent aussi beaucoup d'hommes mariés, très prolixes sur les horreurs et malheurs de leur vie conjugale, ainsi que sur ceux du couple en général. Situation à l'origine d'une double impression ; celle d'une noirceur secrète de la vie à deux, et d'une infidélité masculine généralisée (car elles sont en première ligne pour constater cette dernière). Il leur arrive même, comme ce fut le cas pour Olivia, de devoir repousser les avances du mari d'une amie. « C'est écœurant, c'est à dégoûter du couple. L'absence de couples harmonieux autour de moi joue un grand rôle dans ma vie en solo ». Enfin, comme pour couronner le tout, les ex-copines désormais mariées, vaguement coupables d'avoir trahi le groupe, n'hésitent pas pour se faire pardonner à souligner les moindres difficultés et les défauts de la vie conjugale. Il ressort de toutes ces informations concordantes un tableau d'ensemble cohérent, et très noir. D'autant plus noir que l'oreille sélective qui les recueille est en quête d'arguments légitimant le choix de vivre en solo.

« Franchement, si c'est pour ça… » avait commencé Olivia. Ingrid semble poursuivre la phrase : « quitte à être malheureuse à deux, je préfère être malheureuse toute seule ». Il est rare que la vie en solo soit choisie de façon délibérée et totalement enthousiaste. Mais il suffit de comparer avec l'autre hypothèse de vie privée pour que, par effet de contraste, ressortent les aspects positifs. « La vie à deux ? le parcours du combattant ! La vie seule ? un délicieux parcours du combattant ! » (Geneviève). La motivation la plus répandue part d'un refus ; le choix quand il y a choix s'exprime par défaut. « Répondre au schéma classique ne me convient pas : il faut donc apprendre à assumer sa différence ». Évelyne comme beaucoup d'autres s'est engagée à reculons dans cette étrange trajectoire de vie. Puis elle a progressivement appris à connaître sa logique intrinsèque ; l'expression de l'autonomie, la réalisation de soi par soi. « Aujourd'hui j'apprends à dompter la solitude (si angoissante avant), j'apprends à me découvrir (je ne m'intéressais guère jadis). Je n'ai pas le choix de toute façon : je n'ai que moi face à moi ».

Plus le temps passe en solo, plus il devient difficile de sortir de la trajectoire. « J'ai trop pris goût à la liberté » (Laurence). Pour la femme au-delà d'un certain âge, parce que le nombre des partenaires potentiels s'est réduit. À cause également des habitudes qui s'installent, et qui sont d'autant plus difficiles à changer qu'elles sont à la base de la construction de l'identité (Kaufmann, 1997). Dernière raison enfin, par un effet boule de neige des exigences. Car la perception de l'autre hypothèse se fait au travers des lunettes de la situation présente ; quand la vie en solo s'organise, les défauts de la vie familiale ressortent encore plus nettement. « Le danger est là : à trop aimer être seule on devient exigeante » (Angéla). « La capacité à s'assumer seule fait que l'on devient terriblement exigeante : je ne suis pas prête à renoncer à ma vie réglée pour n'importe qui » (Olivia). La femme bien installée dans sa trajectoire d'autonomie va avoir tendance à évaluer très concrètement ce que pourrait lui apporter tel ou tel homme rencontré. Il est fréquent que le bilan soit effectué en deux colonnes. Côté débit, la liste est souvent longue. Côté crédit, les bonnes surprises sont rares. « Ce que j'ai à perdre, j'ai déjà la liste complète et c'est énorme : ma liberté, mes petites folies, mon foutoir rien qu'à moi, mes rêves d'écriture. Je hurle dès qu'on me marche sur les pieds. Il faudrait donc qu'il m'apporte un "plus" gigantesque pour abandonner tout ça. Or, les tristes prétendants qui se présentent se font régulièrement recaler en trois minutes. Bien sûr untel serait capable de réparer ma voiture, tel autre est gentil, le dernier beau comme un dieu (mais con comme un balai). On reste à chaque fois loin, très très loin du compte. Je continue vaguement à y croire, mais je suis à chaque fois si loin du compte que je commence à me demander si un jour il viendra » (Yasmine).

Deux trajectoires, deux identités

Contre le sens commun (qui veut croire à la substantialité de l'être) il faut se pénétrer de cette vérité : l'individu est une structure ouverte, en permanente reformulation. L'entrée dans une trajectoire particulière ne change pas seulement le décor de la vie ; elle nous fait réellement et profondément autre. Davantage encore quand il existe une alternative entre deux trajectoires très contrastées. C'est, pour plusieurs raisons, justement le cas des femmes en solo.

D'abord parce qu'elle sont femmes, dans une société qui leur impose une double injonction identitaire, contradictoire : rester de « vraies » femmes tout en devenant les égales des hommes. L'égalité ne peut se conquérir que par l'indépendance financière, donc l'investissement dans le travail. Mais l'engagement dans la vie familiale diminue la possibilité de cet investissement professionnel. Avec des seuils très marqués, par exemple entre deux et trois enfants. Le problème n'a pas de solution simple. Malgré de nombreux efforts d'imagination, les différentes mesures prises pour concilier le travail féminin et la vie familiale n'ont abouti qu'à des résultats limités (Fagnani, 1998). Les femmes se trouvent donc déchirées entre deux pôles identitaires, condamnées à opérer sans cesse des choix et à définir des stratégies de compromis (Commaille, 1992).

Ensuite, d'une façon beaucoup plus radicale, parce qu'elles sont femmes en solo. La femme mariée prend, chaque jour, des options dans un sens ou dans l'autre, à propos de mille décisions quotidiennes (du temps pour elle ou pour la famille ?), tentant d'intégrer ces petites variations dans une trajectoire unique et cohérente. La femme seule au contraire a face à elle deux trajectoires clairement distinctes, presque opposées point par point, deux styles (ancrage et poids du ménage contre ouverture et légèreté), deux vies, deux personnalités différentes. Le *dévouement* ou l'*autonomie*.

La première trajectoire est celle du dévouement, puisant dans le mode traditionnel de construction de l'identité féminine, dessinant une figure simple et forte : la femme est celle qui sait dépasser son horizon personnel en se donnant par amour au groupe familial, dont elle devient l'irremplaçable cheville ouvrière, la fée du logis. Son identité se définit par cet amour et cette fonction ; son individualité se fond dans l'ensemble qu'elle parvient à créer.

La seconde trajectoire, l'autonomie, propulse au contraire dans l'inconnu, et il n'est pas facile de se représenter clairement où elle entraîne. Elle dessine une figure floue mais irrésistiblement attirante : la femme est celle qui se détache d'un socle immémorial pour inventer seule sa vie à son idée. Son identité se définit au fil de sa réflexivité et de ses rêves. Révolution si intense que rares sont ceux qui osent la regarder en face ; l'autonomie féminine avance à tâtons.

X.
Attendre

Dinosaures de l'Amour et chevaux au galop

J'ai signalé au chapitre précédent que l'entrée dans la trajectoire d'autonomie s'effectuait paradoxalement aux deux pôles opposés du mode de définition de l'identité personnelle. Le manque d'assurance et la dépendance sociale affaiblissent la compétence désormais nécessaire pour construire un couple (ce n'est pas l'envie qui manque mais la possibilité), alors que l'esprit d'initiative et la trop forte estime de soi conduisent à hésiter avant de s'engager (ce n'est pas la possibilité qui manque mais l'envie). Le résultat n'est cependant pas tout à fait le même : selon le type d'entrée, la trajectoire d'autonomie prend un cours différent.

La deuxième partie de l'ouvrage nous a permis d'observer le portrait des femmes vivant en solo. Nous avons vu leurs déchirements, leurs hésitations permanentes, entre pleurs et rires, ombre et lumière. Toutes vivent ce mélange des deux faces de la vie ; mais la proportion n'est pas la même pour toutes. La fragilité identitaire fait pencher la balance du côté larmes ; la définition de soi par soi développe l'énergie et les représentations positives. Sans être systématique ni mécanique, le lien avec le niveau de ressources est patent ; les pauvres vivent plutôt mal leur solitude et les riches plutôt bien. Or, les solos ne se répartissent pas d'une manière égale sur l'échelle sociale. Les chiffres moyens sont trompeurs : les ménages d'une personne ont dans leur ensemble un niveau de ressources semblable à celui des autres ménages. Mais cet ensemble résulte de l'addition de deux sous-groupes opposés ; les solos sont plus pauvres ou plus riches que la moyenne des ménages.

Le portrait dessiné dans la deuxième partie n'est aucunement invalidé par ce nouveau découpage. Les femmes vivant en solo ont, par leur position sociale, une série de traits qui les caractérisent globalement : la chaleur-froideur du lit ou le recours aux services de la voyante se retrouvent dans tous les milieux. Chaque niveau d'analyse du social produit une connaissance spécifique et complémentaire (Desjeux, 1996 ; Lahire 1998). Après la vue d'ensemble dégageant un portrait transversal, la prise en considération des deux sous-groupes va nous entraîner désormais dans l'étude de deux mondes très contrastés.

Le rapport au lien social par exemple. Les solos par défaut s'inscrivent généralement dans une structure relationnelle typique : étroite, locale, stable, fermée. Ils sortent peu et sont en quête de relations de soutien et de protection, cherchant à être portés et construits par cette extériorité familière. Les solos volontaires au contraire animent activement un réseau large, ouvert et changeant. Ils nouent de nouveaux liens avec facilité et n'hésitent pas à en rompre d'autres. Ils dominent et manipulent le réseau sans en être dépendants, ils se suffisent à eux-mêmes. Ces deux positions, articulant de façon inverse identité et lien social (lien fondateur de l'identité ou simple instrument), définissent deux figures psychologiques opposées. Donata Francescato (1992) leur a donné un nom poétique : « dinosaures de l'Amour » et « chevaux au galop ». Les « dinosaures de l'Amour » ne sont rien sans l'environnement social qui les a fait tels qu'ils sont ; ils attendent tout de l'autre en se donnant à lui. Quand son mari l'abandonna, Odile crut un instant qu'elle ne pourrait survivre. « Je ne fus jamais aussi malheureuse que ces années-là. Apprendre la solitude, la souffrir, la haïr : l'insupportable ! Ce fut un calvaire : d'abord la douleur et la détresse de ce grand amour qui fout le camp. Et puis ce vide vertigineux ! ». Après une rupture, c'est toute une partie de leur monde qui s'écroule. Ils restent les mêmes mais en plus petit, se recroquevillant sur ce qui leur reste et se réfugiant dans l'idée de l'amour perdu. Les « chevaux au galop » au contraire suivent leur route à course effrénée, poussés en avant par le bruit de leurs propres sabots, brisant s'il le faut les obstacles qui se présentent, emballés sans cesse par mille projets nouveaux. Nous verrons au chapitre suivant cette course étonnante. Mais entrons pour le moment dans les sombres profondeurs du monde des « dinosaures ».

Les ravages de l'Amour

Dinosaures : rêvant d'un englobement holistique bien éloigné des mouvements modernes de l'autonomie individuelle, ils sont les représentants d'un univers en voie de disparition. Dinosaures de l'Amour : parce que leur quête holistique est tout entière tournée vers ce sentiment. C'est lui qui devrait emporter et décider de la vie. Sans le moindre doute. Sans calculs. Sans efforts. Leur représentation du sentiment est donc elle aussi archaïque ; l'Amour est absolu, salvateur. Il tombe du ciel et s'impose dans un éclair d'évidence. Il suffit donc de l'attendre. Attendre ! ils connaissent tant cette position : ils attendent toujours. Ils attendent soutien et protection de la part de l'environnement familial. Et si leur conception de l'amour est céleste, ils attendent encore plus la survenue de l'improbable Prince. Plus la conception de l'amour est céleste, plus se renforce leur position générale d'attente, qui les enferme davantage dans leur solitude. Car le paradoxe est le suivant : l'attente radicale rend la rencontre encore plus hypothétique, en n'en préparant pas les conditions. Maggy ne prend aucune initiative en direction des garçons car elle se refuse à intervenir dans le jeu du destin : lui seul doit décider pour elle. « On a tous une destinée et si on doit rencontrer l'amour ce jour arrivera, et sans l'avoir provoqué ».

Elle a 25 ans et l'avenir devant elle pour changer d'idée ; il faut laisser le temps du rêve aux jeunes filles. Le problème n'est d'ailleurs pas tant celui du rêve en lui-même que sa confrontation avec la réalité. Car il y a un décalage, et la solution ne peut venir que d'un ajustement, qu'il faut savoir gérer avec doigté. Le processus est exactement le même dans la recherche du premier emploi. L'élévation du niveau des études pousse ici aussi à rêver ; hélas le dur contact avec le monde du travail fait brutalement retomber sur terre. Il ne s'agit pas de renoncer trop vite au rêve : un emploi sous-qualifié pourrait entraîner à vie dans une trajectoire professionnelle exagérément basse. Mais il faut aussi apprendre à modérer ses ambitions initiales pour entrer de plain-pied dans le monde du travail. Comme il faut savoir entrer de plain-pied dans le monde de l'amour ordinaire. Sans abandonner trop vite le rêve ; sans non plus y croire de façon trop béate. Voyez les exemples de Judith et Ingrid. Si elles souhaitaient vraiment vivre en solo, tout irait pour le mieux ; mais leur aspiration est très nettement de vivre en couple. Or, à cause de leur vision idéalisée de l'Amour, la gestion du décalage ne semble pas adaptée à leur objectif. « Les hommes autour de moi sont conventionnels. Alors si ce n'est pas pour avoir une belle histoire d'amour, autant ne pas prendre le risque ». À 42 ans, Judith ne devrait-elle pas commencer à revoir ses ambitions à la baisse, et surtout prendre justement quelques risques plutôt que d'attendre passivement ? « Il faut que ce soit Lui, Lui. Lui ou rien ! ». Au chômage, désemparée, ayant un urgent besoin de soutien, Ingrid a-t-elle vraiment les moyens de ce coup de poker sur le destin ?

Vivre par défaut

L'attente vide mécaniquement le présent. Le vrai Soi devient celui de ce monde parallèle et imaginaire dans lequel la femme se projette. Cependant que le Soi de chair et de sang n'est plus vécu que sous forme de substitut provisoire : la vie perd sens et substance. Annabelle refuse de savourer les plaisirs (qu'elle ressent pourtant) de la vie en solo. « Car ça doit ne rester qu'une étape. J'ai profondément peur de me retourner un jour sur ma vie et de ne rien voir ; seulement le vide et le néant ». L'idéalisation de l'Amour renforce la position générale d'attente en lui donnant un visage ; le rêve exagéré du Prince affaiblit les ressorts d'une identité concrète déjà fragilisée. Le processus est graduel. L'attente modérée et passagère (très largement répandue) ne pose pas problème : que serait une vie sans rêves ? C'est sa systématisation outrancière, le déni de la réalité, qui font plonger dans l'abîme des solitudes noires. Jusqu'à la destruction de la personnalité. « Je suis démolie d'attente » (Maria).

L'attente absolue est indissolublement liée à une définition de l'identité par défaut, elle-même favorisée par la faiblesses des ressources : le présent est rempli de manques. Position particulièrement développée dans les milieux populaires où l'identité positive ne peut se construire que par l'accès à une certaine normalité (Schwartz, 1990). « Pas de boulot, pas de mari, pas d'enfants, et sûrement tout le monde pense : alors, qu'est-ce qui reste ? » (Flora). La norme de la vie privée (« mari, bébé, maison ») s'impose alors dans toute sa puissance dévastatrice en renforçant le négatif du concret existant. Et les repères élémentaires du quotidien finissent parfois par s'estomper, détruisant les rythmes et les disciplines ordinaires. « Plus je fais rien et moins j'arrive à faire quelque chose. Parfois, à midi encore dans mon lit j'ai l'impression de n'être rien, rien pour moi, rien pour personne, de ne plus exister. Je suis quoi, moi, que personne ne regarde, que personne n'attend ? Même pas capable de se lever ! » (Betty).

« Mari, bébé, maison » : le rêve devient obsession. Parvenue à un certain degré, la radicalisation de l'attente semble offrir une sorte de confort (en fait très trompeur). Comme s'il existait deux vies totalement séparées : la misère présente et une toute autre existence, pouvant advenir d'un coup, par la seule volonté du destin. Il suffit d'attendre. Le fond des pensées révèle alors un idéal de dépossession identitaire ; être prise totalement en charge, jeter aux orties la moindre parcelle d'autonomie et de responsabilisation individuelle, se reposer enfin, en disparaissant « dans l'anonymat de la normalité » (Flahaut, 1996, p. 299). « Mon rêve c'est que ce cauchemar finisse, de me reposer sur quelqu'un qui me prenne en charge. Ca serait si doux d'entendre : "Fais ceci ! Fais cela !" Betty ne demande qu'à obéir » (Betty).

L'attente trop systématique fait sombrer dans le vide du présent. Elle se joue à chaque instant, dans les moindres détails du quotidien. Voyez l'histoire de Raphaëlle et de ses préservatifs. Tout semble assez bien commencer : elle prend des initiatives pour provoquer la rencontre, sort souvent, avec tout le nécessaire dans son sac à main. Hélas ses efforts s'arrêtent là. Ensuite, elle attend et rien jamais ne se passe. La boîte de préservatifs prend dès lors une dimension cruelle, cristallisant l'échec, symbolisant le manque. Sa seule vue, son inutilité encombrante, lui rappellent désormais très fort le « vide douloureux ». Raphaëlle entre progressivement dans une logique d'attente plus marquée. « La boîte de préservatifs est toujours là : pas une sortie sans qu'elle soit dans mon sac à main. L'attente, toujours l'attente. Et la déception, le vide douloureux de l'amour, ce sentiment d'incomplétude ».

Condamnées à l'effort

« Aujourd'hui les gens ne se rencontrent plus. Que ce soient les hommes ou les femmes, on ne sait plus comment faire » (Bérangère). « Pourtant j'essaie, mais j'arrive pas à me trouver un mec » (Ida). Entrer en contact et nouer une relation exigent désormais une compétence spécifique, d'autant plus facile à développer que l'on a davantage de ressources sociales et culturelles. Ceci explique que la pauvreté se définisse de plus en plus par l'étroitesse du réseau relationnel : les dominants sont ceux qui ont de gros portefeuilles de liens sociaux (Héran, 1988). Entrer en contact et nouer une relation exigent également des efforts, particulièrement pour les solos. « D'être seule on a plus de travail à abattre pour s'offrir une vie relationnelle. Il faut prendre des initiatives » (Amélie).

Ne jamais se reposer sur les acquis, toujours faire effort sur soi, lancer de nouvelles initiatives ; là encore la posture est à l'opposé de l'intégration familiale, qui permet justement le repos et la régularité. La vie en solo est une vie saccadée, en mouvement permanent : dedans-dehors, récupération-effort. Effort souvent développé pour lui-même, pour ressentir l'élan, sans perspective claire de changement. Car seul l'effort permet de « meubler sa vie » comme le dit si bien Claudia. « C'est horrible de se faire tous les soirs un plateau-télé, de meubler sa vie par des dîners-copines, des voyages Club Med, des soirées chez papa-maman ». « Il faut jouer la comédie du bonheur et ne jamais s'arrêter, toujours être active. Je pense souvent à ces films sur un glacier où le héros ne doit pas s'endormir, au risque de mourir gelé. Il faut se secouer sans cesse », ajoute Élodie (« affreusement seule » et au chômage), qui sent pourtant la morsure du froid l'envahir. « Se secouer sans cesse » pour « meubler sa vie ».

Dedans-dehors et récupération-effort ne s'inscrivent pas dans un même mouvement ; il est utile de détailler brièvement leurs liens subtils. Nous avons vu que le repos le plus intense se trouvait au dedans, et même au dedans du dedans, dans les enveloppes régressives intimes (le lit, le bain). Alors que l'effort le plus dur était tourné vers le dehors : se forcer à sortir pour tenter de nouer de nouveaux liens. Une analyse descriptive rapide (qui, grossièrement, ne serait pas fausse) pourrait donc assimiler dedans-repos et dehors-effort. Mais la plongée à l'intérieur de la mécanique précise des processus à l'œuvre révèle que le plus apparent n'est pas toujours le plus structurant : il faut se méfier des détails et des petites discordances susceptibles de dévoiler une autre réalité (Kaufmann, 1996).

Le confort des habitudes

Dans le cas présent, la prise en compte d'un élément peu visible (les effets à long terme des efforts) bouleverse l'analyse. Il existe en effet une grande différence de portée entre efforts au dedans et efforts au dehors. Voyons d'abord ces derniers Soit ils sont dirigés vers l'objectif le plus sublime mais le plus difficile à atteindre (rencontrer enfin le Prince) ; et donc condamnés la plupart du temps à l'échec. Soit ils consistent à meubler la vie, généralement avec l'aide des copines, ce qui ne durera qu'un temps à cause de la trahison. Dans les deux cas il s'agit d'activités transitoires, bientôt remplacées par d'autres, et qui ne laisseront que peu de traces dans les cadres futurs de structuration du quotidien. Il en va tout autrement pour les efforts au dedans, pourtant en apparence plus discrets. Ils visent habituellement à vaincre la tendance exagérée au laisser-aller et à la régression (qui, systématisée, désorganiserait la personnalité), en se forçant à suivre un minimum de disciplines quotidiennes, notamment dans le domaine ménager. En d'autres termes, il convient de limiter les excès de la révolte ménagère, révolte pourtant nécessaire pour souligner les plaisirs de la vie en solo. Nous retrouvons donc une nouvelle fois ici la division en deux de l'existence, la place à accorder au ménage étant travaillée par cette tension permanente. Face au plaisir de la révolte, qui peut se faire problématique en rendant la vie trop légère, les disciplines domestiques sont un moyen de stabiliser et meubler la vie. La femme seule engagée dans cet aspect particulier de la trajectoire (durcir les disciplines domestiques) peut découvrir alors (enfin !) une sorte d'équilibre et d'apaisement : les tiraillements de la vie en deux sont dépassés grâce à l'inscription dans des routines fortes, qui tiennent l'existence. Un peu comme le fait une famille. Mais ici sans famille, par la seule force des choses et la répétition inquestionnable de gestes sacralisés.

Ainsi s'expliquent les fameuses manies des célibataires. Si elles prennent bien entendu naissance dans certains traits de caractère, elles se développent véritablement parce qu'elles constituent un mécanisme de défense, lié à la position sociale des solos : dans certains contextes le durcissement de la contrainte domestique est l'unique façon de stabiliser l'identité. Seule bouée de sauvetage dans un océan hostile. D'où la sensation de soulagement voire de confort qui peut se dégager parfois de l'enfermement dans le chez-soi, quand est définitivement abandonné l'espoir de rencontrer le Prince, l'idée d'une autre vie. « Il fut un temps où je n'étais pas comme cela, j'étais sur les nerfs, la tête à craquer, chaque jour était un drame d'être seule et j'attendais désespérément la rencontre. Puis je me suis habituée, j'ai organisé ma petite vie, mes habitudes, et j'ai découvert comme une sagesse intérieure. Le tout c'est de ne pas chercher midi à quatorze heures » (Yvonne).

Le confort des habitudes permet d'atteindre enfin au calme et à un certain équilibre. Mais le prix à payer est élevé : la sagesse s'installe sur la base d'un retrait de la société, dans le petit monde isolé du chez-soi. C'est d'ailleurs ce retrait qui confère l'essentiel du confort ; car alors le « doigt accusateur » n'a plus de prise. La défaite publique crée les conditions de la victoire privée. La tactique des dinosaures de l'Amour est toujours la même : ils s'accrochent aux acquis. Quand, sous le coup du sort (une rupture, un décès) leur univers se réduit encore, ils redoublent leur investissement dans ce qui leur reste. C'est ainsi qu'ils se retrouvent souvent dans une situation de face-à-face intensif avec les seules choses de la maison (auxquelles s'ajoute éventuellement un animal familier).

Le calme et l'équilibre de la personnalité qui parviennent à s'installer ont pour origine l'inscription dans les contraintes domestiques et l'adéquation totale avec le monde du chez-soi. Les aventures du dehors et les folles attentes doivent être par conséquent prohibées. Car elles détruiraient l'édifice éthique qui tient la personne. Finie donc la fatigue mentale de la vie en deux, mais oubliés aussi ses espoirs : il faut apprendre à ne plus attendre une autre vie pour parvenir enfin à faire corps avec son présent.

Mais comment ne plus rêver à une autre vie quand on est seule et que télé ou magazines ne parlent que d'histoires d'amour : c'est plus fort que soi, le Prince revient hanter les esprits. C'est alors, alors seulement, que se déclenche vraiment la catastrophe. Dans les tumultes de la vie en deux, qui pousse à sortir et à « se secouer sans cesse », le Prince n'occasionne que des dégâts limités. Il lui arrive même de déclencher des rencontres ou de donner de l'énergie pour affronter les difficultés de l'existence. Quand au contraire tout l'univers personnel s'est refermé dans le petit chez-soi solitaire, attendre encore sa venue, vivre par défaut, vide de sa substance le concret. L'attente seule ne produit pas le drame tant que la vie reste ouverte et active. Le repli seul ne le produit pas davantage tant que la vie sait se borner à l'horizon du présent. Mais l'attente combinée au repli provoque irrémédiablement la plongée affreuse dans les solitudes les plus noires.

Les solitudes noires

Les solitudes les plus noires sont indissolublement liées à une vision de la vie par défaut, qui creuse le vide de l'existence présente. « Le vide, le rien, le nulle part, le personne, sont les ingrédients de ma vie ». Salomé fait spontanément le parallèle avec ses « copines de l'ancien temps », qui ont « presque toutes un mec, ou même un mari, des enfants plein la tête ». C'est parce qu'elle n'a ni enfants, ni mari, ni même un simple « mec », qu'elle n'est que « vide », « rien » et « personne ». La vie par défaut s'inscrit dans une position d'attente radicale, passive : une représentation de l'avenir comme pur destin. Si le Prince doit venir un jour pour arracher à cette insupportable vie sans vie, « c'est inscrit quelque part » (Salomé). Perception fataliste de l'existence qui s'élargit souvent à la situation présente elle-même. « Ma solitude elle est là, c'est une maladie, elle m'a prise » (Adrienne). La philosophie de l'existence s'enferre alors dans le manichéisme : le rien, la solitude comme maladie, ou le Prince, la délivrance. Mais à trop attendre et idéaliser ce dernier il devient inaccessible. Et le vide se creuse encore davantage, aggravant la « maladie ».

Car le fonctionnement organique lui-même ne peut qu'être affecté par l'effondrement de l'estime de soi consécutif à cette descente aux enfers. « Les conséquences sont dramatiques : je n'assume pas. J'ai beaucoup de mal à m'aimer. Je me sens dans l'impasse, finie » (Dorothée). Salomé perçoit « comme un décalage dans mon cerveau ». L'état civil lui dit qu'elle a 21 ans alors qu'elle se sent « vieille et défraîchie ». Comme si elle n'était plus dans son corps, sorte d'identité devenue incertaine et volatile. Non seulement elle est « vieille », non seulement elle n'est « rien », mais ce rien est « nulle part ». Une dizaine de lettres évoquent sérieusement l'hypothèse du suicide.

La vie peut se vider ainsi, par excès d'attente, dans le repli solitaire sur le logement. Mais ce dernier confère souvent un minimum de protection, y compris quand la contrainte domestique est faible et soutient mal l'identité. Les effondrements les plus graves se produisent en fait en dehors du processus d'enfermement ménager, quand disparaissent les différents territoires du Soi : pas de logement, pas de famille, pas de travail. « Entre deux intérims, deux jobs dans l'ombre, un retour chez papa-maman, une journée seule face aux petites annonces : bonjour l'ambiance ! » (Dorothée).

Les solitudes qui creusent le vide intérieur ont rarement pour seule origine des facteurs strictement relationnels ; la mécanique de l'isolement destructeur est plus largement à caractère social. Le premier choc vient souvent de la perte d'emploi, surtout pour les hommes. Reste alors une dernière protection : le repli sur la famille, surtout pour les femmes. Quand l'un et l'autre viennent à manquer, la voie est alors ouverte vers une trajectoire négative, une glissade (qui peut aller loin) vers la désinsertion et la désintégration sociales. La perte des derniers liens protecteurs est désormais devenu le critère majeur marquant l'exclusion. « Ne plus pouvoir compter sur des proches est une des expressions de la grande pauvreté contemporaine : celle de l'homme désaffilié, clochardisé, sans ressources ni famille » (Commaille, Martin, 1998, p. 99). Les trajectoires négatives se vivent sous forme d'histoires associant intimement pauvreté et solitude. Voyez le triste récit d'Ingrid. À l'adolescence, il lui sembla que l'avenir s'annonçait normalement. « J'avais des copains, je me souviens même qu'on riait ». Puis, de petit boulot en petit boulot, elle essuya des échecs et perdit confiance en elle, jusqu'à s'installer, désabusée, en situation de chômage. Ne pouvant se payer un logement, elle est obligée de vivre chez ses parents où, son père étant tombé gravement malade, elle passe désormais l'essentiel de son temps à le soigner. « Moi je n'ai rien. J'ai un toit (Ingrid a écrit : toi). Mais pas l'autonomie. Ni vraiment un coin à moi. Je me laisse un peu aller du côté nourriture. Anorexie. Je n'ai plus de règles depuis un an. J'ai perdu le goût de beaucoup de choses ». Elle paie, très cher, le négatif de sa vie solitaire, sans en avoir la contrepartie habituelle : l'autonomie. Elle est très consciente de l'injustice de ce dernier manque. Et sa malheureuse histoire nous permet de mieux comprendre pourquoi l'enfermement ménager n'est généralement pas la pire issue quand subsistent des bribes d'autonomie : le pire est de se dévouer aux autres sans retour, de disparaître en tant que personne tout en souffrant de solitude. « Il n'y a eu que des périodes noires dans ma vie : enfance malheureuse, un métier qui m'exaspère, une vie privée inexistante. J'ai l'impression d'avoir toujours été au service des autres et de m'être négligée. Je sens un grand vide m'envahir » (Donatienne).

En dehors de l'enfermement ménager et de l'engrenage pervers de l'exclusion, il existe un troisième type de trajectoire négative, quand le drame (pour mille raisons les plus diverses) éclate soudainement. Sans que rien ne l'ait annoncé, alors que ni l'environnement social ni les habitudes relationnelles ne semblaient y prédisposer. L'histoire de Marie-Line est de ce point de vue exemplaire. « Je vivais depuis onze ans avec l'homme de ma vie. Bien sûr nous n'avions jamais été très amoureux, mais nous étions tellement complices, nous avions un si fort besoin l'un de l'autre, une symbiose parfaite, nous ne formions qu'un bloc. Et puis voilà qu'il est arrivé devant moi celui-là, en homme, mon bel homme ». Pour la première fois de sa vie, la passion l'entraîne, follement. Elle consulte un analyste, qui lui conseille de libérer son désir. Elle décide alors, la rage au cœur, de casser méthodiquement cette famille qui marchait pourtant si bien, affrontant « sa douleur à lui, celle de mes filles, l'annonce du changement à mes parents, tant de moments pénibles ». Inébranlable elle suit son scénario amoureux, qui lui révèle le manque de sa vie antérieure. Hélas le Prince, après l'avoir séduite, se montre bien vite différent, distant, non disponible. Et elle se retrouve brusquement seule, sans trop comprendre pourquoi, « un bilan professionnel désastreux à la clé ». « Je suis seule, déphasée, sans un sou, si mélancolique, si triste. Ce n'est tout de même pas un cadeau, la vie ». Trop travaillée par le manque amoureux, il lui est désormais impossible de renouer avec son existence ancienne. « J'ai très peur de ne pas arriver à me faire aimer avant d'être vieille ». Alors elle rêve au Prince, s'enfermant dans une stratégie d'attente. Quel Prince ? Parfois un bel et insaisissable anonyme. Parfois « l'homme que j'aime », dont elle regarde longuement la photo le soir, très tard avant de s'endormir, interrogeant l'avenir avec son pendule.

L'individualisme négatif

Robert Castel écrit que sa chronique du salariat (1995) peut être lue « comme le récit de la promotion de l'individualisme, des difficultés et des risques d'exister comme individu » (p. 462). Le devant de la scène montre un individu conquérant, maître de ses entreprises, masquant une forme parallèle, « qui associe l'indépendance complète de l'individu et sa complète absence de consistance » (p. 464). Ce que Robert Castel appelle « individualisme négatif », et qui se décline en termes de manques, le vagabond en représente la forme paradigmatique. Il est défini par une « absence de place qui le situe de l'autre côté du miroir des rapports sociaux » (p. 465). « Pur individu », mais « complètement démuni » : « les vagabonds sont le poids inutile de la terre » (p. 464).

Dans la métamorphose qui s'opère à la fin du XVIIIe siècle, l'individualisme conquérant s'impose à l'ensemble de la société, assimilant l'individualisme négatif : « Il va être demandé, ou exigé, que les individus démunis agissent comme des individus autonomes » (p. 465). Entraînés dans le mouvement sans avoir les moyens de le maîtriser, ces « inutiles au monde » (Geremek, 1976) n'auront alors d'autre perspective que de sombrer dans l'anomie, tout en continuant à se sentir partie prenante de la dynamique d'autonomisation.

Le processus est exactement le même pour cette expression particulière de l'individualisme qu'est la vie en solo. Les solitaires par défaut se trouvent aspirés malgré eux dans une trajectoire qui ne prend son sens qu'à l'autre pôle, celui de l'autonomie positive. Leur désinsertion, leur inutilité au monde, et la définition de leur existence comme un enchaînement de manques, les propulsent vers une anomie qui se traduit par une incapacité d'action, une faible estime de soi, et cette insoutenable sensation de vide évoquée si souvent dans les lettres les plus noires.

Pourtant, même au plus bas de la vie, quand Dorothée se sent « dans l'impasse, finie », Salomé « vieille et défraîchie », quand Ingrid se laisse sombrer dans l'anorexie, l'appartenance au grand mouvement historique se manifeste encore par d'irrépressibles velléités d'autonomie : l'individualisme négatif, à sa manière et dans la souffrance, participe aussi (un peu) à la nouvelle aspiration à la définition de soi par soi. Rappelons-nous Ingrid qui, au cœur du drame vécu quotidiennement, rêve à une vie plus autonome : avoir au moins un « coin » à elle. Ou écoutons Chloé, très déprimée, qui vient de perdre sa dernière copine pour cause de mariage (« maintenant je n'ai vraiment plus personne »), s'enfonçant dans une solitude de plus en plus vide (« le plus terrible c'est que je sais que ça va pas s'arranger »), et qui pourtant trouve un rayon de réconfort. « Ce passage à vide m'apprend à apprécier l'indépendance et à ne compter que sur moi-même ».

XI.
Assurer

La thérapie de la fuite

Contrairement à la vie familiale, dont le quotidien peut s'avérer lourd à assumer mais qui stabilise l'identité (Kaufmann, 1997), la vie en solo se définit par un quotidien faisant corps avec soi mais une identité complexe à gérer. Le repli sur le confort des habitudes procure le calme à la condition d'oublier totalement l'autre vie possible, oubli qui efface la division en deux de l'existence. Cependant, si tel n'est pas le cas, il est nécessaire à l'inverse de soutenir un mouvement permanent dedans-dehors, se traduisant par des impulsions de sorties, véritables fuites. Qui sont toujours, quelles que soient leurs formes, des fuites d'une partie du Soi pour retrouver l'autre partie. La vie s'installe, instable, dans ce perpétuel entre-deux.

Le cas le plus fréquent se présente quand l'identité du dedans ne parvient plus à se constituer de façon cohérente et positive ; il y a malaise et regard critique sur soi. « En restant enfermée on s'ennuie et le moral descend. Ce qu'il faut pour oublier cette solitude, c'est l'activité, il faut bouger » (Maggy). La fuite a alors une fonction thérapeutique immédiate, elle permet de gommer les doutes et de rétablir un équilibre intérieur. « Cela me prend sans prévenir quand ça va mal dans ma tête. Et hop ! je chausse mes bottes de sept lieues. Paris tu m'appartiens ! ». Comme d'un coup de baguette magique Virginia se transforme soudainement en une autre. La fuite thérapeutique requiert néanmoins un minimum d'énergie et de volonté. Ce soir par exemple Sabine n'a pas la force. « Ce soir je n'ai pas envie de jouer le jeu habituel. Je ne vais pas aller au ciné ou au spectacle, je ne vais pas aller me congratuler avec mes amies célibataires, je ne vais pas tenter de séduire des hommes feu follets. Ce soir je reste en tête-à-tête avec moi ». La fatigue est trop grande, l'envie de repos trop lourde : le malaise du face-à-face devient secondaire. Pourtant, jour après jour, l'expérience apprend qu'il est utile de développer cette énergie, pour vivre un temps dans une identité plus positive. Malgré la fatigue et les efforts que cela peut représenter, il faut « se forcer ». « Des fois il faut faire un effort intense pour sortir, même avec des copines enthousiastes et suppliantes » (Frédérique). « Je sens bien que c'est pour masquer la solitude mais je me force à sortir, j'ai une vie trépidante » (Gwenaëlle). Se forcer : la conviction éthique s'inscrit progressivement sous forme de schéma mental, régulateur de l'action. « Qu'on ait envie ou pas il faut se forcer, il faut se forcer à sortir, c'est obligatoire » (Albertine). Jusqu'à constituer une discipline élémentaire, fondatrice du socle de la personnalité : il faut sortir comme il faut manger, se laver, s'habiller, travailler. L'effet thérapeutique est alors bien souvent oublié, au seul profit de la répétition de l'habitude. La progression est la suivante. D'abord sortir pour se sentir mieux (conjuration immédiate du malaise). Puis sortir pour sortir (transformation de l'effet thérapeutique en code de comportement). Enfin sortir parce qu'il faut sortir (injonction catégorique). Nathalie souvent n'a plus l'énergie nécessaire. Mais l'évidence éthique de la sortie, désormais incorporée en injonction catégorique, redouble son regard critique. « Je me hais lorsque je passe un tête-à-tête avec la télé ». Et Frédérique exécute ses sorties comme s'il s'agissait d'une obligation pénible : la satisfaction est seulement dans le devoir accompli. « Souvent, après une soirée pas si réussie que cela, on s'endort quand même satisfaite en se disant qu'on a assuré ».

Les sorties plus ou moins obligées et les brusques fuites du chez-soi (du Soi mal chez soi) sont multiformes. L'élan peut se construire positivement à partir de l'objectif visé (plutôt que pour conjurer le malaise intérieur) et déclencher une envie réelle : il n'y a alors ni fuite ni sortie obligée. « Mes sorties, ce sont mes petits plaisirs. J'improvise. C'est la liberté » (Babette). Mais le plus souvent le mouvement a une origine négative, un trouble, une difficulté de la construction identitaire. Sorte de petit réflexe compulsif pour Monique. « Dès que j'ai une baisse de moral, je sors acheter des fringues ». Emportement de soi beaucoup plus violent pour Salomé. « J'essaie de me rendre heureuse toute seule avec des shoots qui varient. Il y a l'overdose de sorties où l'on boit et fume. Il y a l'overdose de boulot. Depuis quelques temps j'ai découvert les balades de nuit dans la campagne ». Cette variété des causes et des modalités est toutefois secondaire. Quel que soit le point de départ en effet, l'important est que la sortie constitue un élément déterminant dans le renforcement des trajectoires d'autonomie actives. Car elle amorce, le plus souvent malgré soi, un enchaînement de mécanismes (dont nous allons maintenant suivre les étapes) qui pousse à renforcer la logique de la vie en solo.

La logique de la carapace

L'expérience n'apprend pas seulement à se forcer à sortir. Elle enseigne également que l'effet thérapeutique n'opère qu'à une condition : la femme qui sort doit devenir une autre au dehors. Surtout, elle ne doit justement pas montrer ses doutes, son malaise. Elle doit au contraire être unifiée, radieuse, positive. Et savoir le montrer. « J'ai appris une chose : pour garder un homme il faut jouer le jeu de la femme heureuse, épanouie, sûre d'elle. Sinon ils fuient, ils n'aiment pas les pleurnicheuses » (Brigitte). « Quand je m'affiche à nu, écorchée vive, grise, triste, je vois les autres fuir, gênés. Alors je fais semblant, je mets mon masque de déconneuse, j'en rajoute dans l'ironie, le cynisme. Tant que ça fait rire, tant qu'on m'invite, tant qu'on me téléphone… » (Salomé).

Le but premier de la sortie est de rencontrer des personnes ; des amis, les copines, éventuellement un homme. De se sentir chaudement inscrite dans un tissu relationnel, d'exister sous le regard des autres. Or les autres en question détestent l'odeur du drame et des problèmes divers. La femme seule (qui a pourtant tellement envie de parler de ses problèmes) doit donc faire effort pour ne présenter d'elle que l'aspect le plus agréable, se construire une apparence heureuse.

Il lui suffit pour cela d'occulter la moitié de son existence, de ne retenir que le côté lumière de la vie en deux : elle ne ment que par omission. Pourtant la sensation de dédoublement est intense, sorte de caricature de la division habituelle. Et ce Soi présenté sous ses meilleurs atours finit par apparaître comme étranger à soi. D'où l'impression de mentir vraiment, étayée sur quelques petits mensonges bien réels. « Je mens, j'invente des amis chez qui je dois aller, ça rassure tout le monde. C'est une vraie comédie » (Roseline). « Pourquoi la jouer sincère si la seule conséquence de mes aveux est le malaise et finalement une solitude accrue ? » (Dorothée). Katia observe étonnée cette autre elle-même qu'elle donne à voir, ne sachant plus si elle doit se reconnaître dans l'apparence. « On me dit : tu es super, tu as une pêche d'enfer. Ca fait drôle à entendre ». Le dédoublement s'aggrave encore quand les amis ou la famille entrent dans le jeu de l'apparence davantage que souhaité. Marie-Christine, qui ne rêve que de mariage et de bébé, se sent prise dans les filets d'un piège qu'elle a elle-même monté. « S'ils savaient comme je me retiens de ne pas exploser lorsque ma famille m'encourage si gentiment à ne pas m'encombrer de mari ! ».

Elle souhaiterait pouvoir en revenir à une présentation de soi plus unifiée et sincère : l'apparence qu'elle donne à voir est pour elle vraiment un masque trompeur, un mensonge. Ces expressions de « masque » et de « mensonge » reviennent souvent sous la plume de celles dont les rêves s'inscrivent dans la norme de la vie privée (« mari, bébé, maison »), et qui ne vivent que par défaut. « Je mets mon masque de déconneuse » dit Salomé, qui parle de cynisme et vit ce déguisement comme une imposture. Quand au contraire la vie en solo est assumée plus positivement, le masque n'est plus perçu comme un mensonge mais comme une partie du Soi divisé. Sa fonction apparaît alors plus clairement : il protège. Plutôt que parler de masque Adeline a trouvé le mot juste : « Je me suis forgé une carapace ».

Bien que la cible du mécanisme de protection soit intime et personnelle (soutenir l'identité), son fonctionnement est à caractère relationnel ; c'est par le miroir du regard des autres que se renforce l'estime de soi. La construction des identités résulte d'une transaction permanente entre « identité-pour-soi » et « identité-pour-autrui », car l'idée que l'on se fait de sa vie est en décalage avec les diverses perceptions que l'entourage a de soi (Dubar, 1991, p. 116). Dans cette transaction complexe et changeante, l'identité pour soi n'a pas un caractère dominant : elle intervient au même titre que le regard des autres (parfois moins, parfois davantage) dans la définition identitaire. La carapace, tout autant que le petit cinéma intérieur, est au cœur du processus de construction de soi.

Le principe est simple : la femme seule donne à voir la face positive de sa vie en deux. L'entourage, qui déteste les drames, ne demande qu'à accepter cette « offre d'identité possible » (Dubar, 1991, p. 117). Et lorsque la transaction s'installe dans la durée, l'habitude se prend de répéter cet échange : l'identité positive finit par réellement prendre corps dans le réseau d'interaction. « Alors je fais semblant et je le fais très bien, car mes collègues ne cessent de me répéter que je suis épanouie, que je suis bien dans ma peau, et que je n'ai pas de problèmes » (Marie-Christine). Pour elle il s'agit d'un mensonge. Elle est convaincue que « la vraie Marie-Christine » est bien différente, triste, désemparée. La logique de la carapace opère en effet graduellement et, étant donné sa position, Marie-Christine n'en ressent que faiblement les effets. Quand la vie en solo est perçue par défaut, dans les effondrements des solitudes noires, la carapace s'installe comme un pur mensonge ; c'est un masque trompeur. Le mécanisme de renforcement de l'identité n'est alors pas encore enclenché. Il n'entre véritablement en action que lorsque l'image donnée à voir apparaît à soi-même comme une partie possible d'une identité composite et non comme un pur mensonge. Le logique de la carapace, qui par la suite peut se développer dans un sens positif, commence donc dans la douleur et la peine par une division renforcée de la personnalité : le masque n'est plus totalement trompeur, il livre des bribes d'une partie du Soi éclaté. Tellement éclaté et mobile que l'identité pour autrui, stabilisée dans les interactions, peut progressivement devenir la référence majeure de l'identification. En s'installant de façon claire et répétitive dans l'entourage, la carapace devient, par effet de contamination, le pôle unificateur du Soi. Ce qui n'était au début qu'illusion, invention d'une apparence pour se protéger, se transforme ainsi non seulement en authentique partie de soi mais aussi en la partie la plus authentique, sous l'emprise de laquelle le reste tente de s'organiser.

Les facteurs intervenant pour qu'opère ce glissement sont divers : le poids propre des interactions, la place du lien social dans le mode de définition de l'identité, etc. Certains ont une portée très concrète, notamment les aspects les plus corporels du travail sur soi. Jouer la comédie du masque impose en effet que l'apparence soit parfaite. « Il faut colmater les brèches, cacher les épouvantails » (Katia). Ce qui implique un effort permanent, tant psychologique (s'efforcer de paraître heureuse et non déchirée) que physique (s'efforcer de paraître en forme, détendue, et dans l'idéal, irrésistiblement belle et d'un dynamisme éclatant). « Vue de l'extérieur, j'attire l'admiration. Vue de l'intérieur, c'est un travail de force » (Marcelline). Un travail de force mais qui porte ses fruits. Par la vertu de l'effet-carapace les femmes solos les plus actives deviennent réellement plus rieuses, belles et toniques. Elles dépensent plus que la moyenne et prennent un temps plus important pour l'entretien de leur corps et sa mise en scène (coiffeur, produits de beauté, vêtements, gymnastique). « Ma solution à moi, je la connais : me sentir belle et désirée » (Olivia). La logique de la carapace transforme l'identité non seulement en idées (se réunifier à partir du pôle le plus positif donné à voir) mais concrètement, en se traduisant par des changements physiques et une restructuration des rythmes de vie et des activités personnelles. Divorcée après trente ans de mariage Marcelline n'était pas habituée à penser et agir pour elle. Cela lui demande un travail de réorganisation intérieure, désormais commandé par l'image qu'elle veut donner d'elle. « S'occuper de soi n'est pas évident, mon éducation ne m'a pas préparée. Je me pousse, me bouscule sans cesse ». « Les femmes-couples on les voit s'avachir, disparaître corps et âme dans leurs casseroles et leurs enfants. Les femmes seules on les reconnaît d'un coup d'œil, elles sont pimpantes. On est condamnées à être belles » (Babette).

Le paradoxe de l'allure

Ce mécanisme d'étayage et de renforcement de l'identité étant établi, il devient difficile de s'en dégager. Or il propulse, qu'on le veuille ou non, dans une trajectoire d'autonomie beaucoup plus radicale. Le glissement critique a lieu autour de ce qu'il est possible d'appeler le paradoxe de l'allure. Je rappelle brièvement les épisodes précédents. L'entrée dans la vie en solo pousse à « assurer » plutôt qu'« attendre » pour vivre positivement le quotidien. Cette assurance se construit par des sorties où la femme seule affiche une image valorisante qui devient son identité publique. Lorsque cette carapace est si bien installée qu'elle devient le pôle essentiel de l'identification, tout semble aller pour le mieux. Emportée par cette dynamique la femme seule est moins déchirée, y compris au dedans. L'image positive renforce sa réussite professionnelle. Elle élargit le cercle de ses amis. La famille (à défaut de mariage) est rassurée par cette bonne santé. Même les copines, qui pourtant acceptent la version noire, préfèrent pour tout dire cette face lumineuse qui renforce la leur.

Alors ? Manquerait-il quelqu'un dans ce panorama idyllique. Oui, un seul être en vérité, mais tout à fait essentiel : l'homme. La femme autonome (il devient possible à cet endroit de l'appeler ainsi plutôt que femme seule) apparaît si belle, si forte, si sûre d'elle, qu'elle impressionne et intimide. C'est le paradoxe de l'allure : l'image trop positive (surtout si elle est associée à une réussite professionnelle) affaiblit les conditions de la rencontre tant désirée (qui a pourtant souvent été à l'origine de tout ce travail sur soi). « J'occupe un poste de responsabilité envié de beaucoup, j'affiche un caractère très affirmé à tendance masculine, et de plus on me trouve très jolie. Pour tout dire, tous ces atouts ne sont pas toujours à mon avantage : les hommes sont souvent impressionnés voire intimidés » (Bérangère). « Il y a des garçons qui m'ont dit que je leur faisais peur » (Charlène). Marlène va plus loin dans l'analyse : « Je sens bien que j'attire et que je repousse à la fois ». La femme autonome si libre et radieuse attire en effet. Mais cette attirance est contrariée par une force opposée : elle apparaît inaccessible. Les mêmes mots reviennent dans les lettres : « barrières », « froideur ». « Est-ce que je n'ai pas une apparence trop froide de peur que les autres voient ce qu'il y a à l'intérieur ? » (Charlène). « J'ai malgré moi un aspect inabordable, presque glacial, alors qu'en moi brûle le désir de l'autre. Il faudrait que j'apprenne à laisser tomber des barrières » (Jeanne).

Comment faire ? Le piège est sans issue. « Il paraît que je donne l'air d'être inabordable. En fait chez moi c'est de la timidité. Je ne vais tout de même pas me promener avec un écriteau "timide" !! » (Annie). Laisser voir sa fragilité est en effet très délicat, la logique de la carapace risquerait de se désorganiser. La seule parade est de savoir ne pas en faire trop ; mais elle est difficile à maîtriser et souvent insuffisante.

Assumer

Entraînés par l'image positive qu'ils donnent à voir, les chevaux au galop construisent malgré eux un univers biographique où tout entre en cohérence autour de l'affirmation de soi. Seul l'établissement conjugal devient problématique. D'autant plus problématique qu'il y a affirmation de soi.

Cette cohérence identitaire des trajectoires d'autonomie les plus actives est intuitivement perçue : la division en deux de l'existence pourrait être dépassée en accélérant encore la course en avant. Mais une infinité de liens invisibles tendent à brider l'élan. Vers où irait-on ainsi ? Aucune perspective claire ne se dégage. Au contraire, des pressions multiples rappellent la norme de la vie privée. Or, la course en avant se dirige, vers l'inconnu, dans un sens totalement opposé : ni mari ni bébé ni maison comme horizon ultime, mais le Soi absolu.

La vision trop radicale fait peur. De nombreuses femmes autonomes tentent donc de trouver un compromis. Assumer la trajectoire dans sa logique intrinsèque (en faisant le deuil de l'hypothèse conjugale) permet de vivre mieux. Une affirmation exagérée de soi propulserait cependant vers des aventures incertaines. La solution se trouve dans un subtil équilibre : trouver le moyen d'adhérer à la logique d'autonomie tout en maintenant des liens avec une identité plus traditionnelle et la société « normale ». Plusieurs astuces sont utilisées.

La parenthèse. La logique d'autonomie est vécue intensément tout en étant représentée comme une séquence provisoire ; cas fréquent à la jeunesse. « Je suis bien dans mes baskets, c'est extraordinaire une vie de liberté, mon avenir professionnel s'annonce passionnant. Alors pour l'instant j'ai décidé de mettre ma vie sentimentale en veilleuse. Une fois un emploi et un appartement trouvés, je m'attacherai à trouver « mon » homme » (Delphine, 28 ans). « Le jour où je rencontrerai l'homme de ma vie, la vie professionnelle prendra la place qu'on veut bien lui laisser. L'équilibre s'opérera de lui-même » (Annabelle, 25 ans).

Le maintien d'une division intérieure bien maîtrisée. « J'ai deux vies. Au dehors je suis la super-nana que rien n'arrête. C'est merveilleux d'être superwoman, pour rien au monde je ne voudrais retomber sur terre. Et puis il y a le jardin secret, où je suis une petite fille qui rêve au Prince charmant » (Babette).

L'investissement limité dans la logique d'autonomie : être soi mais tranquillement, sans le montrer ni le crier trop fort. Cas fréquent à l'âge mûr ; attitude intermédiaire entre l'affirmation de soi radicale et le repli sur le confort des habitudes. Une autonomie à souffle court. « J'ai pris l'habitude de m'assumer, d'organiser ma petite vie, je me suis endurcie et j'ai appris à ne compter que sur moi-même ; ce qui ne laisse plus beaucoup de place pour un éventuel compagnon » (Olivia). Une autonomie fataliste. « Je n'attends rien de qui que ce soit, je sais que je ne peux compter que sur moi. Tant pis, c'est mon histoire. Il faut prendre les gens comme ils sont, les aimer pour ce qu'ils sont, sans se faire trop d'idées ; ça évite les désillusions » (Aurore).

L'autonomie provisoire, limitée ou contrôlée laisse cependant un goût de manque. Une perspective d'affirmation de soi plus marquée est sans cesse, au moins intuitivement, présente ; la trajectoire pousse en avant. Tout se passe comme si un cadre de socialisation virtuel était prêt à accueillir le nouveau cours biographique, il suffit de se laisser entraîner. Tentation d'autant plus forte que l'identité parvient à se réunifier en entrant dans les trajectoires les plus actives : le cadre de socialisation virtuel est plus cohérent que la vie présente. Une force attire donc, vers cet idéal fort et clair. Et une autre retient : la norme de la vie privée. Plus l'affirmation de soi prend forme en effet, plus elle apparaît comme profondément révolutionnaire, subversive ; et c'est bien ce qui effraie d'avancer plus avant. Révolutionnaire en ce qui concerne l'égalité des sexes. Si problématique à l'intérieur du modèle familial (Kaufmann, 1992), elle trouve soudainement à se réaliser avec facilité grâce à l'autonomie. Révolutionnaire en ce qui concerne les structures de base de la société. La femme et sa maîtrise domestique (le dévouement) constituent toujours la clé de voûte de la famille, qui elle-même reste un élément de base essentiel de la société. Le simple remplacement des valeurs du dévouement par celles de l'autonomie risqueraient de faire s'écrouler tout l'édifice. Le développement de la vie en solo féminine, surtout dans ses formes les plus affirmées, porte en germe d'impensables bouleversements.

L'évolution interne des trajectoires est difficile à décrire car elle résulte de deux mouvements contraires. Dans le cycle de vie, il est fréquent que les premières séquences en solo soient très affirmées, avant que ne se produise un revirement (ou une entrée en couple). La perspective d'une autonomie radicale n'aura été alors qu'une illusion de la jeunesse ; tout rentre dans l'ordre par la suite. Mais historiquement ces séquences sont de plus en plus nombreuses, tardives et affirmées : l'ordre familial est de plus en plus bousculé. Il en résulte, phénomène nouveau, des cycles de vie inversés : une existence qui avait commencé tranquillement dans l'ordre familial ou dans l'attente du Prince, évolue progressivement vers une autonomie affirmée. « J'ai été comme ça à une période, à attendre, comme dans une vie entre parenthèses. Puis j'ai découvert la liberté, la possibilité de choisir. La solitude, c'est une occasion de vivre vraiment, de réfléchir et de grandir » (Karen).

La voie est alors ouverte vers les degrés les plus avancés de cette étrange trajectoire féminine où le Soi est le centre du monde. La femme autonome, « apostat du conjugal » dont l'objectif devient de se « construire en sujet » est alors fréquemment investie, comme le note Erika Flahault (1996), de façon très personnelle dans les études, des professions intellectuelles, ou une création de type artistique ; elle est accompagnée par ses œuvres en cours de réalisation. « Je me dis que je l'ai échappée belle de ne pas me trouver coincée dans l'horreur ménagère d'une petite vie avec un petit mari dans une petite maison ; la mort à petit feu. Moi j'avais toujours ces rêves, de liberté, d'écriture, de cinéma. Bon ça n'a pas encore débouché de façon grandiose mais ma vie est palpitante, pour rien au monde je n'en changerais. Des discussions à n'en plus finir avec mes amis où je refais le monde, des nuits peuplées d'autres types de rencontres, des matins toujours pleins de promesses : dans quoi vais-je mordre aujourd'hui pour réussir quelque chose de bien ? J'ai une faim d'avenir qui n'en finit pas » (Cécile). Marlène n'a pas de tels projets d'écriture ou de cinéma. Elle n'en est pas moins entrée elle aussi dans une autonomie radicale. Parfaitement heureuse, très indépendante matériellement (la plomberie n'a pour elle aucun secret), investie dans son travail de cadre, elle a par ailleurs de larges réseaux d'amis et une vie associative intense. Présidente d'un club (masculin) de football, elle est devenue localement un véritable personnage. Et les hommes ? Elle est trop active et sûre d'elle pour qu'ils parviennent à s'installer dans sa vie : « Plus de 48 heures je ne sais plus gérer ». D'autant que ses exigences sont très élevées. « Donc si je dois vivre avec quelqu'un, il faut qu'il amène vraiment un plus. Bon c'est pas évident ! Je refuse la médiocrité, c'est tout ou rien, je veux vivre mes rêves ».

L'autonomie accompagnée

Une position aussi extrême est rarement revendiquée avec autant de clarté. Les trajectoires d'autonomie les plus affirmées buttent sur la question de l'homme : une vie entière sans compagnon est trop dure à concevoir. Comme dans d'autres domaines il faut donc trouver ici matière à compromis. À défaut d'un établissement conjugal durable dont les conditions sont minées par la course en avant, de nombreuses femmes autonomes s'ingénient à mettre au point les règles d'un partenariat limité. Ni tout à fait couple, ni vie en solo vraiment solitaire. 8 % des femmes de 20 à 50 ans déclarent entretenir une relation amoureuse sans pour autant former un couple, et ce chiffre est en augmentation (De Guibert, Léridon, Toulemon, Villeneuve-Gokalp, 1994).

Les modalités sont diverses, mais reposent toutes sur le caractère partiel de l'engagement, marqué par des espaces et des périodes de vie en solo maintenue : le couple est en pointillé. Jeanine (divorcée déçue par la vie à deux) en forme le rêve et le projet, dans le cadre, devenu aujourd'hui classique, d'une conjugalité non cohabitante. « Il n'est écrit nulle part qu'il faille vivre en couple. Quand j'étais mariée, j'ai trouvé cela envahissant et même souvent décevant. L'idéal ne serait-il pas un amant et de vivre chacun chez soi, de ne partager que le meilleur ? ». Gabrielle, elle aussi divorcée, recherche moins le sexe que la tendresse et l'échange, le soutien et l'écoute. Une conjugalité non cohabitante trop instituée (un vrai couple chacun chez soi) serait pour elle encore trop pesante. Elle essaie donc d'imaginer un nouveau type de relation, plus souple, suivie mais légère ; une sorte d'amitié améliorée. « Je n'ai pas envie d'un mec de passage pour une nuit de sexe sauvage et dangereuse. Je n'ai pas envie d'un mari. Non, une présence épisodique, sympa, tendre, aimante, me suffirait. Quelqu'un avec qui je pourrais à nouveau échanger, parler, vivre ». Gisèle quant à elle, évoluant vers d'autres horizons, invente sa conjugalité à distance d'une manière différente. Occupée avec ses enfants, elle ressent moins le besoin d'une présence simplement chaleureuse. Par contre, à 45 ans, elle reste comme si elle en avait 18 une amoureuse exaltée qui s'envole sans cesse dans de nouvelles histoires. « J'ai toujours eu une histoire d'amour ou même deux. C'est merveilleux d'être amoureuse après 40 ans ». Elle a clairement séparé ses deux vies. « Jamais sous mon toit » : aucun Prince ne vient dans la maison où vivent les enfants. Ils sont toujours rencontrés ailleurs, comme dans un pays enchanté.

L'idée est de vivre intensément l'autonomie tout en conservant quelque chose du couple. En apparence la trajectoire d'affirmation de soi est donc un peu moins radicale. À y regarder de plus près cependant les conséquences de l'autonomie accompagnée sont tout aussi révolutionnaires. La concession faite au couple est en effet contrebalancée par le caractère subversif de l'offre d'un nouveau modèle conjugal. Non plus basé sur la stabilité. Ni sur le partage d'un même territoire. Ni même sur un engagement total et exclusif. Une vie relationnelle et affective « à la carte » (Saint-Laurent, 1993, p. 158), vigoureusement innovatrice, « un laboratoire vivant où chacun expérimente la solitude partagée » (p. 159). Le modèle de la vie privée (mari, bébé, maison), n'est guère attaqué directement tant que les trajectoires de vie en solo, même les plus radicales, se développent totalement en dehors de lui, loin de lui. L'autonomie accompagnée au contraire le vise au cœur, proposant concrètement une alternative immédiatement réalisable.

La prospective sociale commande de regarder de près les secrètes alcôves de ce nouveau vagabondage amical-amoureux. Car une donnée importante de notre avenir est peut-être en train de s'y décider. Les autonomes accompagné(e)s sont des inventeurs qui s'ignorent.

Conclusion

L'analyse des statistiques de composition des ménages débouche sur un constat sans appel : la vie en solo suit un développement inexorable. La place sociale des solitaires-autonomes est également en train de changer. Autrefois relégués aux marges, il s'inscrivent désormais au centre des entités les plus innovatrices : les grandes villes, la jeunesse, les groupes cultivés. Pourtant la logique de ce développement demeure invisible, non pensée. Y compris (et ce n'est pas le moins paradoxal) par les solos eux-mêmes.

Car elle est justement par trop impensable, subversive. Tant que la croissance du nombre des personnes seules reste représentée en termes descriptifs, anecdotiques ou moraux, le caractère révolutionnaire du phénomène est bridé, les acteurs n'ayant pas conscience du mouvement historique qui les agite. La mise en évidence de la logique de ce développement change totalement la perspective. Et offre un œil neuf pour regarder les débats actuels sur la famille.

Débats entravés par des prises de position idéologiques (Martin, 1996), et sans cesse ramenés à des catégories mentales inquestionnables ; ce qui freine l'avancée du savoir. « Il est décidément difficile d'aller jusqu'au bout d'une "dénaturalisation" sociologique de la famille » (de Queiroz, 1997, p. 122). Débats souvent dominés par l'illusion trompeuse (issue des sondages) que la famille, malgré la déstabilisation de ses structures, est aujourd'hui non seulement une valeur centrale mais aussi l'axe majeur de la socialisation privée. La société ne s'accroche en réalité à elle que parce qu'elle est en train de perdre son rôle de pivot (au profit de l'individu). Elle s'accroche d'autant plus fort que le glissement devient manifeste. D'où l'effet en trompe-l'œil : le renforcement n'est en fait qu'un mécanisme de défense, voire de crispation, face à ce qui n'apparaît qu'aventure et chaos.

La famille est aujourd'hui à la croisée des chemins. Pour ne prendre que le couple, il est désormais fondé sur une contradiction insoluble. Car, « l'idéal d'authenticité, qui est au cœur de la culture individualiste, impose avant tout d'être en phase avec soi-même ; la conformité à ses propres désirs devient une ardente obligation et rend la question de l'autre éminemment problématique » (Chalvon-Demersay, 1996, p. 87). Quant à la famille dans son ensemble, les bouleversements en cours dessinent des perspectives renvoyant à notre incapacité collective de réassurer pour chacun l'ordre symbolique de la parenté. Irène Théry croit malgré tout possible ce travail de Sisyphe. Elle n'en conclut pas moins que les tensions actuelles « ouvrent une sorte d'impensable de l'institution familiale […]. Les conséquences en sont immenses. Nous sommes entrés en incertitude » (1996, p. 23).

Certes la famille n'est pas moribonde, loin s'en faut. Elle a su à l'inverse se révolutionner pour coller au plus près des aspirations à l'autonomie, au point de se positionner « au centre de la construction de l'identité individualisée » (de Singly, 1996, p. 14). François de Singly souligne combien et comment les proches (le conjoint, le parent) deviennent aujourd'hui des révélateurs de soi, y compris du Soi le plus intime. Mais cette reformulation familiale, profonde et réelle, ne suffit pas à exprimer tout le potentiel d'autonomie ; les affirmations d'un Soi plus radicalement individualisé s'expriment tous azimuts. La nouvelle attention à l'autonomie à l'intérieur de la famille ne constitue qu'un aspect d'un mouvement plus large qui la dépasse. Et qui dans certains cas la conteste.

Deux lignes d'évolution tendent à se rejoindre. À l'extérieur de la famille, l'irrésistible essor des trajectoires de vie en solo débouche sur l'invention de nouvelles formes souples de conjugalité limitée. À l'intérieur, l'accent est mis de plus en plus sur l'individu : écoute du partenaire (de Singly, 1996), respect de ses territoires personnels (y compris dans les couples agés ; Caradec, 1996), développement d'une éducation centrée sur l'apprentissage à l'autonomie (de Singly, 1996). Il en va jusqu'au souvenir des morts qui prend une forme davantage personnalisée (Déchaux, 1997). Les deux évolutions convergent en direction d'un même objectif : recomposer les liens affectifs autour d'un individu maître de sa destinée. Les couples non cohabitants par exemple se situent au point de rencontre entre les deux mouvements ; il peuvent aussi bien être vus du dehors que du dedans, définis en tant qu'individus accompagnés ou que couples à distance. Certes la famille ne se réduit pas à des liens affectifs. Elle est aussi inscription dans la longue durée de la lignée, système privé de solidarité, institution définissant un engagement moral. Mais ce vaste conglomérat au poids historique considérable (dont les déplacements ne peuvent donc être que très lents) s'est lui-même ébranlé vers cette énigmatique cible unique qui n'est pourtant dessinée nulle part.

La caractéristique du mouvement est d'avancer plus avec les pieds qu'avec la tête : les pratiques s'imposent de fait, avant que ne se clarifie leur représentation. La norme de la vie privée est en retard d'un temps, n'évoluant que lentement. « Mari, bébé, maison » : si le slogan, en simplifiant, peut rester le même, il convient de préciser les contenus. Le mari statutaire et indéboulonnable fait place au compagnon, ami-amant, partenaire privilégié de l'équipe intime. La maison devient même plus attirante, mais sous la forme d'une personnalisation de l'investissement. Reste le bébé, valeur désormais suprême. C'est indiscutablement lui qui empêche une reformulation plus rapide de la norme. C'est souvent pour lui qu'il y a recherche d'un mari-papa et d'une maison qui soit vraiment familiale (les trois termes se renforcent mutuellement). L'invention d'un nouveau type de conjugalité faisant davantage de place à l'autonomie individuelle butte sur la question de l'enfant ; la définition traditionnelle de la norme s'en trouve renforcée.

La progression, en aveugle, n'en continue pas moins, irrémédiable. Aiguillonnée par un élément décisif, le glissement de la place des femmes dans la société (EPHESIA, 1995). La femme n'est pas un individu comme les autres (Mossuz-Lavau, de Kervasdoué, 1997). Historiquement, elle part d'une situation où son rôle (le dévouement) la constituait en cheville ouvrière de la famille et de l'ordre privé (Héritier, 1996), alors que l'homme avait déjà largement commencé à imposer son autonomie, notamment dans la sphère publique (Lefaucheur, Schwartz, 1995 ; Bihr, Pfefferkorn, 1996). Partant de plus loin et remettant en cause les bases de l'organisation sociale, la dynamique féminine d'affirmation de soi (dont la revendication égalitariste n'est qu'un aspect) est donc comparativement beaucoup plus large et subversive que celle de l'homme (Duby, Perrot, 1990-1992). Ce d'autant que le mouvement, nécessairement soutenu par tout État se voulant moderne (Schultheis, 1991) a été très rapide.

Une affirmation modérée de l'autonomie féminine peut trouver à se concilier avec l'engagement-dévouement familial, grâce au soutien de l'État et à la réforme intérieure de l'institution domestique. Mais une affirmation plus radicale développe inévitablement une logique sociale incompatible avec le « familialisme » (Commaille, 1992), une logique subversive. Les femmes qui entrent avec résolution dans la trajectoire d'autonomie (en affichant une identité positive sans le secours des hommes ou en inventant de nouvelles formes de conjugalité limitée) constituent le pire des ferments révolutionnaires.

sans blague ?!

Elles seraient pourtant bien surprises de l'apprendre. Elles ont tant l'impression d'être un peu en dehors du monde. Beaucoup de lettres par exemple prennent un ton auto-critique pour s'excuser de donner une telle importance à leur petite vie ; elles n'imaginent pas qu'elles sont en train de saper des montagnes. L'essentiel du développement de la vie en solo se déroule par défaut et souvent dans les larmes. Les autonomes les plus actives elles-mêmes avancent peu sûres de leur fait. Elles sont dans l'œil du cyclone de l'individualisation sans trop le vouloir ni comprendre quel vent les emporte. Avant-garde involontaire, elles paient les pots cassés d'une période de transition qui n'a pas encore (et qui est encore très loin d'avoir) dégagé ses nouveaux repères de la vie privée. Elles sont donc condamnées à vivre dans le tiraillement de cet instable entre-deux, pour une majorité plutôt mal, stigmatisées par le « doigt accusateur », blotties dans leurs enveloppes régressives, réconfortées un temps par les copines. L'attente sans espoir fait sombrer dans les solitudes les plus noires. Thérapie de la fuite et logique de la carapace : la course en avant est la seule façon de vivre mieux cette drôle d'existence.

Mais plus elle avance (amplifiant ainsi le mouvement d'ensemble qui aspirera d'autres personnes), moins la femme autonome discerne clairement où l'entraînent ses pas.

Épilogue

Et si je m'étais trompé à propos du Prince ? Cette histoire ne peut pas finir ainsi.

Me croira-t-on ? Je n'avais pas prévu qu'il y ait une histoire, ni qu'il y ait une fin. Encore moins une fin heureuse, comme dans les contes de fées. J'ai toujours détesté les contes de fées. Petit garçon, ils me remplissaient de malaise. J'avais besoin sous mes pieds de terre ferme, de vérités carrées ; ma vision de la vie était déjà trop chahutée pour ajouter du flou.

C'est dire combien je suis entré dans cette affaire de Prince charmant à reculons, avec un *a priori* très défavorable sur le personnage (le sociologue parvient rarement à se couler en entier dans une froide neutralité). Mais la logique de la recherche m'y entraînait ; les lettres ne cessaient d'évoquer cet archaïsme ridicule (contre ses émotions le sociologue est malgré tout honnête envers son matériau). Au début tout se passa très bien : quoiqu'occupant une place démesurée, le Prince justifiait tout le mal que je pensais de lui. Il était loin, si loin de la réalité. Certes lorsqu'on me parlait de cheval blanc ce n'était qu'une image, je n'étais pas dupe. Et même une image comme forme littéraire. Car pour les vrais rêves, je savais bien que le Prince prenait des visages plus à la mode. Il n'empêche : il était loin de la réalité, si contraire aux hommes de chair et de sang devant pourtant être affrontés pour espérer construire une vie à deux. Poursuivant le cheminement tranquille de mon enquête, je collectionnais donc les drames de l'attente et autres effondrements dans les solitudes noire. Tous malheurs advenant à cause de Lui ; l'eau de mon moulin grossissait toujours dans le même sens.

Et puis, petit à petit, j'ai dû me rendre à l'évidence. Retourner à mes fiches, revoir sous un autre angle les vies que j'avais cru comprendre, plonger (malgré mes réticences et pour la première fois) dans la lecture de Cendrillon et divers récits féeriques pour compléter ma documentation. Un autre Prince, ou plutôt le même, tout aussi irréel, loin du monde, intervenait d'une manière très différente, et jouait un rôle inattendu dans mon histoire. Car sous ma plume, outre l'analyse de la vie en solo, était bel et bien en train de s'écrire une histoire. Pire ! un conte, un conte moderne (« La femme seule et le Prince charmant »), se terminant par l'incontournable fin heureuse. Mais pas celle que tout le monde attend (« Ils se marièrent et eurent beaucoup d'enfants »). Elle ne peut d'ailleurs se raconter en trois lignes légères ; il est nécessaire de replonger dans l'analyse pour entrevoir ce dénouement plus favorable.

*   *

*

L'alliance de la femme autonome et du Prince charmant semble contre nature : il vivent dans deux univers radicalement opposés. Elle, est dans le monde du concret. Lui dans celui du rêve. Elle, est farouchement inscrite dans les mouvements les plus actuels de son époque, cherchant à maîtriser (elle seule) son propre avenir, et pour cela, à décider, choisir, évaluer en tout, y compris en amour. Lui au contraire, à peine dégagé de ses atours moyenâgeux, lui propose qu'elle attende sagement sa destinée, qu'elle se laisse éblouir et entraîner par l'Amour sans y regarder de plus près.

Mais ce livre nous a montré combien rêve et réalité pouvaient être intimement mélangés. Quant à l'écart entre femme autonome et Prince charmant, l'analyse du couple nous apprend que ce dernier n'est qu'en partie homogamie et association du semblable. Sous un autre aspect, à l'inverse, il ne parvient à se construire que par la complémentarité et l'association de différences, voire d'oppositions. Chaque histoire conjugale est un assemblage particulier (et souvent très complexe) de ces deux tendances. Parfois plus du côté similitude, parfois plus du côté opposition. L'alliance de la femme autonome et du Prince charmant n'est somme toute qu'une variante extrême (opposition) d'un échange ordinaire.

Une variante qui demande néanmoins quelques efforts de réflexion pour être saisie. Retournons un instant à l'amour courtois, car il peut nous livrer quelques clés de compréhension. Deux choses me semblent essentielles à retenir pour ce qui nous intéresse. D'abord ceci : dans l'idéal chevaleresque, prouesses et amour sont intimement liés. L'amour courtois est une invite à une action créatrice, à un dépassement de soi. Au point qu'il est possible de se demander ce qui est le plus important, l'amour lui-même ou les prouesses. Ensuite cet autre élément : la « chevalerie d'amour » est une « société idéale », « séparée du monde des vivants », où « tout s'élabore dans la perfection et l'harmonie afin de guider les actions de l'humanité » (Markale, 1987, p. 65).

L'amour, réalité extraordinairement complexe, est encore loin d'avoir livré tous ses secrets. Pour une part (à laquelle nous n'avons guère l'habitude de réfléchir), il est un processus de changement de l'identité. Dans les temps ordinaires, cette dernière, arrimée au poids du quotidien, ne peut se transformer qu'avec lenteur et de façon limitée (Kaufmann, 1997). Dans l'élan amoureux au contraire, il y a brusque sortie du Soi ancien, puis moment d'incertitude et de flottement dans une indétermination identitaire où l'émotion est à son comble. Elle est justement à son comble pour cette raison essentielle : parce qu'il y a flottement de l'identité.

Les trajectoires d'autonomie les plus actives ont bizarrement beaucoup de points communs avec cette position identitaire. Elles sont élan, tension permanente vers une reformulation de soi. Et pour cette raison chargées d'émotivité ; plaisirs secrets et larmes. Élan moins intense mais durable. Alors que la passion amoureuse ne dure qu'un temps, et retombe en calmes sentiments de la nouvelle identité qui s'installe en famille, le Soi ouvert des trajectoires d'autonomie alimente sur le long terme la réflexivité et l'émotionnalité.

C'est ici que nous retrouvons le Prince. Comme dans la société idéale de la chevalerie d'amour, le vrai Prince, trop beau, trop parfait pour être jamais rencontré dans la société des vivants, est l'instrument rêvé pour que l'élan jamais ne retombe. Il y a fusion et confusion des deux élans, de l'amour et de l'autonomie, accouplement dans un unique mouvement de dépassement de soi. L'amour est bien alors un instrument qui permet la réalisation des prouesses, qui dynamise la trajectoire d'autonomie. Il doit cependant pour cela être utilisé de façon très judicieuse. Le Prince notamment doit se conformer à une figure précise. Il est un intime qui doit savoir rester lointain, virtuel, membre de la société idéale, séparé des vivants. La femme doit parvenir à y croire sans y croire concrètement, dans une sorte de pensée parallèle à l'action. Une croyance trop entière déterminerait en effet une position d'attente renforçant la division en deux de l'existence et renvoyant au pôle négatif de la trajectoire.

Pour tout dire, le Prince n'est pas un allié inconditionnel de la trajectoire d'autonomie. Son rôle est plus neutre : il renforce les cadres de socialisation existant. Bien utilisé il soutient la dynamique d'autonomie de la femme en solo. De la même manière cependant, il peut conforter la socialisation familiale de la femme mariée. Il n'est plus alors l'allié qui aide à se dépasser dans l'exténuant labeur de la construction identitaire ouverte, mais la figure qui console des autres vies que l'on n'a pas eues, qui évade de l'ennui d'une identité trop stabilisée. « Après vingt ans, il n'y a rien à faire, il y a l'usure, la monotonie. Vingt ans à faire les mêmes gestes, avec la même personne, dans le même lit… Heureusement il y a le rêve ! Il m'emporte sur son cheval blanc. Je ne peux me résoudre à ne plus vivre l'instant magique de la rencontre, du frisson qui emporte, du premier regard, de la première caresse. Mais je suis une femme fidèle. Alors je me contente du rêve, plein de désirs fous, de ma frustration. C'est mon autre vie, avec mes amants brûlants et mon Prince charmant » (Maïté).

De même que la femme mariée, la femme autonome doit donc parvenir à vivre pleinement ses rêves, à y croire (un temps) comme s'ils étaient la réalité, tout en les distinguant (le reste du temps) nettement de la vraie réalité. Exercice d'autant plus complexe et subtil que dans certains cas au contraire le rêve peut tenter de se mélanger avec des fragments (soigneusement sélectionnés) de réalité. Non pas dans l'attente que l'Amour céleste se concrétise sous la forme d'un vrai Prince descendu soudainement du ciel dans l'ordinaire de la société des vivants. Mais à l'inverse par le travail sur soi, en partant du concret. Lorsqu'elle parvient à se constituer dans de bonnes conditions, l'autonomie accompagnée offre en effet de multiples (bien que souvent minuscules) occasions d'envol amoureux. « Si Thibaud ne dure pas tant pis, j'aurais eu le meilleur de l'amour. Le bonheur, c'est des petits bouts de moments agréables, paisibles ou fous, mis bout à bout » (Karen). D'envols réels (à la différence du Prince purement rêvé) ne retombant pas sous la forme d'une identité familiale stabilisée (à la différence de la rencontre avec l'« homme de ma vie »). Tout semble alors réuni pour constituer les conditions d'un élan permanent, entraîné pas le rêve tout en restant enraciné dans le concret. La seule difficulté est que ce concret-là, outre qu'il est difficile à construire, est rarement assez radieux pour donner prise au rêve. L'art consistant à savoir trouver l'or où à première vue il n'y a que brillant. Vision à nouveau très proche de la définition courtoise de l'amour : l'émotion résulte d'un travail sur soi. Encore, toujours, le travail sur soi. La dynamique d'autonomie renforce l'autonomie, dans tous les domaines ; la trajectoire entraîne vers l'invention d'un nouveau code amoureux.

* *

*

Le mot fée vient du latin *fatum* : dans les contes elles sont la main du destin. Cendrillon se contente d'attendre, ce sont les fées qui lui ouvrent les portes du bonheur. La Cendrillon moderne hésite. Elle est encore pour beaucoup ainsi. Mais une autre Cendrillon émerge, ne voulant laisser à personne le soin de diriger sa vie, s'engageant avec résolution dans la trajectoire d'autonomie. L'épilogue du conte classique devient dès lors impossible, justement parce que l'avenir reste ouvert, condition pour que le travail sur soi porte tous ses fruits.

Cendrillon ne se contente plus d'attendre. Elle n'a plus le regard fixé sur le palais. Elle devient Princesse par la seule force de ses pas, dans son chemin aux aventures autres qu'amoureuses. Et (de même que dans la vieille histoire le Prince fut ébloui par la pauvre servante) elle est de temps en temps saisie par la grâce d'un simple et bel homme croisant ce chemin.

À propos de la méthode

Le déroulement des étapes

J'ai commencé à travailler sur le thème de la vie en solo il y a huit ans. À la demande de la Commission européenne, qui souhaitait disposer d'un point de vue d'ensemble sur le développement des ménages d'une personne, et mieux comprendre la question de la solitude en Europe. J'ai donc effectué ce travail de synthèse, en lisant, analysant et classant 280 recherches en histoire, démographie, sociologie et psychologie (Kaufmann, 1993).

Le chercheur affronté à ce type de tâche dispose de deux grandes options méthodologiques. Soit il organise les différents travaux autour d'un argumentaire central. Ce qui signifie obligatoirement qu'il opère des choix forts, car l'instrument de l'organisation ne peut être rien d'autre que sa propre problématisation ; il utilise la documentation (y compris si elle est théorique) pour la traiter à un deuxième niveau et théoriser à partir d'elle. Soit au contraire il s'en tient à une logique documentaire et descriptive, de rangement et d'explicitation des données, puis de synthèse à partir des ces regroupements thématiques et problématiques. J'ai personnellement toujours eu une préférence pour le fil argumentaire, laissant à d'autres (qui ont sur ce point des goûts et des compétences supérieures aux miennes) l'exposé et le rangement systématiques des données. Dans le cas présent il s'avérait cependant impossible d'aller trop loin en ce sens. Parce qu'il m'était demandé de réaliser une vraie synthèse. Mais aussi et surtout parce que la documentation recueillie freinait l'essor de la problématisation. Elle se caractérisait par une confusion assez exceptionnelle des définitions, et un cloisonnement disciplinaire autistique de la production de savoir. Chacun dans sa province avait sa petite idée sur la question ; hélas mille petites idées n'en font pas une grande. La situation commandait donc impérativement d'exécuter d'abord une clarification et un rangement élémentaires, pour pouvoir commencer ensuite à travailler sur du solide.

Parallèlement à cette synthèse de travaux très divers, une analyse fut menée sur les budgets de consommation des ménages, à partir de tableaux statistiques réalisés par EUROSTAT (Kaufmann, 1993). Analyse largement utilisée pour étayer le « Portrait » des solos dépeint dans la deuxième partie de ce livre. Le lecteur souhaitant obtenir des renseignements plus détaillés ou des comparaisons européennes pourra consulter le rapport de recherche. Plusieurs articles furent publiés par la suite dans des revues scientifiques. Les références sont indiquées en bibliographie (Kaufmann, 1994a ; 1994b ; 1994c ; 1994d ; 1995b ; 1995c).

Le regroupement de ces différents textes aurait pu donner matière à publication d'un livre, de type dossier documentaire. J'y ai d'ailleurs pensé un temps. Mais il manquait quelque chose, il manquait, si l'on peut me permettre, un cœur à cet ouvrage. J'ai beaucoup de mal à m'engager avec motivation dans un livre sans fil argumentaire fort ni vue de l'intérieur de la question à traiter. Or, je n'avais ni l'un ni l'autre. Toute cette accumulation érudite me paraissait un peu sèche et désarticulée. Pendant un an environ, elle fut donc rangée dans un tiroir. En attendant…

L'attente ne fut pas longue. Je ne pouvais, à cause de cet éparpillement, me résoudre à lancer une enquête qualitative à ma manière habituelle ; le sujet allait dans tous les sens et tous étaient intéressants à suivre. Le déblocage de la situation advint d'une façon inattendue. Suite à la publication du témoignage d'une femme seule, le magazine *Marie-Claire* avait reçu un abondant courrier (300 lettres) et me demandait de l'analyser pour étayer d'un point de vue scientifique la réponse à fournir. Matériau dense, émouvant de sincérité et surprenant de profondeur. Et qui surtout pour moi contenait un élément décisif. Le caractère fort et groupé de la thématique développée me donna en effet l'impulsion qui manquait, et une perspective plus claire pour organiser autour d'elle les données. L'enquête était relancée.

Les lettres

Sur les 300 lettres envoyées à *Marie-Claire,* dont 200 furent alors lues et rapidement analysées une première fois, seules 91 ont été conservées en archives. Par différents moyens (réseaux personnels, petites annonces), un nouveau recueil de lettres fut ensuite organisé, qui permit d'en réunir 63. Soit un total de 154 lettres (125 sont directement citées dans le texte, et répertoriées dans la liste ci-dessous). Une cinquantaine de lettres ont été écartées du corpus pour différentes raisons : hors-sujet, trop brèves ou dénuées de contenu, et surtout demande de confidentialité (aucune lettre n'a été citée lorsque cette demande a été faite ou que le caractère personnel du courrier a été spécifié). Elles ont néanmoins alimenté de façon anonyme ma connaissance générale de la question.

Les 154 lettres retenues ne constituent pas un échantillon représentatif. Du point de vue social la répartition est assez bonne. Il est en particulier à noter que l'écrit n'a pas été un frein à la participation de femmes des milieux populaires (plusieurs lettres indiquent une très faible maîtrise de l'écriture : l'envie de s'exprimer était la plus forte). Il est à signaler toutefois une nette surreprésentation des femmes diplômées (enseignantes, cadres), ce qui n'est pas une surprise. La non représentativité est beaucoup plus grande concernant un autre critère, l'âge : l'écart maximum s'échelonne de 18 à 53 ans. La mise en avant d'un thème (la recherche éventuelle d'un partenaire conjugal) a en effet fixé sur un groupe d'âge l'incitation à répondre ; les femmes seules plus âgées ne se sont pas senties en résonance avec les questions soulevées. Surreprésentation amplifiée par le fait que la vie en solo aux âges jeunes et intermédiaires est l'occasion d'une grande réflexivité, se traduisant par un rapport privilégié à l'écriture. La focalisation sur ce groupe délimité ne posait toutefois nullement problème, au contraire, dans la mesure où le sujet n'était pas la vie solitaire en général, mais justement le moment de la trajectoire où le processus de réflexivité lié à l'hypothèse conjugale était le plus intense.

Le travail sociologique sur des lettres et autres documents personnels (dont des récits de vie rédigés) ne constitue pas une pratique nouvelle ; il remonte même à loin dans le temps (Thomas, Znaniecki, 1998). Il fut l'occasion de vives querelles de méthode, portant notamment sur le problème de la représentativité et de la généralisation des résultats (Tripier, 1998). Problème pouvant être résolu (comme c'est le cas dans cette enquête) par le croisement avec d'autres sources de données. Les chercheurs qui ont eu entre leurs mains de tels documents ont cependant été frappés par leur fréquente qualité, leur pouvoir d'évocation, la finesse explicative des détails, leur capacité à rendre de l'intérieur les mécanismes mentaux et sociaux. William Thomas et Florian Znaniecki n'hésitent pas à dire qu'ils « constituent le type parfait de matériau sociologique » (1998, p. 46).

Qualité qui n'est toutefois pas atteinte dans tous les cas : la procédure de recueil doit être contrôlée et le contexte d'écriture favorable. Ce qui fut réalisé ici. Les lettres ne sont pas des correspondances ordinaires. Pour la plupart, l'envie d'écrire était venue d'un besoin plus profond de confession, d'une tentative d'extériorisation (voire d'exorcisme) des questions taraudant l'existence. Elles n'étaient qu'un instrument parmi d'autres de la réflexivité habituelle, semblable au journal intime, ce qui explique leur très grande sincérité, qui ne fait aucun doute. Certes elles étaient adressées à quelqu'un, un indéfinissable quelqu'un. Justement, cette occasion donnait encore plus de poids à la démarche, sans rien enlever de son caractère personnel et de sa sincérité. « Il fallait que j'écrive cette lettre, au peuple de l'anonymat, même si personne ne la lit. Il le fallait, pour que tout s'évapore, sorte de moi » (Salomé).

Assez souvent d'une calligraphie peu soignée (venant sans doute de ce que beaucoup ont été écrites au lit : le fait est signalé dans une trentaine de lettres), elles sont par contre d'un contenu élaboré, ayant à l'évidence nécessité un effort : rares bavardages ou phrases creuses, excuses quand un développement semble, après coup, avoir été trop long (en général à propos d'une histoire d'amour). La volonté est claire : dire le plus possible en peu de mots, et dire juste. Peu de mots non parce que les lettres sont courtes (au contraire il leur arrive d'atteindre la taille de véritables récits de vie de 10 à 15 pages) mais parce qu'il y a beaucoup à dire. Le résultat est un matériau exceptionnellement dense, concentré. À la différence d'entretiens enregistrés, il ne laisse guère de respiration au chercheur, et le travail de réduction pour construire l'objet (Kaufmann, 1996) s'avère délicat : tout ou presque semble bon à prendre.

Les styles d'écriture sont divers. Dans une précédente recherche où des lettres furent utilisées (sur le thème du repassage), j'avais noté le style posé, scolaire, voire ampoulé de l'écriture, très différent des tournures orales plus spontanées recueillies dans les entretiens (Kaufmann, 1997). J'avais souligné aussi qu'il convenait de ne pas s'arrêter au caractère peu engageant de cette forme d'expression. Car elle n'était rien d'autre que la manifestation d'une position particulière d'auto-analyse et de tentative d'explication systématique : il y avait travail sur soi pour dire un maximum, de façon argumentée et organisée. De nombreuses lettres ont ici aussi utilisé ce style, mais sur un mode moins forcé que pour le repassage, qui par son aspect objectivable et technique s'y prêtait davantage. Moins scolaires, les formes d'écritures les plus travaillées ont plutôt eu tendance à se rapprocher de la littérature et de la poésie. Parce qu'ainsi il était plus facile de laisser entendre et faire comprendre à petites touches ce qui était si difficile à exprimer avec des mots trop carrés. Sans oublier cette autre raison : la vie en solo incite à l'écriture et à la création ; écrire une belle lettre permettait de répondre à cette envie.

Beaucoup d'autres lettres toutefois (ou les mêmes en d'autres passages) ont emprunté un style très différent, inhabituel pour des documents écrits : un style oral, proche de celui qui est recueilli dans les entretiens, avec des formulations abrégées, des expressions familières et des tournures de phrases typiques du langage parlé. Le motif ne fait guère de doute : sous leur plume, ces femmes exprimaient au mot près et instantanément ce qu'elles étaient en train de se dire à elles-mêmes. Et l'on ne se parle pas (pas plus qu'on ne parle aux autres) avec les phrases qui sont dans les livres.

Ces tournures ont été respectées et retranscrites ; l'orthographe a cependant été corrigée. Quelques (rares) détails trop précis décrivant la personne ont été remplacés par des éléments analogues, pour préserver l'anonymat.

Pour alléger la rédaction, il n'a pas été fait systématiquement référence aux sources. Les données sur lesquelles je m'appuie pour dégager telle ou telle conclusion ont plusieurs origines (synthèse des travaux, statistiques diverses dont l'étude de budgets de ménages, analyse des lettres) et sont d'une importance et d'une précision variables. Les généralisations sont plus appuyées quand les données étaient solides, les formulations plus prudentes quand elles l'étaient moins. Il convient toutefois de signaler que j'avais toujours au moins quelques indices, même quand l'interprétation a été plus intuitive. Un exemple pour illustrer. Au chapitre 2 de la première partie, je dis (brièvement) qu'il y a peu de lamentations et de pleurs entre copines. « Côté ombre se trouve non pas la lamentation et les pleurs, qui sont rares (on les garde pour soi), mais la quête de compréhension et de réconfort : chaleur, soutien, écoute attentive, analyse à deux voix ». La première ligne est une interprétation sur des indices assez faibles. Cette absence ne m'a pas en effet été décrite explicitement. Mais d'innombrables lettres détaillent les contenus sans parler des pleurs et lamentations, ce qui me permet de déduire qu'ils sont au moins rares (je ne dis pas absents). La seconde partie de la phrase est elle par contre très étayée sur le matériau : les lettres illustrent à longueur de pages la chaleur, le soutien, l'écoute attentive, l'analyse à deux voix. Et cette compréhension détaillée me permet de revenir sur la première partie de la phrase et de la confirmer en retour avec une bonne probabilité.

La construction des hypothèses

Dans ma procédure habituelle d'élaboration théorique, après un cadrage rapide et la définition d'un petit groupe d'hypothèses de départ, j'élabore progressivement le modèle d'interprétation théorique dans la longue et lente confrontation avec le matériau d'entretien (Kaufmann, 1996). Ici au contraire la première phase (synthèse des travaux) ne s'est pas bornée à être une simple préparation de l'enquête, elle a duré longtemps, et a débouché sur la mise en évidence d'une esquisse très avancée (bien qu'éclatée et disparate) du modèle interprétatif. Les lettres, élément déclencheur et fil organisateur précieux pour la rédaction du livre, n'ont pas eu le même rôle central dans la formation des hypothèses : elles ont plutôt changé leur agencement mutuel qu'été l'occasion d'un saut théorique. Elles ont permis d'opérer une sélection et une hiérarchisation des hypothèses, de réduire et grouper l'esquisse initiale du modèle. Elles ont ensuite été utilisées pour confirmer, préciser, illustrer, donner de la vie, permettre une vue intérieure.

Le matériau était d'ailleurs parfaitement adapté à cette utilisation. Au contraire sa densité et sa concision n'auraient pas permis la longue cohabitation problématisante qui s'engage entre le chercheur et ses bandes enregistrées. Le modèle a cependant été l'objet de quelques glissements notables. Surtout à cause de la montée en puissance du Prince charmant, non prévue au départ. Il devait certes y avoir une réorganisation et une focalisation du matériau autour de la question de l'attente conjugale. Mais la figure du Prince m'incita à aller loin en ce sens, à plonger dans l'historique de l'amour, à tenter de décrire les mélanges complexes entre imaginaire et concret, etc. Jusqu'à composer le livre autour de deux lignes de lectures possibles sans cesse entrecroisées : l'analyse de la vie en solo féminine, et l'histoire de la femme seule et du Prince charmant.

Quelques données sur les témoignages

Les lettres reçues ne s'intègrent pas dans un échantillon constitué selon les règles académiques ; elles ont été envoyées spontanément ou en réponse à une demande ne sollicitant de fournir aucunes données particulières. Les informations (inégales) recueillies et livrées ci-dessous résultent de ce que chaque épistolière s'est sentie poussée à préciser les repères qu'elle jugeait significatifs. Les catégories de renseignements communiqués sont donc révélatrices et doivent être considérées en elles-mêmes comme une information. Le métier est assez souvent cité, la situation familiale (cela n'étonnera pas sur un tel sujet) encore plus. Mais la précision la plus donnée (alors que rien n'y obligeait) est l'âge. Il joue en effet un rôle décisif dans les divers mouvements qui agitent la vie en solo.

Les vrais prénoms ont été remplacés par des pseudonymes.

Adeline, 28 ans, célibataire, cadre supérieur.
Adrienne, 42 ans, divorcée, cadre commercial.
Agathe, 18 ans, célibataire, lycéenne.
Agnès, 45 ans, divorcée, commerçante.
Albertine, 42 ans, veuve.
Alexandra, 30 ans, célibataire.
Alice, divorcée.
Alisson, 20 ans, célibataire, étudiante.

Amélie, 29 ans, célibataire, aide-soignante.

Angéla, 22 ans, célibataire.

Annabelle, 25 ans, célibataire, étudiante.

Anne-Laure, 38 ans, célibataire, un enfant.

Annick, 49 ans.

Annie, 36 ans, célibataire.

Astrid, 34 ans, célibataire, infirmière.

Aurore, 35 ans, divorcée, infirmière.

Babette, 35 ans, divorcée.

Bénédicte, 34 ans, divorcée, cadre.

Bérangère, 25 ans, célibataire, cadre.

Betty, 36 ans, célibataire.

Brigitte, 39 ans, divorcée, ouvrière.

Carine, 30 ans.

Carmen, divorcée.

Caroline, 32 ans, divorcée.

Cécile, 38 ans, célibataire.

Chantal, mariée, deux enfants.

Charlène, 23 ans, célibataire.

Chloé, 20 ans, célibataire, caissière.

Claire, 30 ans, célibataire, cadre commercial.

Claudia, 38 ans.

Corinne, 25 ans, célibataire, secrétaire de direction.

Danièle, 32 ans, divorcée, commerçante.

Delphine, 28 ans, célibataire, étudiante.

Diane, 20 ans, célibataire, étudiante.

Donatienne, 44 ans.

Dorothée, 25 ans, célibataire, cadre au chômage.

Edwige, 33 ans, célibataire, profession libérale.

Élisa, 26 ans, célibataire.

Élodie, 31 ans, célibataire, au chômage.

Émilienne, 25 ans, célibataire, cadre.

Emma, 29 ans, employée.

Ernestine, 52 ans, divorcée.

Évelyne, 37 ans.

Fabienne, 50 ans, veuve.

Flora, 31 ans, au chômage.

Françoise, 38 ans.

Frédérique, séparée.

Gabrielle, divorcée, enseignante.

Gaétane.

Geneviève, divorcée.

Géraldine, 29 ans, cadre commercial.

Georgina, 39 ans.

Gisèle, 45 ans, divorcée, aide-ménagère.

Gladys, 33 ans, deux enfants.

Gwenaëlle.

Hélène.

Henriette, 44 ans.

Hortense, 49 ans, divorcée.

Ida, 29 ans, célibataire.

Ingrid, 25 ans, au chômage.

Isabelle, 37 ans, au chômage.

Jacqueline, 47 ans, divorcée.

Jeanine, divorcée.

Jeanne, séparée, deux enfants.

Jenna, célibataire.

Joanna, 31 ans, divorcée.

Joëlle, 41 ans.

Judith, 42 ans.

Julia, célibataire.

Juliette, 31 ans.

Justine, 28 ans, célibataire, institutrice.

Karen, 32 ans.

Katia, 40 ans.

Laura, 40 ans, célibataire, enseignante.

Laurence, 35 ans.

Léa.

Leila, 34 ans, divorcée, trois enfants.

Liliane, divorcée, au chômage.

Linda, 26 ans, célibataire, éducatrice.

Lise, 37 ans, célibataire, enseignante.

Loriane, 24 ans.

Lucie, 26 ans, commerçante.

Lydia, 27 ans, célibataire.

Madeleine, 45 ans, divorcée.

Maïté, 42 ans, mariée.

Maggy, 25 ans, célibataire, secrétaire.

Malorie.

Manon, 37 ans, divorcée.

Marcelline, 50 ans, divorcée.

Maria, 52 ans, divorcée.

Marie-Andrée, divorcée.

Marie-Christine, 38 ans.

Marie-Laure, 33 ans, cadre.

Marie-Line, 29 ans, divorcée, deux enfants.

Marie-Pierre, 50 ans, employée municipale.

Marina, 23 ans, célibataire.

Marjorie, 31 ans, célibataire.

Marlène, 36 ans, divorcée, deux enfants, cadre.

Martine, mariée.

Mathilde, 20 ans, célibataire.

Maud, 24 ans, célibataire, décoratrice.

Michèle, mariée, deux enfants.

Monique, divorcée, un enfant.

Nadège, 32 ans, célibataire.

Nathalie, 37 ans.

Nelly, 32 ans, divorcée, un enfant.

Odile, 35 ans, divorcée.

Olivia, 27 ans, célibataire.

Ophélie, 24 ans, célibataire.

Pascale, 48 ans, veuve, deux enfants, commerçante.

Pierrine, 21 ans, célibataire, étudiante.

Raphaëlle, 27 ans.

Régine, divorcée, un enfant.

Roseline, 31 ans, célibataire.

Sabine, 34 ans.

Salomé, 21 ans, célibataire.

Sylvie, 38 ans, célibataire.

Tania, 36 ans, employée.

Vanessa, 26 ans, célibataire, ouvrière.

Véronique, 42 ans.

Violaine, 26 ans.

Virginia, 27 ans, célibataire.

Viviane, 41 ans, divorcée.

Yasmine, 32 ans, célibataire.

Yvonne, 53 ans, divorcée.

Dossier documentaire

L'augmentation du nombre des solos

Depuis un demi-siècle le nombre des ménages d'une personne n'a cessé d'augmenter, de façon importante et avec une régularité remarquable, dans l'ensemble de l'Europe. Comme le montrent le tableau 1 et le graphique 1.

Tableau 1
Pourcentage des ménages d'une personne sur l'ensemble des ménages.

	vers 1950	vers 1960	vers 1970	vers 1980	1990/91	1993/94
Belgique	16 %	17 %	19 %	23 %	28 %	28 %
Danemark	14 %	20 %	21 %	29 %	34 %	45 %
RFA	12/19 %	21 %	25 %	31 %	34 %	34 %
Espagne			8 %	10 %	13 %	13 %
France	19 %	20 %	22 %	24 %	27 %	28 %
Irlande	10 %	13 %	14 %	17 %	20 %	22 %
Italie	10 %	11 %	13 %	18 %	21 %	22 %
Luxembourg	9 %	12 %	16 %	21 %	26 %	26 %
Pays-Bas	9 %	12 %	17 %	22 %	30 %	32 %
Portugal	8 %	11 %	10 %	13 %	14 %	14 %
Roy.-Uni	11 %	15 %	18 %	22 %	26 %	28 %
Grèce	9 %	10 %	11 %	15 %	16 %	19 %

Ce tableau a été reconstitué en utilisant différentes sources : Roussel, 1983 ; Höpflinger, 1991 ; EUROSTAT 1994 ; Panel des ménages de la Communauté européenne, EUROSTAT, 1996. Reposant elles-mêmes sur des modes de calcul nationaux différents, excepté pour la colonne 1990/1991, qui résulte du Programme communautaire de recensement 1990/1991, et la colonne 1993/1994, qui résulte du Panel des ménages de la Communauté européenne. Les comparaisons ponctuelles doivent donc être menées avec prudence. Le saut apparent de 34 à 45 % effectué ces dernières années par le Danemark provient par exemple d'une différence des protocoles d'enquête. La vision d'ensemble qui s'en dégage est cependant très claire : le développement du nombre des ménages d'une personne est régulier depuis 50 ans, et se propage du nord vers le sud de l'Europe.

Pour quelques pays ne figurant pas dans le tableau, voici les chiffres tirés du recencement 1990/91. Autriche : 30 % ; Finlande : 32 %, Suisse : 32 % ; Norvège : 34 %, Suède : 40 %.

Pourcentage des ménages d'une personne sur l'ensemble des ménages.
(source : EUROSTAT)

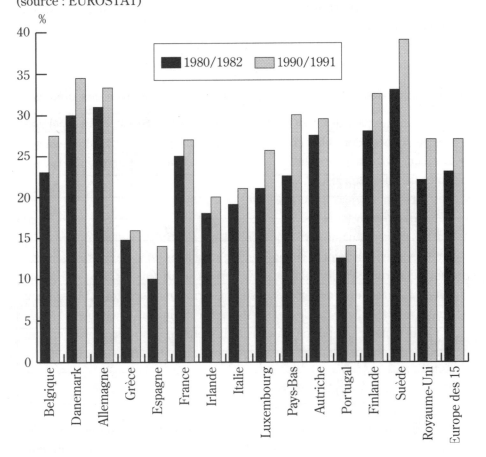

Sur l'ensemble de l'Europe des douze (au recensement 1990/91), les ménages d'une personne représentaient 26 % du total des ménages. Soit plus d'un ménage sur quatre. Ce qui ne signifie pas une personne sur quatre, car dans les autres ménages, par définition, les personnes sont plus nombreuses. L'erreur a souvent été commise dans la presse : à Paris c'est un logement sur deux qui est occupé par une personne seule et non une personne sur deux qui vit seule dans son logement. Dans l'Europe des douze (les trois nouveaux pays membres ont des pourcentages supérieurs à cette moyenne), les personnes vivant seules dans leur logement représentent 9 % de la population totale, soit 34 millions de personnes. 6 millions en France.

Quel chiffre retenir : 9 % ou 26 % ? Le premier tend à minorer le phénomène, notamment parce que les enfants sont comptés dans la population totale. Le second peut au contraire donner une impression exagérée (quand on oublie qu'il y a des familles nombreuses dans les 74 % restant). Ce risque de surévaluation est toutefois compensé par le fait que plusieurs catégories de personnes ne vivant pas en couple ne sont pas prises en compte dans la catégorie des « ménages d'une personne » (à noter toutefois qu'à l'inverse elle intègre les couples non cohabitants). Il conviendrait en effet d'ajouter (pourcentages européens) :
— Les familles monoparentales, essentiellement des femmes seules avec enfant(s) : 8 % de l'ensemble des ménages.
— Les personnes partageant un logement sans être apparentées : 3 % des ménages.
— Les personnes adultes hébergées dans des ménages privés : 3 % des ménages.
— Les jeunes vivant encore chez leurs parents à défaut de vivre en couple qui sont comptés dans les familles.
— Les personnes seules hébergées dans des institutions.
— Les sans-abris vivant seuls.

Les ménages d'une personne se révèlent en vérité un indicateur très imparfait pour évaluer exactement le nombre des personnes ne vivant pas en couple. Il reste nécessaire de l'utiliser, car lui seul permet (pour l'instant) de dégager une évolution historique et des comparaisons internationales fiables. Mais il a un défaut : il ne vise qu'une partie des personnes ne vivant pas en couple.

Pour obtenir une vision plus juste du nombre des solos, il faut changer d'instrument : non plus compter les personnes habitant un même logement mais demander directement aux gens quelle est leur situation conjugale. C'est ce qui a été réalisé dans l'enquête de l'INED (en collaboration avec l'INSEE), « Situations et histoires conjugales des 20-49 ans » (tranche d'âge qui correspond de près à celle de nos informatrices), auprès d'un échantillon de 5 000 personnes. 29,4 % des hommes et 26,7 % des femmes déclarent ne pas vivre en couple au moment de l'enquête. Une autre évaluation (Toulemon, 1996, p. 683) donne les pourcentages suivants : 32,3 % des hommes et 28,6 % des femmes entre 20 et 49 ans ne vivent pas en couple. Soit nettement plus d'une personne sur quatre. Au-delà de 50 ans, la proportion des solos augmente encore, légèrement pour les hommes, très fortement pour les femmes (INSEE, enquête emploi 1994) : dans l'ensemble de la population adulte (surtout si l'on compte à partir de la majorité légale), la proportion arrondie d'une personne sur trois ne vivant pas en couple ne semble pas une évaluation exagérée. Mais aux deux extrêmes du cycle de vie adulte (jeunes dans leurs études et couples âgés séparés par la mort) le couple est une exception. La proportion qui traduit le mieux la réalité est donc celle (écartant les deux extrêmes) qui se réfère aux âges où la vie de couple est une alternative crédible. Corrigée de cette façon, elle s'établit à environ 1 sur 4 : **une personne sur quatre vit aujourd'hui en solo**. (Cette évaluation pourra paraître grossière : en l'état actuel des instruments, et à cause de l'élasticité de la définition de la vie en solo, il n'est cependant pas possible de l'affiner davantage).

L'enquête de l'INED permet également de saisir l'évolution entre 1986 et 1994 (pour la tranche d'âge 21-44 ans) : elle confirme la tendance à l'augmentation relevée à partir des ménages d'une personne.

Tableau 2
Évolution 1986/1994 du pourcentage des personnes (21-44 ans) ne vivant pas en couple : Hommes.

Année	Relation amoureuse stable	Pas de relation	Total
1986	6,8 %	20,6 %	27,4 %
1994	8,6 %	22,8 %	31,4 %

Tableau 3
Évolution 1986/1994 du pourcentage des personnes (21-44 ans) ne vivant pas en couple : Femmes.

Année	Relation amoureuse stable	Pas de relation	Total
1986	7,1 %	14,4 %	21,5 %
1994	7,8 %	18,2 %	26 %

(Source : De Guibert, Léridon, Toulemon, Villeneuve-Gokalp, « La cohabitation adulte », *Population et Sociétés,* septembre 1994. La situation était appréciée par les répondants eux-mêmes. Ainsi certains qui disent ne pas être en couple ont cependant déclaré « avoir une relation amoureuse stable ». Ces relations amoureuses sans former un couple se situent de façon prépondérante aux âges les plus jeunes).

Jeunes et vieux

Cette augmentation importante en l'espace de huit ans résulte d'un bond spectaculaire du nombre des solos aux âges les plus jeunes (de 20 à 35 ans). Il a été dit dans le texte que l'essor du nombre des ménages d'une personne avait débuté il y a un demi-siècle par les personnes âgées (essentiellement des veuves restant seules chez elles). C'est pour cette raison que les plus de 60 ans dominent la catégorie des ménages d'une personne et que les femmes (à cause du différentiel de mortalité) sont très majoritaires dans cet ensemble. Mais cette population n'augmente plus aujourd'hui qu'aux âges les plus élevés, au-delà de 75 ans (INSEE, 1995, p. 61), pour des contingents qui pèsent moins sur le nombre total.

L'essentiel du développement de la vie en solo se produit donc désormais à la jeunesse. Il est le résultat du processus de report des engagements familiaux : les essais conjugaux commencent tôt mais le véritable établissement conjugal se produit de plus en plus tard dans le cycle de vie. La formation du couple devient progressive, et s'inaugure par des formes légères : en trente ans, de 1965 à 1995, la cohabitation s'est imposée comme modèle d'entrée en union, passant en France de 10 % à 90 % des couples (Toulemon, 1996). Entre le départ du foyer parental et cette entrée prudente et tardive dans la conjugalité, s'installe de plus en plus une nouvelle séquence, intermédiaire, qui elle aussi tend à devenir un nouveau mode généralisé d'entrée dans la vie adulte : l'autonomie résidentielle.

Pourtant les conditions financières d'accès à un logement indépendant ne sont guère favorables pour les jeunes. Ce qui explique le développement (notamment aux USA et au Canada) de pratiques comme la colocation, permettant, outre l'intérêt financier, de ne pas s'engager en couple tout en ne vivant pas seul au quotidien. L'analyse qualitative montre d'ailleurs (Pastinelli, 1998) que cette inscription domestique particulière permet de prolonger encore plus l'attente du « vrai » partenaire. La structure d'attente pouvant aller jusqu'à la formation de quasi-couples amicaux et affectifs sans relations sexuelles qui finissent par se poser en concurrents du couple idéal attendu.

Villes et campagnes

Mesurée à partir des ménages d'une personne, l'extension de la vie en solo se révèle nettement plus rapide dans les grandes villes que dans les campagnes.

Tableau 4
Proportion des ménages d'une personne
selon la catégorie de communes.

	Communes < 10 000 hab.	Communes > 100 000 hab.
Allemagne (RFA)	22 %	40,2 %
Espagne	8,3 %	10,3 %
Pays-Bas	6,6 %	43,3 %
France	18,2 %	25,1 %

(Source : EUROSTAT (1990), *Budgets familiaux. Tableaux comparatifs*. Lire par exemple : En Espagne, dans les communes de moins de 10 000 habitants, 8,3 % des ménages sont des ménages d'une personne. Pour l'Allemagne, la colonne de gauche prend en considération les communes de moins de 20 000 habitants. Pour la France, le pourcentage de la colonne de droite ne prend pas en compte Paris : 47,4 %)

L'écart ville-campagne est d'autant plus grand que le mouvement d'autonomie est développé : la vie en solo a moins ce caractère urbain dans les pays d'Europe du sud. La vie en solo urbaine est surtout le fait des jeunes, particulièrement des jeunes femmes, alors que dans les campagnes elle est davantage le fait de personnes âgées, particulièrement des hommes (Lavertu, 1996).

Les séquences

Les pourcentages des ménages d'une personne (et à plus forte raison ceux des personnes vivant en solo) ne doivent jamais être compris comme désignant des catégories particulières, stables, séparées des ménages familiaux. Ces chiffres sont le résultat d'une coupe transversale, à un moment donné. Mais dans le déroulement biographique, la vie en solo apparaît sous forme de séquences (plus ou moins longues et importantes) touchant désormais (à des degrés variables) l'écrasante majorité de la population.

L'entrée dans la vie adulte en particulier est de plus en plus marquée par une séquence d'autonomie résidentielle. À défaut de celle-ci, la vie en solo, définition plus large (se considérer comme autonome vis-à-vis de ses parents sans pour autant s'être encore engagé dans la vie conjugale) est vécue sous forme de séquence plus ou moins nette par la quasi totalité des jeunes.

Après cette parenthèse d'autonomie, l'entrée progressive en couple se réalise rarement (et de moins en moins) au premier essai. Le processus est tâtonnant : essai de mise en couple, rupture, retour chez les parents ou séquence d'autonomie résidentielle, nouvel essai, etc. L'intensité des déménagements (très forte à la jeunesse) est ainsi devenue un marqueur de l'allongement du temps d'entrée dans la vie adulte (Desjeux, Monjaret, Taponier, 1998). Rendue à un certain stade, l'hésitation à s'engager rejoint le mouvement plus général de fragilisation des structures conjugales. Les ruptures sont de plus en plus fréquentes, après des durées de vie à deux de plus en plus courtes. Si les ruptures de couples mariés n'augmentent plus ou augmentent peu, les unions non sanctionnées par le mariage deviennent par contre très volatiles. En l'espace de dix ans, le pourcentage des couples s'étant séparés avant d'avoir pu fêter leur dixième anniversaire est passé de 14 à 22 % (Toulemon, 1996). La projection 2000 pour les couples formés en 1990 est de 30 % (Toulemon, dans Théry, 1998, p. 262). Après chaque rupture se développe une séquence de vie en solo, davantage sous forme d'autonomie résidentielle à mesure que l'on avance dans l'âge adulte. De plus en plus longue aussi pour les femmes, qui à partir de 50-55 ans éprouvent des difficultés pour trouver un partenaire. Souvent brèves à la jeunesse, les séquences tendent alors à devenir définitives.

Les formes de l'évolution sont différentes aux deux extrémités du cycle de vie : à la jeunesse les séquences sont brèves mais répétées, à une fréquence qui s'élève d'une génération à l'autre ; après la cinquantaine, surtout pour les femmes, elles sont de plus en plus longues. Dans les deux cas cependant, le temps moyen passé en solo augmente. De l'intérieur, la séquence n'est pas toujours vue comme telle par la personne qui la vit. L'autonomie développe en effet une dynamique de trajectoire qui progressivement peut s'imposer (que cela soit volontaire ou non) comme cadre durable voire comme projet d'existence. Il y a en réalité conflit entre le caractère séquentiel et la dynamique de trajectoire, qui pousse continuellement à l'élargissement des séquences. Les séquences sont une caractéristique importante, qui décrit bien ce qu'est la réalité d'aujourd'hui de la vie en solo (non pas un groupe spécifique mais un moment particulier, vécu d'une façon ou une autre, par presque tout le monde). Mais la dynamique de trajectoire représente l'élément moteur, inscrit dans les mouvements du social. Dans une première période historique, s'opposant à la stabilité conjugale, elle a augmenté la séquentialité. Aujourd'hui que les séquences sont fréquentes et nombreuses, elle commence dans certains cas à produire un effet inverse, en créant les conditions d'itinéraires biographiques dominés par l'autonomie, où ce sont les brèves séquences conjugales qui deviennent l'exception (Flahault, 1996). Pour les femmes, le temps de la conjugalité non problématique se restreint, entre les deux extrêmes marqués par la vie en solo : alors que l'engagement dans l'âge adulte est de plus en plus tardif, la difficulté pour trouver un partenaire au-delà d'un certain âge est grandissante. La logique d'autonomie peut désormais s'imposer sous la forme de trajectoires durables.

Hommes et femmes

Outre la question du différentiel sexuel des effets sociaux de la vie en solo (les femmes, à cause de leur position traditionnelle dans la famille, provoquent un bouleversement beaucoup plus important en s'engageant dans l'autonomie) les trajectoires des hommes et des femmes prennent un cours différent.

Les trajectoires masculines sont plus stables et cohérentes. Les implications de l'engagement dans la vie familiale sont moins décisives pour les hommes, et la difficulté moins grande pour trouver une partenaire après la cinquantaine. La vie en solo masculine est donc davantage le fait d'un groupe particulier, hésitant à s'investir dans le couple. Implications moins décisives car les hommes ne s'investissent pas autant que les femmes dans la réalité domestique. Lors des premiers rapports amoureux par exemple, la sexualité est souvent vécue par les garçons comme une expérimentation séparée d'un engagement relationnel. Alors que pour les filles l'enjeu de la vie sexuelle est dès le début l'établissement de relations durables (Bozon, 1998). Plus tard, lorsqu'ils auront fondé une famille, la différence d'investissement prendra d'autres formes (inégale répartition des charges familiales) mais restera aussi importante. Les hommes, en s'engageant moins entièrement dans le couple et la famille, développent donc des trajectoires de vie en solo où leur identité est moins éloignée de ce qu'elle serait en famille : ils restent davantage eux-mêmes quand ils passent d'un type de séquence à un autre. Les trajectoires féminines au contraire sont marquées par de fortes ruptures de séquences : l'investissement dans la famille est complet lors de la séquence de vie familiale. Plus il est fort, plus la période d'autonomie qui suit est longue (Villeneuve-Gokalp, 1991). Les hommes en solo peuvent se sentir très seuls et rêver beaucoup au couple, mais ils ne sont pas travaillés au même point que les femmes par une alternative identitaire.

La courbe de la vie en solo selon les âges est également différente. Les hommes partent du foyer parental plus tard. Aux âges les plus jeunes les femmes vivent donc plus facilement seules dans un logement indépendant. Mais elles sont aussi plus précoces pour former un couple. Si l'on change d'indicateur et que l'on s'en tient aux déclarations des personnes sur leur situation conjugale, c'est ce dernier aspect qui ressort le plus clairement : les hommes sont nettement plus nombreux que les femmes à se déclarer seuls aux âges jeunes. La suite verra par contre s'accomplir un renversement progressif de la tendance : plus les femmes avancent en âge, plus leur autonomie-solitude augmente, alors que celle des hommes au contraire diminue jusqu'à 50 ans. Le tableau 5 permet de suivre ce mouvement croisé. Après 50 ans, l'autonomie-solitude des hommes augmente à nouveau, mais beaucoup moins rapidement que celle des femmes, qui atteint par exemple 75,5 % entre 80 et 84 ans, contre 27,9 % pour les hommes (INSEE, enquête emploi 1994).

Tableau 5
Hommes et femmes ne vivant pas en couple à différents âges.

	Hommes	Femmes
20-24 ans	76,3 %	59,4 %
25-29 ans	37 %	22,9 %
30-34 ans	19,9 %	18,9 %
35-39 ans	15,2 %	18,1 %
40-44 ans	15,1 %	18,3 %
45-49 ans	12,7 %	23,3 %

(Source : De Guibert, Léridon, Toulemon, Villeneuve-Gokalp, « La cohabitation adulte », *Population et Sociétés,* septembre 1994.)

Riches et pauvres

Les personnes ne vivant pas en couple ne sont pas réparties de façon égale sur l'échelle sociale : elles se regroupent surtout aux deux extrêmes, parmi les plus riches et parmi les plus pauvres.

Le repérage par les ménages d'une personne ne permet malheureusement que la mise en évidence de la catégorie supérieure. Car l'accès à un logement indépendant constitue justement un indicateur d'intégration sociale. Les situations de solitude socialement les plus lourdes renvoient à d'autres statuts résidentiels. « Plus la situation professionnelle est précaire, plus la proportion des

personnes hébergées est élevée » (Paugam, Zoyem, Charbonnel, 1993, p. 27).
Hébergées par leur famille, des amis, des institutions. Sans oublier les sans-abris.
Les plus pauvres n'ont pas de chez-soi. Après le premier choc représenté par la
perte d'emploi et l'affaiblissement des ressources, les étapes ultérieures du processus d'exclusion sont d'ailleurs très liées aux questions résidentielles et familiales : rupture conjugale, impossibilité d'accès à un logement indépendant, puis,
au plus bas, perte des derniers liens familiaux. La trajectoire (négative) d'autonomie est alors caractérisée par une solitude qui se durcit en même temps qu'elle
s'enfonce dans la pauvreté.

La vie en solo est toute différente en haut de l'échelle sociale, devenant au
contraire un facteur de multiplication des liens sociaux et de réussite professionnelle (surtout pour les femmes). Selon le contexte social où elle se situe, la même
réalité (ne pas vivre en couple) produit donc des effets inverses.

Le marquage de la pauvreté par la solitude est plus souvent masculin, alors
que le marquage de la réussite sociale par l'autonomie est plus souvent féminin.
Les hommes seuls sont plus nombreux en bas, les femmes seules plus nombreuses en haut. Ce mouvement croisé est assez net dans la tableau 6, qui ventile
les individus selon leur profession. Fondé sur les ménages d'une personne, il
prend cependant peu en compte les groupes les plus précarisés (RMIstes et sans-
abris), où se rencontrent beaucoup d'hommes seuls.

Tableau 6
Pourcentages (comparés hommes/femmes) de ménages
d'une personne selon la profession.

	Hommes	Femmes
Cadres, professions intellectuelles supérieures	11,8 %	19,2 %
Professions intermédiaires	10,8 %	14,2 %
Employés	12,7 %	9,2 %
Ouvriers	8,1 %	6,4 %
Chômeurs	11,5 %	5,6 %

(Source : INSEE, 1995. Ensemble de la population de 15 à 54 ans. Lire : 19,2 % des
femmes cadres et professions intellectuelles supérieures vivent seules dans leur
logement. La colonne « hommes » montre des variations selon le niveau de profession de faible amplitude. Il faut ajouter les groupes précarisés non pris en
compte dans les ménages d'une personne, où les hommes seuls sont nombreux,
pour mettre en évidence la polarisation vers le bas. Dans la colonne « femmes »,
la régularité de la progression vers le haut est par contre évidente).

Lien social : la nouvelle donne

La vie hors couple est donc plus fréquente aux deux extrêmes de l'échelle sociale (pour des raisons et dans des contextes spécifiques). Vie hors couple ne signifie pas isolement. Les solos ont d'ailleurs en moyenne davantage de contacts. Mais selon la position sociale occupée, leur inscription relationnelle se révèle très différente. Pour bien le comprendre, il est nécessaire de dessiner plus largement le nouveau paysage des liens sociaux.

Le rapport entre lien social et production de l'identité est, historiquement, en train de s'inverser. Traditionnellement (c'est encore majoritairement le cas dans la société rurale du XIXe siècle), l'individu est défini par la place sociale qu'il occupe (lignage, métier, enracinement local), à laquelle sont attachés des systèmes de liens sociaux qui ont une fonction de régulation essentielle : ils contrôlent la personne, ne lui laissant qu'une marge d'initiative limitée. Ces liens ont une forme caractéristique. Ils sont proches, localisés, souvent rigides et répétitifs, enfermants et protecteurs à la fois.

Le processus d'individuation du social bouleverse la place du lien, qui tend progressivement à devenir au contraire un simple instrument, au service d'un individu cherchant à construire lui-même sa propre identité. Pour cela deux éléments sont nécessaires. Une base de l'autonomie, qui ne peut s'obtenir qu'en approfondissant le monde intérieur (Elias, 1991a) et en desserrant l'étreinte locale. Et une nouvelle forme du lien, qui pour devenir efficace et maîtrisé par l'individu, doit idéalement se tisser en réseau, délocalisé, segmenté, souple, ouvert et large. De plus en plus large et constitué de liens ponctuels et médiatisés. Marc Granovetter (1973) a souligné le paradoxe de la « force des liens faibles » : ce type de relation éloignée est beaucoup plus opératoire et payant socialement (le coup de fil à l'ami d'un ami capable de résoudre un problème est plus efficace que la mobilisation du groupe étroit des intimes). Il exige désormais pour être mis en œuvre un travail (il faut construire le réseau) et une compétence (il faut savoir le construire). Compétence qui n'est pas donnée à tous : elle est étroitement corrélée avec le capital culturel. Plus on s'élève dans la hiérarchie sociale et surtout culturelle (marquée par le niveau de diplôme), plus le réseau a une forme ouverte et médiatisée, contrôlée par l'individu qui est à son centre, plus il est large et important en nombre de contacts. C'est dans la fraction intellectuelle des classes supérieures (professeurs, artistes, cadres du public, professions libérales) que la sociabilité étendue et diversifiée atteint ses sommets. Un dixième de la population active concentre un tiers des discussions entre amis et collègues (Héran, 1988).

Historiquement, le renversement du rapport entre identité et lien social s'opère en commençant par le haut (par les groupes disposant d'un fort capital culturel). En raison de leur légèreté domestique, de leur réflexivité et de leur ouverture sur le dehors, les solos les plus actifs se retrouvent particulièrement à l'aise dans ce nouveau lien en réseau. À la condition d'être situés en haut. Car, en descendant l'échelle sociale, l'inscription relationnelle prend au contraire une forme qui leur devient défavorable : fermée et centrée sur la famille.

Du haut en bas de l'échelle sociale (marquée par le niveau de diplôme), le nombre de contacts sociaux (avec des personnes différentes) ne cesse de diminuer. La socialisation prend également une forme plus locale et étroitement délimitée, essentiellement autour de la famille (Héran, 1988). Il y a moins de liens mais des liens forts, exclusifs, répétés, immédiats. À la fois protecteurs et enfermants. La marginalisation sociale se produit généralement par la perte de ces liens forts, la « désaffiliation » (Castel, 1995). La protection qu'ils assurent se paye en effet en dépendance, qui devient problématique lorsque surviennent des crises, des ruptures. Le caractère fermé, rigide et exclusif des liens étroits dans les milieux populaires est à la base d'un « risque solitude » (Martin, 1997). Tout se passe comme si, pour se protéger, les milieux les plus démunis étaient conduits à s'inscrire dans des formes relationnelles venues d'un temps révolu. Sortes d'îlots archaïques dans un monde embarqué vers d'autres rivages. Protection qui fonctionne tant que la famille parvient à se socialiser avec suffisamment de force et de régularité. Mais qui perd son efficacité en période de tumultes, révélant alors son écart avec le monde qui bouge.

Les solos en bas sont doublement piégés. La faiblesse de leurs ressources les pousse déjà vers le pôle négatif de la trajectoire d'autonomie. De plus, la voie royale pour entrer dans la société normale consiste justement pour eux à construire ce type de famille-protection. Il leur est donc formellement conseillé d'« attendre » et de ne vivre que par défaut plutôt que d'« assurer » leur autonomie. Hélas la trajectoire d'attente renforce encore plus l'isolement et peut même faire plonger dans les solitudes les plus noires.

Tout en haut les solos (bien qu'ils souffrent parfois de la solitude) sont comme des poisons dans l'eau dans la nouvelle donne des liens sociaux ; tout en bas ils sont doublement pris au piège.

Glossaire

Quelques termes, forgés ou redéfinis pour les besoins de cette recherche, nécessitaient une explication particulière. Il a paru utile de les regrouper dans ce petit glossaire. Notamment tous ceux utilisés pour désigner, avec beaucoup de difficulté, les actrices principales de ce livre, les femmes ne vivant pas en couple. Difficulté provenant de la réalité suivante : il manque un mot, qui soit clair et juste. La plupart des termes utilisés actuellement induisent des erreurs d'analyse et des représentations orientées. Je propose donc un nouveau terme (solos). Mais n'ayant pas le pouvoir (ni le goût) de l'imposer autoritairement, plusieurs dénominations classiques ont été conservées, avec toute la prudence qui s'imposait.

Célibataires : Terme souvent employé pour désigner les solos. Or, dans sa définition première, le célibataire n'est pas une personne vivant seule mais une personne non mariée (pouvant vivre en couple). Ce qui entraîne de nombreuses confusions ; de plus en plus de confusions avec le développement de l'union libre.

Le terme n'a donc été employé ici qu'au sens strict de l'état-civil et non pour désigner les solos.

Femmes seules : Terme largement employé pour désigner les femmes ne vivant pas en couple. Qui a le défaut de comporter une incontournable charge négative, et de renvoyer à une représentation particulière de la vie en solo, marquée par la faiblesse du réseau relationnel, le sentiment de solitude, la souffrance. Or ce négatif ne traduit qu'une moitié de la vérité.

Le terme a cependant été employé dans le livre. Dans deux circonstances différentes. Soit pour désigner justement des situations où la vie en solo était vécue négativement. Soit sur un mode générique, par défaut d'autres termes. Il aurait été en effet impossible d'imposer « femmes en solo » à longueur de pages alors que cette expression est peu connue et n'a (pour le moment ?) aucune légitimité. Pour la même raison pratique de lisibilité, le terme de « femme seule » apparaît dans le titre : en filigrane il faut lire « femme en solo ».

Femmes autonomes : Terme nouveau, opposé à « femmes seules », et désignant la charge positive. Je l'ai employé dans ce sens dans le dernier chapitre, pour traiter des situations les plus volontaires.

Monorésidents, monoménages : Termes scientifiquement corrects (à la différence de « célibataires » ou de « femmes seules »), que j'ai moi-même employés dans certains articles spécialisés, désignant le fait de vivre à une personne dans un logement (ménages d'une personne). Ils me semblaient cependant beaucoup trop indigestes pour ce livre.

Solos, femmes en solo : Terme employé depuis quelques années par certains journalistes. Et qui a l'énorme avantage de rester neutre pour désigner une position oscillant sans cesse entre le positif et le négatif. Le scientifique peut-il reprendre une expression journalistique quand elle est juste et qu'elle permet d'accomplir un progrès ? C'est mon avis.

Le terme n'a cependant pas été utilisé de façon systématique, notamment dans le titre, étant donné qu'il reste encore mal identifié.

Trajectoire : En sociologie, le concept de trajectoire a des définitions variables, soulignant soit la tendance objective (enchaînement de positions sociales entraînant les individus), soit la tendance subjective (mises en récit individuelles). J'ai tenté ici de réunir les deux, en inscrivant cette dynamique dans une dimension plus profonde : les mouvements de l'histoire.

Cet exercice débouche sur la mise en évidence d'une **trajectoire d'autonomie** qui constitue la clé d'explication centrale des énigmes de la vie en solo.

Vie en deux : La vie en solo (déchirée entre une trajectoire d'autonomie qui pousse irrésistiblement en avant et un modèle dominant de la vie privée qui impose un mouvement contraire) mélange structurellement le positif et le négatif. Il ne s'agit pas d'un effet du hasard : il y a presque toujours les deux à la fois. Ce qui produit un mode de vie et de pensée spécifiques, marqués par la division identitaire et le combat intime entre les deux parties de soi.

Bibliographie

ALBERONI F. (1995), « Énamoration et amour dans le couple », dans MOULIN M., ERALY A., *Sociologie de l'amour. Variations sur le sentiment amoureux,* Bruxelles, Éditions de l'Université de Bruxelles.

ARIÈS P. (1960), *L'Enfant et la vie familiale sous l'Ancien Régime,* Paris, Plon.

ARVE-PARES B. (1996), « Le cas de la Suède », dans ARVE-PARES B. (dir.), *Concilier travail et vie familiale,* Stockholm, Comité suédois pour l'Année internationale de la famille.

BACHELARD G. (1983), *La Poétique de l'espace,* Paris, PUF. (première édition 1957).

BART J. (1990), « La famille bourgeoise, héritière de la Révolution ? », dans LÉVY M.-F., *L'Enfant, la famille et la Révolution française,* Paris, Olivier Orban.

BECKER H. (1985), *Outsiders. Études de sociologie de la déviance,* Paris, Métailié.

BERGER P., LUCKMANN T. (1986), *La Construction sociale de la réalité,* Paris, Méridiens-Klincksieck.

BIDART C. (1997), *L'Amitié, un lien social,* Paris, La Découverte.

BIHR A., PFEFFERKORN R. (1996), *Hommes/femmes, l'introuvable égalité ; école, travail, couple, espace public,* Paris, Les éditions de l'Atelier.

BOLOGNE J.-C (1998), *Histoire du mariage en Occident,* Paris, Hachette-Pluriel.

BOURDELAIS P. (1984), « Femmes isolées en France. XVIIᵉ-XIXᵉ siècles », dans FARGE A., KLAPISCH-ZUBER C., *Madame ou mademoiselle ? Itinéraires de la solitude féminine. 18ᵉ-20ᵉ siècle,* Paris, Montalba.

BONVALET C., GOTMAN A., GRAFMEYER Y. (éds.), avec la collaboration de BERTAUX-WIAME I., MAISON D., ORTALDA L. (1997), « Proches et parents : l'aménagement des territoires », *Dossiers et Recherches,* n° 64, INED.

BOURDIEU P. (1979), *La Distinction. Critique sociale du jugement,* Paris, Minuit.

BOZON M. (1990), « Les femmes et l'écart d'âge entre conjoints. Une domination consentie », *Population,* n° 2 et n° 3.

BOZON M. (1993), « L'entrée dans la sexualité adulte : le premier rapport et ses suites », *Population,* n° 5.

BOZON M. (1998), « Désenchantement et assagissement : les deux voies de la maturation amoureuse », *Le Journal des psychologues,* n° 159.

BOZON M., HÉRAN F. (1987), « La découverte du conjoint », *Population,* n° 6.

BOZON M., LÉRIDON H. (1993), « Les constructions sociales de la sexualité », *Population,* n° 5.

BOZON M, VILLENEUVE-GOKALP C. (1994), « Les enjeux des relations entre générations à la fin de l'adolescence », *Population*, n° 6.

BROWN E., FOUGEYROLLAS-SCHWEBEL D., JASPARD M. (1991), *Le Petit-déjeuner : une pratique à la frontière du familial et du travail,* GDR « Modes de vie »-IRESCO.

BURGUIÈRE A. (1972), « De Malthus à Max Weber : le mariage tardif et l'esprit d'entreprise », *Annales ; Économies, Sociétés, Civilisations,* n° 4-5.

BURT R.S. (1992), *Structural Holes : the social structure of competition,* Cambridge, Harvard University Press.

CACOUAULT M. (1984), « Diplôme et célibat : les femmes professeurs de lycée entre les deux guerres », dans FARGE A., KLAPISCH-ZUBER C., *Madame ou mademoiselle ? Itinéraires de la solitude féminine. 18ᵉ-20ᵉ siècle,* Paris, Montalba.

CARADEC V. (1996), *Le Couple à l'heure de la retraite,* Rennes, Presses Universitaires de Rennes.

CARADEC V. (1997), « De l'amour à 60 ans », *Mana, Revue de sociologie et d'anthropologie,* n° 3.

CARDIA-VONÈCHE L., BASTARD B. (1991), *Les Femmes, le divorce et l'argent,* Genève, Labor et Fides.

CASTEL R. (1990), « Le roman de la désaffiliation. À propos de Tristan et Iseut », *Le Débat,* n° 61.

CASTEL R. (1995), *Les Métamorphoses de la question sociale. Une chronique du salariat,* Paris, Fayard.

CHALAND K. (1994), « Normalité familiale plurielle. Morcellement des biographies et individualisation », *Revue des Sciences sociales de la France de l'Est,* n° 21.

CHALAND K. (1996), « Transformation du lien conjugal. Regard sur le couple contemporain », *Revue des Sciences sociales de la France de l'Est,* n° 23.

CHALAND K. (1998), « Les discours familialistes chez les réformateurs et pré-sociologues du XIXᵉ siècle », *Regards sociologiques,* n° 15.

CHALVON-DEMERSAY S. (1996), « Une société élective. Scénarios pour un monde de relations choisies », *Terrains,* n° 27.

CICCHELLI-PUGEAULT C., CICCHELLI V. (1998), *Les Théories sociologiques de la famille,* Paris, La Découverte.

COENEN-HUTHER J., KELLERHALS J., VON ALLMEN M. (1994), *Les Réseaux de solidarité dans la famille,* Lausanne, Réalités sociales.

COMMAILLE J. (1992), *Les Stratégies des femmes. Travail, famille et politique,* Paris, La Découverte.

COMMAILLE J. (1996), *Misères de la famille, question d'État,* Paris, Presses de la Fondation nationale des Sciences Politiques.

COMMAILLE J., MARTIN C. (1998), *Les Enjeux politiques de la famille,* Paris, Bayard.

CORBIN A. (1987), « Coulisses », dans ARIÈS Ph., DUBY G., *Histoire de la vie privée,* Tome 4 « De la Révolution à la Grande Guerre » dirigé par M. PERROT.

COSSON M.-E. (1990), *Représentation et évaluation du mariage des enfants par les mères,* maîtrise de sociologie, Université Rennes 2.

COTT N.F. (1992), « La femme moderne. Le style américain des années vingt », dans DUBY G., PERROT M., *Histoire des femmes,* tome 5, le XXᵉ siècle, sous la direction de F. THÉBAUD.

DAMASIO A. (1995), *L'Erreur de Descartes. La raison des émotions,* Paris, Odile Jacob.

DAUPHIN C. (1984), « Un excédent très ordinaire. L'exemple de Châtillon-sur-Seine en 1851 », dans FARGE A., KLAPISCH-ZUBER C., *Madame ou mademoiselle ? Itinéraires de la solitude féminine. 18ᵉ-20ᵉ siècle,* Paris, Montalba.

DÉCHAUX J.-H. (1997), *Le Souvenir des morts. Essai sur le lien de filiation,* Paris, PUF.

DE GIORGIO M. (1992), *Le italiane dall'Unità a oggi,* Roma-Bari, Laterza.

DEMAZIÈRES D., DUBAR C. (1997), *Analyser les entretiens biographiques. L'exemple des récits d'insertion,* Paris, Nathan.

DENCIK L. (1995), « Children in Day Care and Family Life », dans ARVE-PARES (dir.), *Building Family Welfare,* Stockholm, The Network of Nordic Focal Points for the International Year of the Family.

DESJEUX D. (1996), « Tiens bon le concept, j'enlève l'échelle… d'observation », *UTINAM,* n° 20.

DESJEUX D., MONJARET A., TAPONIER S. (1998), *Quand les Français déménagent,* Paris, PUF.

DIBIE P. (1987), *Ethnologie de la chambre à coucher,* Paris, Grasset.

DONATI P. (1998), *Manuale di sociologia della famiglia,* Roma-Bari, Laterza.

DUBAR C. (1991), *La Socialisation. Construction des identités sociales et professionnelles,* Paris, Armand Colin.

DUBAR C. (1998), « Trajectoires sociales et formes identitaires : clarifications conceptuelles et méthodologiques », *Sociétés contemporaines,* n° 29.

DUBY G. (1995), *Le Chevalier, la femme et le prêtre. Le mariage dans la France féodale,* Paris, Hachette-Pluriel.

DUBY G., PERROT M., (dir.) (1990-1992), *Histoire des femmes en Occident,* Paris, Plon.

DUMONT L. (1983), *Essais sur l'individualisme. Une perspective anthropologique sur l'idéologie moderne,* Paris, Seuil.

DURAND G. (1969), *Les Structures anthropologiques de l'imaginaire,* Paris, Bordas.

DURKHEIM É. (1995), *Le Suicide,* Paris, PUF. (Première édition 1897).

ÉLIAS N. (1975), *La Dynamique de l'Occident,* Paris, Clamann-Lévy.

ÉLIAS N. (1991a), *La Société des individus,* Paris, Fayard.

ÉLIAS N. (1991b), *Mozart, sociologie d'un génie,* Paris, Le Seuil.

EHRENBERG A. (1995), *L'Individu incertain,* Paris, Calmann-Lévy.

EPHESIA (1995), *La Place des femmes. Les enjeux de l'identité et de l'égalité au regard des sciences sociales,* Paris, La Découverte.

EUROSTAT (1994), *Statistiques rapides. Population et conditions sociales,* Luxembourg.

FAGNANI J. (1998), « Lacunes, contradictions et incohérences des mesures de "conciliation" travail/famille : bref bilan critique », dans THÉRY I., *Couple, filiation et parenté aujourd'hui. Le droit face aux mutations de la famille et de la vie privée,* Paris, Odile Jacob-La Documentation française.

FARGE A., KLAPISCH-ZUBER C. (1984), *Madame ou mademoiselle ? Itinéraires de la solitude féminine. 18ᵉ-20ᵉ siècle,* Paris, Montalba.

FERRAND A., MOUNIER L. (1993), « L'échange de paroles sur la sexualité : une analyse des relations de confidence », *Population,* n° 5.

FESTY P. (1990), « Fréquence et durée de la cohabitation. Analyse et collecte des données », dans PRIOUX F., *La Famille dans les pays développés : permanences et changements,* Paris, INED.

FLAHAULT E. (1996), *Femmes seules, trajectoires et quotidiens. Étude sur la mono-résidentialité féminine,* thèse de doctorat de sociologie, sous la direction de Joëlle Deniot, université de Nantes.

FLANDRIN J.-L. (1981), *Le Sexe et l'Occident. Évolution des attitudes et des comportements,* Paris, Le Seuil.

FOUCAULT M. (1976), *Histoire de la sexualité. 1. La volonté de savoir,* Paris, Gallimard.

FOUCAULT M. (1984), *Histoire de la sexualité. 3. Le souci de soi,* Paris, Gallimard.

FOX R. (1972), *Anthropologie de la parenté. Une analyse de la consanguinité et de l'alliance,* Paris, Gallimard.

FRAISSE G. (1979), *Femmes toutes mains. Essai sur le service domestique,* Paris, Seuil.

FRANCESCATO D. (1992), *Quando l'amore finisce,* Bologne, Il Mulino.

GALLAND O. (1993), « "Vie solitaire" et "solitude" : le cas des jeunes », *L'Année sociologique,* vol. 43.

GAUCHET M. (1985), *Le Désenchantement du monde. Une histoire politique de la religion,* Paris, Gallimard.

GEREMEK B. (1976), *Les Marginaux parisiens aux XIVᵉ et XVᵉ siècles,* Paris, Flammarion.

GIDDENS A. (1992), *The Transformation of Intimacy : sexuality, love and eroticism in modern societies,* Cambridge, Polity Press.

GOFFMAN E. (1968), *Asiles. Études sur la condition sociale des malades mentaux,* Paris, Minuit.

GOFFMAN E. (1975), *Stigmate. Les usages sociaux des handicaps,* Paris, Minuit.

GRANOVETTER M. (1973), « The Strength of Weak Ties », *American Journal of Sociology,* n° 6, vol. 68.

GRIMLER G. (1992), « Les rythmes quotidiens en France », *INSEE-Résultats,* n° 167-168.

GUIBERT de C., LÉRIDON H., TOULEMON L., VILLENEUVE-GOKALP C. (1994), « La cohabitation adulte », *Population et Sociétés,* septembre 1994.

GUILLAIS-MAURY J. (1984), « La grisette », dans FARGE A., KLAPISCH-ZUBER C., *Madame ou mademoiselle ? Itinéraires de la solitude féminine. 18ᵉ-20ᵉ siècle,* Paris, Montalba.

GULLESTAD M. (1992), *The Art of Social Relations,* Oslo, Scandinavian University Press.

HENRY M. (1993), *Les Nourritures imaginaires de l'amour. Le roman-photos, une mise en scène de l'amour et de la relation de couple,* mémoire de maîtrise de sociologie, université Rennes 2.

HÉRAN F. (1988), « La sociabilité, une pratique culturelle », *Économie et Statistique,* n° 216.

HÉRAN F. (1990), « Trouver à qui parler : le sexe et l'âge de nos interlocuteurs », *Données sociales,* INSEE.

HÉRITIER F. (1996), *Masculin/féminin. La pensée de la différence,* Paris, Odile Jacob.

HÖPFLINGER F. (1991), « Avenir des ménages et des structures familiales en Europe », *Séminaire sur les tendances démographiques actuelles et modes de vie en Europe,* Strasbourg, Conseil de l'Europe.

HOUEL A. (1997), *Le Roman d'amour et sa lectrice. Une si longue passion,* Paris, L'Harmattan.

HURTUBISE R. (1991), « La parenté dans les rapports amoureux : analyse d'un siècle de correspondances amoureuses au Québec (1860-1988) », *Relations intergénérationnelles. Parenté. Transmission. Mémoire,* AISLF, Actes du colloque de Liège, Textes réunis par Bernadette BAWIN-LEGROS et J. KELLERHALS.

INSEE (1995), *Contours et caractères. Les femmes.*

JOUBERT M., ARENE M., BRUNETEAUX P., LANZARINI C., PERRET A., TOUZÉ S. (1997), *Perturbations. Santé mentale et confrontation aux difficultés de la vie quotidienne,* rapport RESSCOM-MIRE.

KAUFMANN J.-C. (1992), *La Trame conjugale. Analyse du couple par son linge,* Paris, Nathan.

KAUFMANN J.-C. (1993), *Célibat, ménages d'une personne, isolement, solitude. Un état des savoirs,* Bruxelles, Commission des Communautés européennes.

KAUFMANN J.-C. (1994a), « Nuptialité ou conjugalité ? Critique d'un indicateur et état des évolutions conjugales en Europe », *Archives européennes de Sociologie,* tome XXXV, n° 1.

KAUFMANN J.-C. (1994b), « Vie hors couple, isolement et lien social. Figures de l'inscription relationnelle », *Revue française de Sociologie,* vol. XXXV, n° 4.

KAUFMANN J.-C. (1994c), « Trois contextes sociaux de l'isolement », *Revue française des Affaires sociales,* n° 2.

KAUFMANN J.-C. (1994d), « Les ménages d'une personne en Europe », *Population,* n° 4-5.

KAUFMANN J.-C. (1995a), *Corps de femmes, regards d'hommes. Sociologie des seins nus,* Paris, Nathan.

KAUFMANN J.-C. (1995b), « Les cadres sociaux du sentiment de solitude », *Sciences sociales et Santé,* vol. 13, n° 1.

KAUFMANN J.-C. (1995c), « Isolement choisi, isolement subi », *Dialogue,* n° 129.

KAUFMANN J.-C. (1996), *L'Entretien compréhensif,* Paris, Nathan.

KAUFMANN J.-C. (1997), *Le Cœur à l'ouvrage. Théorie de l'action ménagère,* Paris, Nathan.

KELLERHALS J., PERRIN J.-F., STEINAUER-CRESSON G., VONÈCHE L., WIRTH G. (1982), *Mariages au quotidien. Inégalités sociales, tensions culturelles et organisation familiale,* Lausanne, Pierre-Marcel Favre.

KNIBIEHLER Y. (1984), « Vocation sans voile, les métiers sociaux », dans FARGE A., KLAPISCH-ZUBER C., *Madame ou mademoiselle ? Itinéraires de la solitude féminine. 18ᵉ-20ᵉ siècle,* Paris, Montalba.

KNIBIEHLER Y. (1991), « Le célibat. Approche historique », dans DE SINGLY F., *La Famille, l'état des savoirs,* Paris, La Découverte.

KNIBIELHER Y., FOUQUET C. (1977), *Histoire des mères du Moyen Âge à nos jours,* Paris, Montalba.

LAGRANGE H. (1998), « Le sexe apprivoisé ou l'invention du flirt », *Revue française de sociologie,* n° 1, vol. 39.

LAGRAVE R.-M (1992), « Une émancipation sous tutelle. Éducation et travail des femmes au XXᵉ siècle », dans DUBY G., PERROT M., *Histoire des femmes,* tome 5, le XXᵉ siècle, sous la direction de F. THÉBAUD.

LAHIRE B. (1998), *L'Homme pluriel. Les ressorts de l'action,* Paris, Nathan.

LAVERTU J. (1996), « La famille dans l'espace français », *Données sociales,* INSEE.

LAVIGNE J.-C., ARBET M.-T. (1992), *Les Habiter solitaires,* rapport de recherche pour la Plan Construction et Architecture.

LAUFER D. (1987), *Seule ce soir ? Le livre des nouvelles célibataires,* Paris, Carrere.

LAURENT A. (1993), *Histoire de l'individualisme,* Paris, PUF.

LE BRETON D. (1991), *Passions du risque,* Paris, Métailié.

L<small>EFAUCHEUR</small> N. (1992), « Maternité, Famille, État », dans D<small>UBY</small> G., P<small>ERROT</small> M., *Histoire des femmes,* tome 5, le XX<small>e</small> siècle, sous la direction de F. T<small>HÉBAUD</small>.

L<small>EFAUCHEUR</small> N. (1995), « Qui doit nourrir l'enfant de parents non mariés ou "démariés" », dans L<small>EFAUCHEUR</small> N., M<small>ARTIN</small> C. (dir.), *Qui doit nourrir l'enfant dont le père est « absent »,* rapport pour la CNAF.

L<small>EFAUCHEUR</small> N., M<small>ARTIN</small> C. (dir.) (1995), *Qui doit nourrir l'enfant dont le père est « absent »,* rapport pour la CNAF.

L<small>EFAUCHEUR</small> N., S<small>CHWARTZ</small> O. (1995), « Féminin/masculin, privé/public », dans EPHESIA, *La Place des femmes. les enjeux de l'identité et de l'égalité au regard des sciences sociales,* Paris, La Découverte.

L<small>E</small> G<small>ALL</small> D. (1992), « Secondes amours : aimer la raison ? », *Revue internationale d'action communautaire,* n° 27/67.

L<small>E</small> G<small>ALL</small> D. (1997), « La première fois. L'entrée dans la sexualité adulte d'étudiants de sociologie », *Mana,* n° 3.

L<small>E</small> G<small>OFF</small> J. (1985), « Jeanne d'Arc », *Encyclopædia Universalis.*

L<small>UHMANN</small> N. (1990), *Amour comme passion. De la codification de l'intimité »,* Paris, Aubier.

M<small>ARCHAND</small> O., T<small>HÉLOT</small> C. (1997), *Le Travail en France (1800-2000),* Paris, Nathan.

M<small>ARKALE</small> J. (1987), *L'Amour courtois, ou le couple infernal,* Paris, Imago.

M<small>ARQUET</small> J., H<small>UYNEN</small> P., F<small>ERRAND</small> A. (1997), « Modèles de sexualité conjugale : de l'influence normative du réseau social », *Population,* n° 6.

M<small>ARTIN</small> C. (1996), « Solidarités familiales : débat scientifique, enjeu politique », dans K<small>AUFMANN</small> J.-C., *Faire ou faire-faire ? Famille et services,* Rennes, Presses Universitaires de Rennes.

M<small>ARTIN</small> C. (1997), *L'Après divorce. Lien familial et vulnérabilité,* Rennes, Presses Universitaires de Rennes.

M<small>AUGER</small> G., F<small>OSSÉ</small> C. (1977), *La Vie buissonnière. Marginalité, petite-bourgeoisie et marginalité populaire,* Paris, Maspero.

M<small>EAD</small> G.-H. (1965), *L'Esprit, le soi et la société,* Paris, PUF.

M<small>ONTREYNAUD</small> F. (1992), *Le XX<small>e</small> siècle des femmes,* Paris, Nathan.

M<small>OSSUZ-LAVAU</small> J., D<small>E</small> K<small>ERVASDOUÉ</small> A. (1997), *Les Femmes ne sont pas des hommes comme les autres,* Paris, Odile Jacob.

M<small>UCCHIELLI</small> L. (1998), « Clochards et sans-abri : actualité de l'œuvre d'Alexandre Vexliard », *Revue française de sociologie,* n° 1, vol. 39.

P<small>ARENT-LARDEUR</small> F. (1984), « La vendeuse de grand magasin », dans F<small>ARGE</small> A., K<small>LAPISCH-ZUBER</small> C., *Madame ou mademoiselle ? Itinéraires de la solitude féminine. 18<small>e</small>-20<small>e</small> siècle,* Paris, Montalba.

P<small>ASSERON</small> J.-C. (1991), *La Raisonnement sociologique. L'espace non-poppérien du raisonnement naturel,* Paris, Nathan.

PASTRINELLI M. (1998), « De l'altérité aux familiarités. La vie quotidienne en colocation dans un quartier populaire de Québec », communication au Congrès de la Fédération canadienne des Sciences Humaines et Sociales, Université d'Ottawa, mai 1998.

PAUGAM S., ZOYEM J.-P., CHARBONNEL J.-M. (1993), « Précarité et risque d'exclusion en France », *Documents du CERC,* n° 109, Paris, La Documentation française.

PÉQUIGNOT B. (1991), *La Relation amoureuse. Analyse sociologique du roman sentimental moderne,* Paris, L'Harmattan.

PERRAULT C. (1697), « Cendrillon ou la petite pantoufle de verre », dans *Les contes de ma mère l'Oye, ou histoires et contes du temps passé,* Barbin.

PERROT M. (1984), « Postface », dans FARGE A., KLAPISCH-ZUBER C., *Madame ou mademoiselle ? Itinéraires de la solitude féminine. 18ᵉ-20ᵉ siècle,* Paris, Montalba.

PERROT M. (1987a), « Figures et rôles », dans ARIÈS Ph., DUBY G., *Histoire de la vie privée,* tome 4 « De la Révolution à la Grande Guerre » dirigé par M. PERROT.

PERROT M. (1987b), « En marge : célibataires et solitaires », dans ARIÈS Ph., DUBY G., *Histoire de la vie privée,* tome 4 « De la Révolution à la Grande Guerre » dirigé par M. PERROT.

PERROT M. (1987c), Introduction à CORBIN A., « Coulisses », dans ARIÈS Ph., DUBY G., *Histoire de la vie privée,* tome 4 « De la Révolution à la Grande Guerre » dirigé par M. PERROT.

PERROT M. (1995), « Identité, égalité, différence. Le regard de l'Histoire », dans EPHESIA, *La Place des femmes. les enjeux de l'identité et de l'égalité au regard des sciences sociales,* Paris, La Découverte.

PEZERAT P., POUBLAN D. (1984), « Femmes sans maris, les employées des postes », dans FARGE A., KLAPISCH-ZUBER C., *Madame ou mademoiselle ? Itinéraires de la solitude féminine. 18ᵉ-20ᵉ siècle,* Paris, Montalba.

QUEIROZ J.-M. de (1997), *Individualisme, individus et socialisation,* mémoire présenté en vue de l'habilitation à diriger des recherches, Université Paris 5-Sorbonne.

QUEIROZ J.-M. de, ZIOLKOVSKI M. (1994), *L'Interactionnisme symbolique,* Rennes, Presses Universitaires de Rennes.

RAFFIN Th. (1987), « L'amour romanesque : mythe et réalité d'un mode féminin d'engagement matrimonial », *Dialogue,* n° 96.

RONSIN F. (1990), « Le divorce révolutionnaire », dans LÉVY M.-F., *L'Enfant, la famille et la Révolution française,* Paris, Olivier Orban.

ROSENMAYR L., KOCKEIS E. (1965), « Propositions for a Sociological Theory of Aging and the Family », *International Social Science Journal,* n° 3, vol. 15.

ROUSSEL L. (1983), « Les ménages d'une personne : l'évolution récente », *Population,* n° 6.

ROUSSEL L. (1989), *La Famille incertaine,* Paris, Odile Jacob.

ROUSSEL L., BOURGUIGNON O. (1979), *Générations nouvelles et mariage traditionnel,* Travaux et documents, Paris, PUF-INED.

SAINT-LAURENT L. (1993), « La dynamique de la solitude des néo-célibataires : vers la constitution de nouveaux réseaux de solidarité », *Revue internationale d'action communautaire,* n° 29/69.

SCHÉRER R. (1996), « Au gré des utopies », *Panoramiques,* n° 25, « La famille malgré tout », dirigé par G. NEYRAND.

SCHULTHEIS (1991), « La famille, le marché et l'État-providence », dans SINGLY

SCHULTHEIS F. de, *Affaires de famille, Affaires d'État,* Jarville-La-Malgrange, Éditions de l'Est.

SCHURMANS M.-N., DOMINICÉ L. (1997), *Le Coup de foudre amoureux. Essai de sociologie compréhensive,* Paris, PUF.

SCHWARTZ O. (1990), *Le Monde privé des ouvriers. Hommes et femmes du Nord,* Paris, PUF.

SCOTT J.W. (1990), « "L'ouvrière, mot impie, sordide..." Le discours de l'économie politique française sur les ouvrières (1840-1860) », *Actes de la recherche en sciences sociales,* n° 83.

SEGALEN M. (1993), *Sociologie de la famille,* Paris, Armand Colin.

SHORTER E. (1977), *Naissance de la famille moderne,* Paris, Seuil.

SHORTER E. (1984), *Le Corps des femmes,* Paris, Seuil.

SINGLY F. de (1987), *Fortune et infortune de la femme mariée,* Paris, PUF.

SINGLY F. de (1989), *Lire à 12 ans. Une enquête sur les lectures des adolescents,* Paris, Nathan.

SINGLY F. de (1990), « L'homme dual. Raison utilitaire, raison humanitaire », *Le Débat,* n° 61.

SINGLY F. de (1991), « Le célibat contemporain », dans HIBERT T., ROUSSEL L., *La Nuptialité : évolution récente en France et dans les pays développés,* Congrès et colloques n° 7, INED-PUF.

SINGLY F. de (1996), *Le Soi, le couple et la famille,* Paris, Nathan.

SINGLY F. de (1998), « La question politique des jeunes adultes », dans THÉRY I., *Couple, filiation et parenté aujourd'hui. Le droit face aux mutations de la famille et de la vie privée,* Paris, Odile Jacob-La Documentation française.

SJÖGREN A. (1986), « Le repas comme architecte de la vie familiale », *Dialogue,* n° 93.

SOHN A.-M. (1992), « Entre deux guerres. Les rôles féminins en France et en Angleterre », dans DUBY G., PERROT M., *Histoire des femmes,* tome 5, le XXᵉ siècle, sous la direction de F. THÉBAUD.

STRAUSS A. (1992), *La Trame de la négociation. Sociologie qualitative et interactionnisme,* Paris, L'Harmattan.

Storr A. (1991), *Solitude. Les vertus du retour à soi-même,* Paris, Robert Laffont.

Terrail J.-P. (1995), *La dynamique des générations. Activité individuelle et changement social (1968/1993),* Paris, L'Harmattan.

Terrail J.-P. (dir.) (1997), *La Scolarisation de la France. Critique de l'état des lieux,* Paris, La Dispute.

Thébaud F. (1992), « La Grande Guerre. Le triomphe de la division sexuelle », dans Duby G., Perrot M., *Histoire des femmes,* tome 5, le XXᵉ siècle, sous la direction de F. Thébaud.

Théry I. (1993), *Le Démariage. Justice et vie privée,* Paris, Odile Jacob.

Théry I. (1996), « Famille : une crise de l'institution », *Notes de la fondation Saint-Simon,* n° 83.

Théry I. (1998), *Couple, filiation et parenté aujourd'hui. Le droit face aux mutations de la vie privée,* Paris, Odile Jacob/La Documentation française.

Thomas W.I., Znaniecki F. (1998), *Le Paysan polonais en Europe et en Amérique. Récit de vie d'un migrant,* Paris, Nathan.

Tisseron S. (1996), *Le Bonheur dans l'image,* Le Plessis-Robinson, Les empêcheurs de penser en rond.

Tocqueville A. de (1986), *L'Ancien Régime et la Révolution,* Paris, Robert Laffont.

Toulemon L. (1996), « La cohabitation hors mariage s'installe dans la durée », *Population,* n° 3.

Tripier P. (1998), « Une sociologie pragmatique », préface à Thomas W.I., Znaniecki F. (1998), *Le Paysan polonais en Europe et en Amérique. Récit de vie d'un migrant,* Paris, Nathan.

Villeneuve-Gokalp C. (1991), « Du premier au deuxième couple : les différences de comportement conjugal entre hommes et femmes », dans Hibert T., Roussel L., *La Nuptialité : évolution récente en France et dans les pays développés,* Congrès et colloques n° 7, INED-PUF.

Weinberger-Thomas C. (1996), *Cendres d'immortalité. La crémation des veuves en Inde,* Paris, Seuil.

Table des matières

Édition : Bertrand Dreyfuss
Jean-Christophe Saladin
Couverture : Frédérique Buisson
Jaquette : Noémi Adda

Achevé d'imprimer par Corlet, Imprimeur, S.A. - 14110 Condé-sur-Noireau (France)
N° d'Éditeur : 10065726-(II)-(15)-BSB-M-90-C 2000 - N° d'Imprimeur : 37170 - Dépôt légal : février 1999 – *imprimé en U.E.*